KB032289

해외문견록

일러두기

- 이 책은 송정규(宋廷奎)가 쓴 《해외문견록(海外聞見錄)》(일본 덴리대학 도서관 소장)을 옮긴 것이다.
- 독자의 이해를 돕기 위한 설명으로 간단한 것은 본문의 ( ) 안에, 긴 것은 주석으로 달았다.
- 원주의 경우 ( ) 안에 원주임을 밝혔다.
- 본문의 [ ]의 내용은 문맥을 고려해 옮긴이가 넣은 것이다.
- 일본이나 중국 등의 지명 및 인명은 아래와 같이 표기했다.
  예) 유구(琉球, 류큐), 장주(漳州, 장저우)
- 금남(錦南) 최부(崔溥)의 《표해록(漂海錄)》은 본래 최부가 자신의 13일간의 표류 과정과 가까스로 중국 땅에 닿은 과정, 이후 중국 내륙을 거쳐 압록강을 건너 다시 조선으로 돌아오기까지 6개월의 과정을 1인칭 형식으로 쓴 책이다. 그러나 송정규가 쓴 이 〈표해록 약절〉(원제 崔錦南漂海錄節略)은 그가 《표해록》을 읽고 3인칭으로 약술하여 정리한 글이다.
- 이 책은 독자의 편의를 위해 2부로 나누었다. 〈표해록 약절〉은 원문에서는 열 번째 기사이지만 내용에 따라 2부로 돌렸다.

해외문견록

제주목사 송정규,
바다 건너
경이로운 이야기를
기록하다

송정규 지음 · 김용태 김새미오 옮김

Humanist

차례

서설

제주에서 바라본 17세기 동아시아의 바다

1.

《해외문견록(海外聞見錄)》은 조선 숙종 대에 활동했던 관료문인 송정규(宋廷奎, 1656~1710)가 제주목사 시절(1704~1706)에 제주에서 발생한 표류 관련 사실을 정리한 책이다. 송정규는 제주 관아에 보관되어 있던 기록과 자신의 견문을 바탕으로 이 책을 저술했다. 표류에 관련한 정보만 수록한 저술이므로 '표해록'에 속하지만 다른 표해록이나 기록에서 찾아볼 수 없는 귀중한 정보가 다수 수록되어 있고, '해양의 시대'를 대비하기 위한 목적으로 저술되었다는 점이 돋보인다.

송정규의 자는 문경(文卿)·유문(幼文), 호는 이호(梨湖)·우수(迂叟)이며 본관은 여산(礪山)이다. 5대조인 송호지(宋好智, 1474~1526)는 조광조(趙光祖)와 정치적 견해를 같이하여 기묘당적에 이름을 올린 인물이고, 증조부 송일(宋馹, 1557~1640)은 참판을 지냈으며 정치적으로는 소북(小北)계로 분류된다. 조부인 송시길(宋時吉, 1597~1656)은 벼슬이 경기관찰사에 이르렀고 송정규의 후처 전주이씨는 실학과 관련이 깊은 이수광(李睟光)의 증손녀였다. 이처럼 명망 있는 집안에서 태어난 송정규는 1679년 진사시에 합격하고 1683년 증광별시에 합격했으며, 1688년 황해도 장연 현감을 시작으로 본격적인 벼슬길에 나서서 2년 뒤 사간원 정언에 뽑혔다. 인현왕후가 폐위되어 사제에 머물러 있을 때 그는 상소를 올려 인현왕후를 별궁으로 옮겨 거처하게 하고 옷과 음식을 제공해야 한다고 주장했다. 이런 시휘(時諱)를 무릅쓴 행동은 사람들에게 강한 인상을 심어주었다. 그는 1692년 모친상을 당하여 삼년상을 치른 뒤 1694년 시강원 사서로 다시 벼슬살이를 했다. 여러 내외직을 두루 역임하다가 1701년 고부단사로 연경에 다녀왔고, 몇몇 고을의 지방관을 거쳐 1704년 제주목사에 제수되었다. 송정규의 종조카 송질(宋瓆)이 지은 〈행장(行狀)〉에는 제주목사로서 송정규의 치적을 이렇게 기술하고 있다.

> (공은) 제주에서 부역을 중지하고 형벌을 완화하여 은혜와 믿음을 베푸는 데 힘을 썼다. 도민들은 기뻐하며 "공이 청렴하고 완고하다고 들었건만 넉넉하고 온화하다."라고 말했다. 공은 말하기를 "바다의 섬은 육지와 같지 않다. 나는 덕으로 교화하고 싶다."라고 하고는 공자묘를 증수하여 감실을 설치하고 서적을 보관했다. 섬의 풍속이 귀신을 좋아하여 집집마다 기도하는 곳을 두었는데 공은 79개 음사(淫祠)를 헐어버리고 그곳의 기물들을 무기고에 집어넣었다. 개축한 13개 목장을 설치하고서 백성들이 함부로 경작을 하지 못하게 금지하니 말들이 살지게 되었다. 두 개 보(堡)를

설치하고 만호(萬戶)를 배치하여 요해처를 방비했고, 포구에 성 300여 리를 쌓으니 이익은 커지고 해는 줄었다. 섬에 오래된 문헌이 없어 공이 고실(故實)을 수집하고 풍속을 기록하여 탐라지를 만들고 또 탐라지도를 만들어 살펴보기 편리하게 만들었다.

송정규는 제주도의 현지 사정을 존중하면서도 합리적이고 보편적인 문화를 조성하고자 노력하는 한편, 목장과 보의 확충을 통해 군비를 갖추고자 했다. '탐라지'와 '탐라지도'를 편찬했다고 하는 대목 또한 주목되는데, 일반적인 지리지로 추정되는 탐라지는 현재 전하지 않으므로 내용을 알 수는 없으나 《해외문견록》이 탐라지를 편찬하는 과정에서 나왔다고 짐작할 수는 있다.

1706년 제주에서 돌아온 뒤에도 송정규는 여러 관직을 역임하다가 1708년 강원도관찰사에 제수되는데, 이때 그의 생애에서 가장 중요한 사건이 일어난다. 《숙종실록》에 따르면, 1708년 2월 26일 송정규는 강원도로 떠나며 임금에게 인사를 올리면서 강원도 지역 절수(折受)의 폐단, 즉 토지를 사사로이 소유하는 행위에 대한 문제를 아뢰었고 숙종은 이에 절수를 혁파하라는 명령을 내렸다. 송정규는 '검전(檢田)은 자신의 역량으로 감당할 수 없다'는 내용의 상소를 올려 만류했으나, 오히려 임금은 송정규의 능력을 극구 칭송하며 속히 시행하라고 명령하고 곧이어 강원도 양전(量田) 사업을 맡긴다.

그런데 양전 사업은 송정규의 우려대로 큰 난관에 부딪혔다. 〈행장〉에 따르면, "힘 있는 자들의 숨겨놓은 땅이 모두 드러나매 원망이 따라 일어나게" 되고, 이를 기회로 평소 송정규에게 악감정을 품고 있던 자들이 정치적 공세를 한 것이다. 이 사건으로 인해 송정규는 큰 충격을 받아 벼슬을 모두 사양하고 고향인 경기도 이천 우곡으로 돌아와 지내다가 이듬해인 1710년 3월 13일 향년 55세로 숨을 거두었다.

〈행장〉은 송정규의 학문에 대해 이렇게 서술했다.

> 그의 학문은 장구(章句)의 번잡함은 생략하고 본지(本旨)를 철저히 규명하여 이치를 밝히는 것을 으뜸으로 삼았고, 문장은 화려한 수식을 버리고 사물을 절실히 표현하여 실용(實用)을 중시했다. 스승의 도움을 받지 않고 스스로 깨우치는 능력이 컸으며, 보지 않은 책이 없었는데 제자백가에 더욱 힘을 기울여 세밀히 탐구하여 빠뜨린 것이 없었다. 수천 권의 책을 모았으니 대개 일문(逸文)과 벽서(僻書) 종류였다. 특히 문자학에 정밀하여 고문자와 육서의 뜻을 널리 연구하고 깊이 탐구하니 한갓 음과 뜻 획의 옳고 그름을 분별할 뿐이 아니었다. 공은 여러 가지 책을 널리 읽고 기억을 잘했는데 그 여력이 승제(乘除, 산학)·감여(堪輿, 풍수지리)·의약(醫藥) 등의 분야까지 미쳐 그 근원을 모두 섭렵했다.

송정규는 평생 관료로 분주히 지냈으므로 그를 '학자'라 하기는 어려운 점이 있으나 학문을 향한 그의 열정은 상당했던 것으로 보인다. '실용'을 위주로 제자백가를 널리 섭렵하고 산학이나 의약에도 정통했다는 〈행장〉의 증언을 바탕으로 그의 '실학적 학문경향'을 짐작할 수 있다.

2.

《해외문견록》의 원본은 현재 일본 덴리(天理)대학 이마니시(今西) 문고에 소장되어 있고 그 복사본이 국립중앙도서관에 비치되어 있다. 소장처와 장서인을 통해 일제강점기 경성제국대학 교수였던 이마니시 류(今西龍)가 이 책을 일본으로 가지고 갔음을 확인할 수 있다. 《해외문견록》은 권(卷)이 나누어지지 않은 1책(86장)으로, 16칙(則)의 기사가 수록되어 있다. (1) 1611년 제주목사 이기빈이 왜선을 붙잡아 선원들을 살해한 사건(別刀剿倭), (2) 1612년 유구의 사신들이 탄 배가 제주에 표류한 사건(琉球使者), (3) 1653년 하멜이 제주에 표류한 사건(西洋漂蠻)뿐 아니라 (4) 1652년부터 1705년까지 있었던 중국 상인들의 제주 표류(順治以後漂商問答), (5) 1688년 제주 사람 김대황(김대황) 등의 안남 표류(記安南漂還人事)를 다루고 있으며, (6) 작자가 직접 탐문하여 중국배의 제도에 대해 소개하기도 했다(唐船制). 그 밖에 (7) 1706년 산동인 차관의 제주 표류(山東漂商), (8) 1706년 제주 서원 이계민 등이 나가사키에 표류했다 송환된 사건(記日本漂還人語), (9) 1663년 김려휘 등이 오키나와에 표착했다 일본을 통해 송환된 사건(記琉球漂還人語)도 다루었다. (10) 최부(崔溥, 1454~1504)의 《표해록(漂海錄)》을 간략히 정리해 이 책에 수록(崔錦南漂海錄節略)한 한편, (11) 역대 관원의 신분으로 표류했던 인물들을 다뤘으며(官吏漂海), (12) 1552년과 1555년 왜변에 대한 기록(記壬乙倭變), (13) 정여립 역모 사건과 관련하여 참형에 처한 길운절 이야기(吉雲節), (14) 제주에서 말을 잘 길렀던 김만일(金萬鎰牧師), (15) 서련이 제주 이무기를 퇴치한 전설(徐判官斬蛇)을 담았다. (16) 한라산 남쪽의 홍로현(洪爐縣)에서 옛 궁궐터를 추적하기도 한다(洪爐宮基).

이 가운데 (1)~(9)번 기사는 이 책이 쓰인 1705년 무렵과 비교적 가까운 시대의 표류사건들을 기록하고 있고, (10)번부터는 제주와 관련한 옛 사적을 잡록하고 있으므로 이를 기준으로 《해외문견록》은 전반부와 후반부로 그 성격이 나뉜다. 전반부가 해양과 관련된 관심이 집중적으로 담겨 있다면, 후반부는 제주의 풍토기라 할 수 있다. 이 가운데 〈별도포에서 왜선을 공격하다〉, 〈서양인 하멜의 표류〉, 〈중국배의 구조〉, 〈일본에 표류했다 돌아온 사람들〉 등은 지금까지 알려져 있지 않았던 내용을 다루고 있어 학술적 의미가 크다. 〈표해록 약절〉은 익히 알려져 있고 여러 종의 번역본도 출간된 최부의 《표해록》을 초록한 것인데, 더 많은 독자가 《표해록》을 접할 기회가 되기도 하고 송정규의 관심이 어디에 있었는지를 알려주는 자료가 된다는 점에서 모두 번역했다.

작자 송정규가 살았던 17세기는 명나라가 멸망하고 청나라가 등장하여 동아시아에 새로운 국제질서가 자리 잡아가던 때였다. 특히 청 조정은 당시 극심했던 왜구의 소요를 통제하고자 '천계령(遷界令)'을 내려 해안을 봉쇄하는 극단적인 정책을 취했고, 이로 인해 바다를 통한 교역은 매우 위축되었다. 이와 맞물려 국내적으로도 외부를 향한 관심이 크게 줄어들었다. 학술계가 성리학 중심으로 재편되면서 다양한 학문적 관심이 확연히 줄어들고, 관념적인 소중화론이 정통의 지위를 차지하면서 지식인들의 자고자대(自高自大)하는 태도 또한 외부에 대한 관심을 누르는 요소로 작용했다.

이러한 사정은 조선 초기와 크게 대비된다. 조선 초기만 해도 여러 지식인이 한중일을 누비며 국제적 안목을 길렀는데, 이 가운데

신숙주(申叔舟)의 《해동제국기(海東諸國記)》같이 동아시아의 바다에 대해 폭넓은 지식을 담은 기념비적인 책이 나올 수 있었다. 그러나 17세기에 들어 외부를 향한 관심이 현저히 저하되고, 안타깝게도 이러한 추세는 18, 19세기까지 지속되었다. 서세동점의 시대에 조선이 제대로 대처하지 못하고 우왕좌왕했던 것도 이 같은 사정에서 그 원인을 찾을 수 있을 것이다.

조선의 실학파는 이러한 조선의 폐쇄적 학문사상 경향에 문제를 제기하는 그룹이었다. 성호(星湖)-연암(燕巖)-다산(茶山)으로 이어지는 실학파는 중국은 말할 것도 없고 일본과 서양의 학술 및 세계 동향에 촉각을 곤두세웠다. 물론 이들은 소수파였으며 대세를 바꾸지 못했다는 한계가 있기는 하나, 사상사적으로는 대단히 중요한 존재다. 이러한 구도 속에서 송정규의 학술 경향은 실학파와 매우 가까운데, 당대 분위기나 송정규가 성호 이익보다 한 세대 위인 점을 감안하면《해외문견록》은 상당히 선구적으로 문제제기를 한 셈이다.

3.

《해외문견록》에 드러난 당시 동아시아 해역을 무대로 이루어진 교역의 실상과 이에 대한 송정규의 깊은 관심을 살펴보자.

가.

"산서나 섬서, 산동 등 내지 사람들은 각각 약재와 조랍(棗蠟), 담요 같은 토산물을 소주의 시장에다 팔아 비단과 은으로 바꾸고, 다시 교지로 가서 그것을 팔아 후추와 소목(蘇木), 단향(檀香), 소가

죽, 당등(糖藤) 같은 물건을 구입하여, 일본 장기에 가서 인삼과 동철(銅鐵), 해삼, 족제비, 붉은여우, 호피(嚎皮), 향환(香丸), 연초 등의 물건과 바꾸어 다시 소주로 돌아가 팝니다. 소주에서 곧바로 일본으로 가는 경우에는 대개 견사(繭絲)와 주단(紬段)을 밑천으로 삼아 장사합니다."

소주와 장기는 동쪽과 서쪽의 도회지로 천하의 물산이 두 곳으로 모여드는 것을 가히 알 수 있다.(《순치 연간 이후 표류한 상인들》)

나.

"강희제 24년(1685, 숙종11)에 천하가 태평해졌기에 육부(六府)에서 의논해 황제께 주청하여, 바다에 인접해 있는 여러 나라에 대해 비로소 통상을 허락하고 모든 항구마다 관소를 두어 세금을 거두게 되었습니다. 그래서 저희도 세은(稅銀) 60여 냥을 바치고 인표(印表)를 받아 주단과 흰 실, 담요, 약재 등을 싣고 일본에 가서 팔고자 이번 달 14일에 오송구(吳松口)에서 출항했습니다."(《순치 연간 이후 표류한 상인들》)

다.

"대만은 바로 귀국의 남쪽에 있으니, 14일이면 가히 도달할 수 있고, 복건성은 15일이면 가히 도달할 수 있으며, 일본에서는 하루 밤낮이면 가히 이 섬에 닿을 수 있습니다."(《순치 연간 이후 표류한 상인들》)

라.

(안남에서는) 삼베와 모시가 생산되지는 않으나, 모시풀은 산 가까이 습하지 않은 땅에서 자라 1년이면 여섯 차례 거둘 수 있었다. 뱃사람들은 그것으로 밧줄을 만드는데, 그곳 사람들은 길쌈하는 법을 알지 못하니 중국 상인들이 모시 한 필로 화단(花段) 두 필을 바꾸어 갔다. 모시의 귀함이 이와 같았다.《안남에 표류했다 돌아온 사람들》

'가'는 1652년 2월 제주에 표류한 쑤저우의 상인 묘진실(苗珍實)이 진술한 내용으로, 중국 내륙·쑤저우·베트남·일본으로 연결되는 '사각 무역 루트'가 소개되어 흥미롭다. '나'는 1687년 청의 천계령이 풀린 뒤 청나라로부터 정식으로 상행위 허가를 받고 바다에 나왔다가 표류한 고여상(顧如商)의 진술이며, '다'는 1705년에 표류한 대만 상인의 진술로, 송정규가 직접 문정을 하여 얻어낸 당시 바닷길에 대한 정보다. 이 인용문들에 분명히 드러나 있듯, 송정규는 어떠한 물품이 어디에서 어디로 유통되는지에 대해 구체적인 정보를 확보하는 데 일관된 관심을 보였다. '라'는 양잠업이 발달하여 비단보다 모시가 더 비싼 베트남에 중국 상인들이 모시를 들여와 이문을 취하고 있는 사정을 포착하고 있다.

송정규의 이런 관심은 최근 동양사학계에서 크게 설득력을 얻고 있는 '아시아 교역권론'에 대해 흥미로운 점을 시사한다. 아시아 교역권론은 근대 이전부터 동아시아 해역에는 왕성한 해상무역이 이루어졌으며 그 양상은 현재의 상황과 그리 다르지 않다는 점에 주목한다. 이러한 아시아 교역권은 근대 이전과 이후가 '단절'보다는 '연속'하고 있음을 나타내므로 새로운 동아시아 담론의 가능성을 보여준다. 아시아 교역권의 맥락에서 당대 조선은 상당히 비켜나 있었지만, 송정규는 조선도 이 교역권에 적극적으로 참여해야 마땅하다는 생각을 한 것으로 보인다. 그는 하멜의 표류 사건을 기록한 〈서양인 하멜의 표류〉에서 서양에서는 어린아이들도 동서양의 무역에 종사한다는 사실을 밝히며 "천하에 이와 같은 풍속의 사람들이 있다니 참으로 대단하도다."라고 경탄을 금치 못했다. 또 〈중국배의 구조〉에서는 중국배의 제도를 치밀하게 기록하며 "중국배의 법식을 두루 물어 여기에 기록해두니, 앞으로 일을 맡은 자들이 따라 만들 수 있도록 대비하려 함이다."라고 글을 맺었다. 이를 통해 송정규의 관심이 어디를 향해 있는가를 확인할 수 있는데, 바로 원양 항해가 가능한 선박을 조선에서도 건조하여 먼바다로 나가 무역을 해야 한다고 본 것이다.

한편, 그는 자신이 직접 문정했던 중국 상인을 통해 해외교역에 대한 별다른 정보를 얻지 못하자 구휼제도·도량형·조세제도 등에 대해 집중적으로 묻기도 했으며(〈산동에서 표류해 온 상인〉), 또 제주 관아에 보관되어 있던 하멜 일행의 무기를 정밀하게 실측한 뒤 자세히 묘사하기도 했다. 이를 통해 실용적이고 경세적인 그의 성향을 엿볼 수 있다.

4.

송정규는 학계에 널리 알려진 인물은 아니기에 선뜻 그를 '실학자'로 규정하기는 어렵지만, 앞서 말한 매우 실질적이고 개방적인 그의 사상적 경향으로 당시에 막 태동하기 시작한 '실학'이라는 시대정신에 공명했던 인물로 평가할 수 있다. 송정규 후대의 실학자들 가운데 신경준(申景濬)은 〈논병선화차제비어지구(論兵船火車諸備禦之具)〉에서 군선의 개량에 대해 매우 구체적이고 기술적인 논의를 한 바 있고, 박제가(朴齊家)는 《북학의(北學議)》의 〈통강남절강상박의(通江南浙江商舶議)〉에서 해외 통상을 허용해야 한다는 주장을 폈다. 또 정약용(丁若鏞)의 제자 이강회(李綱會)는 《운곡총서(雲谷叢書)》와 《유암총서(柳菴叢書)》에서 외국 선박의 상세한 제도에 대해 서술하고 또 표류를 당해 필리핀과 마카오까지 다녀온 문순득(文淳得)의 이야기를 수록하는 등 실학파 내부에서는 바다에 대한 관심이 지속적으로 이어졌다.

송정규가 꿈꾸었던 '해양의 시대'는 당대는 말할 것도 없고 이강회가 살았던 19세기에도 열리지 않았지만, 오늘날 우리는 바로 그들이 꿈꾸던 해양의 시대에 살고 있다. 어쩌면 송정규는 역사가 나아갈 방향을 꿰뚫어 보았던 것이다. 송정규가 꿈꾸었던 시대와 우리가 경험하고 있는 시대에는 거리가 있겠지만 그 거리를 사유하는 가운데 우리가 나아가야 할 새로운 미래에 대한 그림도 그릴 수 있을 것이다.

1부

제주에 표류한 사람들

1

별도포[1]에서 왜선을 공격하다

만력(萬曆)[2] 39년 신해년(1611, 광해군2) 8월, 왜선 한 척이 제주를 지나 화탈도(火脫島)[3]를 향해 가기에, 목사 이기빈(李箕賓)[4]은 판관 문희현(文希賢)[5] 등에게 명하여 병선을 거느리고 그 배를 추격하게 했다. [배를 잡아] 역관을 시켜 심문하니 그들이 대답하기를 "나는 일본 살마(薩摩, 사쓰마) 대장군 심안도(沈安道)[6] 휘하의 장수로서 안남(安南, 베트남)[7]에 가서 새로 우호를 통하려 한다."라고 하며 한 폭의 문서를

---

1 제주시 화북동 화북포(禾北浦)의 옛이름. 군사적으로 매우 중요했던 곳으로 '화북진'이 설치되어 있었다. 지금도 군사시설인 '별도연대(別刀煙臺)'가 남아 있다.

2 명나라 만력제(萬曆帝, 재위 1572~1620) 때의 연호이다.

3 제주도와 추자도 중간 부근에 있는 섬. 오늘날에는 관탈섬이라고 부르며 제주에서 육안으로 볼 수 있다.

4 이기빈(李箕賓, 1563~1625)은 자는 응설(應說) 본관은 전주로, 무과에 급제하여 보성군수와 부안현감을 역임했고 1610년(광해군1) 2월 제주목사로 부임했다. 제주목사 시절 왜선을 불태운 일이 후에 문제가 되어 북청으로 유배되었다가 함경북도 절도사에 다시 임용되었다.

5 문희현(文希賢, ?~1623)은 본관은 남평으로, 왜선을 침탐한 일로 함경북도 경성(鏡城)으로 유배되었다가 만주어에 능통했기에 방면되어 통역으로 활동했다. 인조반정 이후 후금 사람과 내통했다는 죄명으로 다시 정배되었다가 기자헌(奇自獻) 등과 함께 반란을 도모했다는 이시언(李時言)의 고변으로 주살되었다.

6 사쓰마의 영주로서 임진왜란에도 참전한 시마즈 요시히로(島津義弘, 1535~1619)를 지칭한다. 심안도는 '시마즈'의 발음을 음차한 것이다.

7 안남이라는 명칭은 679년 중국이 하노이에 안남도호부(安南都護府)를 둔 데서 시작되었다. 그 후 중국으로부터 독립한 베트남인들은 스스로 대구월(大瞿越)·대월(大越)·대남(大南) 등으로 불렀으나, 중국인들은 여전히 안남이라 불렀다. 19세기 초 응우옌 왕조가 베트남을 통일한 뒤에는 월남(越南)이라 불렸다.

보여주었는데, 대략 다음과 같은 내용이었다.

안남국 포정주(布政州)[8] 우기부장(右奇副將) 북군도독부(北軍都督府) 화군공(華郡公)이 귀 일본국 살우일 삼주(薩隅日三州)[9]의 태수 등원가(藤原家, 후지와라 가) 대장군께 보냅니다.
무릇 이웃 나라와 사이가 좋으려면 마땅히 신의를 우선으로 해야 합니다. 귀국은 인물들이 뛰어나고 물산이 풍부하며 물건이 진귀하여 천하에 명성을 떨친 지가 오래되었습니다. 저는 언제나 기쁘게 흠모하며 [귀국과] 통교하고 싶었습니다. 지난번 일본 상인이 [저희 쪽으로] 표류해와 마음으로 불쌍히 여긴 바, 포정상보(布政尚父)[10] 평안왕(平安王)[11]께 아뢰어 배를 수리하여 송환하게 했습니다. 이는 다만 교린(交隣)의 한 가지 일일 뿐이니 은혜가 될 것이 무어 있겠습니까?
그런데 뜻밖에도 도량 넓은 대장군께서 사람들을 포용하고 다른 나라를 존중하여 먼 데서 온 손님을 극진히 대접해주셨습니다. 사신이 돌아올 때에는 진귀한 보물까지 후하게 주시니, 끼치신

---

8 명나라는 베트남을 직접 통치하고자 행정구역을 중국식으로 개편했다. '포정주'는 신평부(新平府)에 속한 지명으로 '정평주(政平州)'라고도 한다. 베트남 중부 후에 이북 지역이 이에 해당된다.

9 일본 규슈에 속하는 옛 지명인 살마(薩摩, 사쓰마), 대우(大隅, 오오스미), 일향(日向, 휴우가) 3주를 일컫는다. 현재의 가고시마 현과 미야자키 현 일대를 포괄한다.

10 상보(尚父)는 예전에 임금이 아버지처럼 존경하여 받든다는 뜻의 특별대우로 신하에게 주던 칭호이다.

11 베트남의 남북조 시기 려(黎)왕조의 부흥을 위해 큰 역할을 한 찐뚱(鄭松, 1550~1623)을 가리킨다. 찐뚱은 려왕조에 반기를 들었던 막씨(莫氏)를 축출하는 데 큰 공을 세워 1599년 려왕조의 세종에게서 '평안왕(平安王)'이라는 작호를 받고서 베트남 북부의 실질적 군주 역할을 한 인물이다.

덕이 크고도 귀합니다. 또한 보내주신 문서에 기록된 장군의 말씀은 참으로 저의 뜻과 일치합니다. 함께 맹세를 지키고 변치 않아 이로 인해 상인들이 내왕하면 해마다 재화가 산처럼 쌓이고 샘처럼 솟으리니, 이는 양국에 만세의 이로움이 될 것입니다.

이에 다음과 같이 선물을 보냅니다. 사향(麝香) 1칭(秤), 훈향(薰香) 1칭, 대향미(大香味) 50지(枝), 소향미(小香味) 2봉, 침향(沈香) 20근, 상생향(上生香) 20근, 중생향(中生香) 30근, 상로향(上老香) 10근, 하로향(下老香) 60근, 백송(白松) 1편(片), 사랍(麝蠟) 1칭, 금리갑(金裏匣, 금 장식 상자) 1좌(座), 도갑(圖匣, 그림 장식 상자) 1구(口), 각색 비단 5필, 숙견(熟絹, 명주실을 삶아 짠 비단) 3필, 금침(金枕, 衾枕의 오기) 1좌, 농반(籠飯, 대나무 밥그릇) 1좌, 총 1구, 화리(花縭, 꽃무늬 허리띠) 3필, 화장(花帳, 꽃무늬 휘장) 2폭, 맥사(絔絲) 2폭, 모시실 1필, 황랍(黃蠟, 밀랍의 일종) 100근, 백밀(白蜜) 40정(埕), 계피 20근, 양파개(兩帕盖, 양산) 1병(柄), 양파선(兩帕扇, 부채) 1파(把).[12]

두터운 은혜에 보답하고자 변변치 못한 물건에 공경하는 마음을 담아 만 리 밖에서 성의를 표하오니 비웃지 말아주시기 바랍니다. 또 생칠(生漆, 정제하지 않은 옻나무 진) 10정, 평발(評鉢) 10구도 보냅니다.

---

12 '칭(秤)'은 무게를 나타내는 단위로 일반적으로 15근이 1칭이다. '지(枝)'는 막대와 같이 긴 물건의 수효를 헤아리는 단위이며, '편(片)'은 평평하고 얇은 물건의 수효를 헤아릴 때 쓴다. '좌(座)'는 무겁고 큰 물건의 수효를, '구(口)'는 비교적 작은 물건의 수효를 헤아리는 단위다. '정(埕)'은 액체를 담는 단지를 말하며 '병(柄)'은 손잡이가 있는 물건을 셀 때, '파(把)'는 손으로 쥘 수 있는 긴 물건을 셀 때 쓴다.

또 부속 편지에는 "도독의 부인이 이제 선물을 마련하니 기남(奇南) 1근, 침향 1근을 태수 부인께 드립니다."라고 되어 있었다. 이는 안남이 일본과 서로 통하여 친교를 맺으려는 편지였으며, 이에 대해 일본이 다시 답방하는 행차였던 것이다.

그 배의 규모를 보니 높고도 커서 보통 배가 아니었으며, 배 위에 촘촘히 서 있는 자들이 무려 100명이 넘었다. 그중 한 사람이 예순 살가량이었는데, 녹색 도포를 입고 검은 우산을 펼치고는 뱃머리에 앉아서 배를 지휘했다. 아군은 그 배를 붙잡지 못할까 염려하여 좋은 말로 꾀어 별도포구로 유인해서는 여러 배로 에워싸서 퇴로를 막았다. 정병 1000여 명을 언덕 뒤에 매복시켜두었다가, 이튿날 새벽 약속된 대포 소리를 신호로 수군과 육군이 일시에 협공했다.

그러자 저들 또한 포를 쏘며 항전했다. 저들의 선체는 두 겹으로 되어 있어 극히 견고했으며, 아군은 장군전(將軍箭)[13]을 쏘았으나 겨우 배의 외판에 꽂힐 뿐이었다. 한참 동안 치열한 전투를 벌여도 깨뜨리지 못했고, 오히려 군관 위공준(魏公濬)과 격군 언천(彥千) 등이 저들의 탄환을 맞아 죽고 말았다. 이에 저들의 배에 불화살을 날려대고 건초를 마구 투척하니 연기와 불길이 크게 일었다. 왜가 비로소 크게 다급해져 자살하거나 불에 타 죽었다. 용맹한 자들은 간혹 칼을 휘두르며 헤엄쳐 나오기도 했지만 언덕 위의 우리 군사들에 의해 사살되니, 모두 39급(級)[14]이 베이고 83명이 타죽었다.

그들의 병기를 거두어 무기고에 넣었다. 군공(軍功)을 논하여 조정

---

13 조선 전기로부터 후기에 이르기까지 지자총통(地字銃筒)에 사용한 화살이다.

14 전쟁에서 죽인 적군의 수를 세는 단위이다.

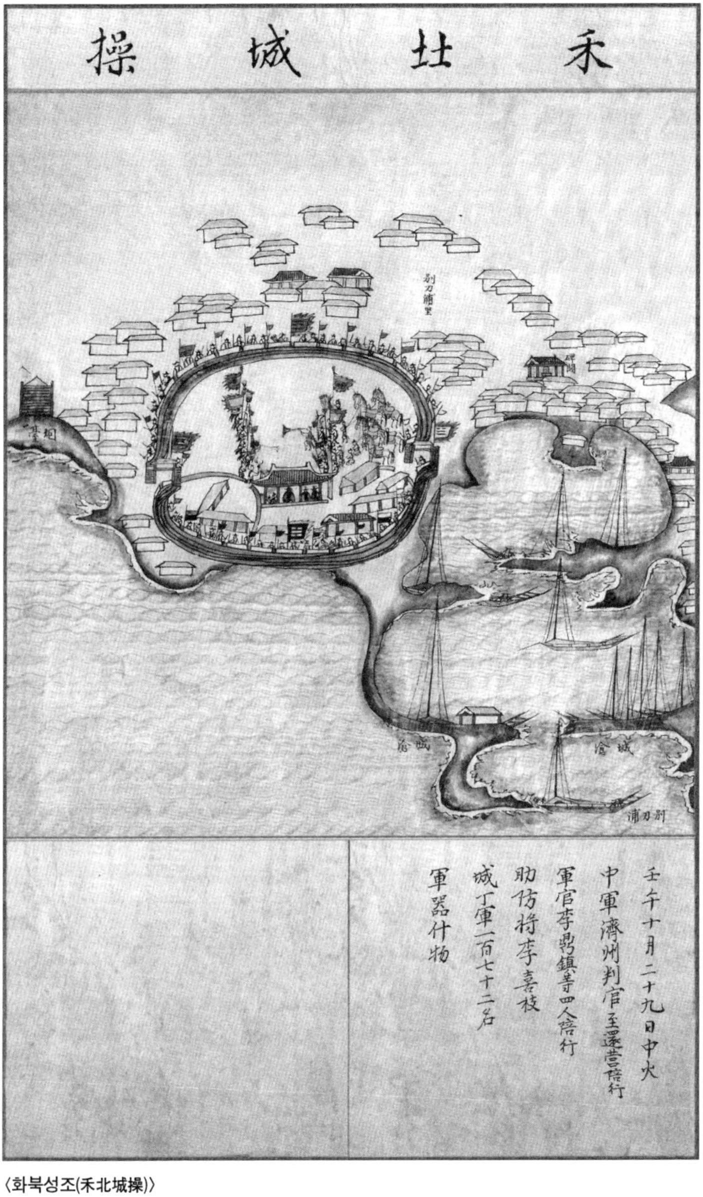

〈화북성조(禾北城操)〉

이형상(李衡祥, 1653~1733)의 《탐라순력도(耽羅巡歷圖)》에 실린 그림으로, 화북성은 '별도연대'의 다른 이름이다. 그림 중앙에 성벽으로 둘러싸인 부분이 화북진성이고 그 왼쪽이 별도연대, 그 오른쪽의 둥근 부분이 별도포구이다. 아마도 왜선을 이곳 둥근 포구로 몰아넣고 공격했을 것이다.

에 보고했으나 대간(臺諫)이 왜선의 화물을 약탈했다는 죄목으로 탄핵을 하여 목사와 판관은 모두 귀양을 가고 포상은 정지되었다.[15]

15 이 사건을 학계에서는 '유구 왕자 살해 사건'이라 부르는데, 관련 기록의 양상이 복잡하여 이 사건을 사실로 보는 견해와 전설로 보는 견해로 나뉘어 있다. 이기빈의 죄상에 대해 최초로 조정에서 논의하는 내용을 담은 《광해군일기》 4년(1612) 2월 10일 기사에는 '왕자 살해'에 대한 언급이 전혀 없다. '유구 왕자 살해설'이 널리 퍼진 인조 대에 들어와서도 《인조실록》 1년(1623) 4월 14일 기사를 보면 제주목사 이원익조차 살해설이 사실인지 확실치 않다고 말하고 있다. 이처럼 《해외문견록》을 비롯한 사건 관련 초기 기록들은 '왕자 살해설'과 일정한 거리를 두고 있다. 이후 '왕자 살해설'이 널리 퍼지게 된 것은 이중환이 《택리지》(1751)에서 이를 언급한 것이 계기로 보이며, 그 결과 김려의 〈유구 왕세자 외전〉과 같이 '전(傳)'의 제재가 되는 데에까지 이르게 된 것으로 보인다. 그런데 위에 언급한 《광해군일기》 4년(1612) 2월 10일 기사에는 "그들[이기빈 등을 지칭]이 베껴 보낸 문서는 정본이 아니니 믿을 수가 없습니다. 그러나 '우리의 방물을 사람을 보내 귀국에 기증한다'는 등의 말로 보건대 안남인이 일본과 통래한 것은 이미 증거가 될 만한 단서가 있습니다."라는 말이 보인다. 여기서 말하는 '문서'가 바로 《해외문견록》에서 소개하는 '문서'로 추정된다.

2

유구의 사신

만력 40년 임자년(1612, 광해군3) 7월, 유구(琉球, 류큐)[1]의 배 두 척이 표류 끝에 대정의 모슬포에 닿았다. 그들 가운데 여덟 명이 작은 배를 타고 뭍에 올라 땔감과 물을 구했다. 그때 판관 이정신(李廷臣)과 대정 현감 한계함(韓繼咸)이 말을 달려 해안에 이르러서 그들을 불러 사정을 물으려는 즈음, 우리 전선(戰船) 두 척이 급보를 듣고 달려오자 배에 타고 있던 이들이 이를 보고 놀라 급히 닻을 올리고 떠나버렸다.

남겨진 여덟 명 가운데 마희부(馬喜富)라는 자가 있었는데 자못 중국어를 할 줄 알았다. 그가 말했다.

"우리는 모두 유구국 도성 안에 사는 자들로서, 중국에 조공하는 일로 2년 전에 황제께 올릴 표문(表文)을 받았습니다. 배에는 모두 70명이 탔으며 장리 세 명과 통사(通事, 통역) 여섯 명도 함께 탔습니다. 9월 20일에 출항하여 28일에 복건(福建, 푸젠)에 도착했고, 이듬해 5월 육로를 따라 가서 9월에 북경(北京, 베이징)에 당도하여 공물을 바쳤습니다. 금년 2월 복건으로 다시 돌아와 6월 29일에 배를 띄워 유구로 되돌아가던 중 역풍을 만나 이곳에 오게 된 것입니다."

1 유구는 일본 오키나와 현에 있던 옛 왕국이다. 1429년 통일 왕국을 이루었으나 1609년 일본의 침입을 받은 후에는 그 지배 아래 놓이게 되었다. 이후 1879년에 다시 일본의 침략을 받아 450년 간의 왕조를 끝내고 일본의 오키나와 현이 되었다.

〈유구진공선도(琉球進貢船圖)〉 부분
일본 도쿄 국립박물관 소장.

표첩(票帖)을 꺼내 보여주었는데, 첩에는 "표(表)와 전(箋)이 각각 한 건이고, 타고 가는 작은 배 두 척에 공물로 바치는 의마(儀馬) 네 필과 유황 1만 근을 나누어 실음."이라고 기록되어 있었다.

마희부는 또 말하기를 "북경에 있을 때 조선 사신 이상의(李尙毅, 1560~1624)와 이수광(李睟光, 1563~1628), 황경중(黃敬中, 1569~1630)[2] 등과 옥하관(玉河館)에서 여러 날을 함께 거처했습니다."라고 했다.

이 일을 우리 조정에 보고하니, 조정에서는 그들에게 옷과 신발을 지급했고, 이들을 하지사(賀至使) 조존성(趙存性)을 통해 북경으로 보냈다. 이 일을 명나라 예부에 주문(奏文)[3]으로 알리고 아울러 자문(咨文)[4]을 갖추어 유구국에도 알렸다.

---

2 이들은 1611년 동지사 겸 왕세자의 관복(冠服)을 주청하는 사절단으로 북경에 다녀온 일이 있다. 이상의가 정사, 이수광이 부사, 황경중이 서장관이었다. 이때 이수광은 유구의 사신들과 수창한 시문을 《유구사신증답록(琉球使臣贈答錄)》이라는 책자로 엮어 남겼다(《지봉집》 권9).

3 조선이 중국에 보내는 문서이다.

4 조선과 중국 등 외국과 오고가던 외교 문서의 하나이다.

3

서양인 하멜의 표류

순치(順治)[1] 10년 계사년(1653, 효종5) 7월, 서양 오랑캐 배가 표류 끝에 대정현 차귀진의 대야수포(大也水浦)[2]에 닿았다. 배에는 모두 64명이 있었다고 하나, 뭍에 오른 사람은 겨우 36명뿐이었다. 그들은 모두 푸른 눈에 붉은 수염이 있고 높은 코에 키가 컸으며 머리털은 어깨에 닿도록 잘랐는데 어떤 이는 대머리에 수염이 없었다. 양털 모자를 쓰고 뒤가 높은 가죽신을 신었으며 옷은 잡색으로 그 길이가 허벅지에 닿았다. 옷깃과 소매는 모두 매듭으로 연결되어 있어 한쪽을 당기면 모든 매듭이 함께 풀렸다. 긴 버선은 무릎까지 올려 바지 안쪽으로 맸다. 절을 할 때면 모자와 신발을 벗고 양손으로 땅을 짚으며 무릎을 꿇고 머리를 숙였다. 그들의 노래는 중국의 음조를 닮았으며, 눈물은 흘려도 소리 내어 울지는 않았다. 밥은 먹을 줄 모르고 오직 술과 고기, 국수와 떡을 먹었는데 특히 유밀과를 좋아하고 뱀을 잘 먹었다.

그들의 글자는 대략 만주글자와 비슷하여 가로로 한 줄씩 쓰며 왼쪽에서 시작한다. 숫자의 경우는 그 수대로 금을 긋는데, 다만 10은

---

1 청나라 세조 순치제(順治帝, 재위 1643~1661) 때의 연호이다.

2 제주도 서귀포시 대정읍 신도리 해변. 현재 서귀포시 안덕면 용머리해안에 하멜이 타고 온 배를 본 따 만든 '하멜상선전시관'이 있으나, 하멜이 표착한 곳은 이곳이 아니다.

'X'로 쓰고 5는 'V'로 쓰며 6 이상은 'V'에다가 수를 따라 획을 더하면 된다.

처음에는 말과 글이 모두 통하지 않아 몸짓과 손짓, 입 모양과 눈빛으로 뜻을 나타내 소통했어도 어느 나라 사람인지 알지 못했다. 그들의 서책과 지도를 보고 서양에서 왔음을 짐작할 수 있었다. 또 그들의 말 가운데 언뜻 일본말에서 '장기(長崎)'를 일컫는 '낭가삭기[나가사키]'라는 말을 듣고, 시험 삼아 일본말로 서양의 '길리시단[크리스천]'이냐고 물으니 그들이 모두 기뻐하며 "야야."라고 했다. '야야'라는 것은 '그렇다, 그렇다'는 뜻이다.[3]

그들에게 각각 이름과 나이를 쓰게 하고 언문으로 번역하니, 우두머리 되는 자는 '백계(白鷄)'라고 했으며, 그의 이름은 발음이 '이은'과 비슷했다.[4] 다른 사람의 이름 아래에도 역시 발음이 '이은'과 비슷한 칭호가 많은 걸 보니 '이은'이란 것은 중국의 성씨와 같은 것인 듯했다.

목사 이원진(李元鎭)이 조정에 보고하자 비변사에서 역인(譯人) 박연(朴延)[5]을 보내어 심문하게 했다. 박연이란 자 또한 서양 사람이었는데, 10여 년 전에 표류해와서 훈련도감에 배속되었다. 본명은 호

---

3 네덜란드어 'Ja(야)'는 '그렇다'는 뜻이다.

4 여기서 '우두머리'는, 1696년 제주목사 이익태가 저술한 《지영록(地瀛錄)》에 "서양국 만인 '헌 얀신' 등 64명이 함께 탄 배 한 척이"이라는 구절을 참조할 때, 당시 '일등항해사'였던 헨드릭 얀세(Hendrick Janse)를 가리키는 것으로 추정된다. '헨드릭'을 소리대로 언문으로 적으면 '힌듥', 이를 한자로 적다보니 '흰닭' 즉 '白鷄'로 적은 것으로 이해된다. 그리고 네덜란드 인들의 성에는 Jan(얀)이 많다. 이를 "발음이 '이은'과 비슷했다"고 적은 것으로 보인다.

5 본명은 얀 야네스 벨테브레이(Jan Janesz Weltevree, 1595~?)로, 1627년(인조5) 조선으로 표류해왔다가 귀화한 네덜란드인이다.

〈아란타입선도(阿蘭陀入船圖)〉
18세기 후기의 나가사키 판화로 바타비아에서 나가사키로 내항하는 네덜란드 선박을 그렸다. 일본 고베 시립박물관 소장.

탄만(胡呑萬)[6]인데 박연으로 이름을 바꾸었다. 박연더러 표류한 서양 사람들을 만나면 먼저 말을 걸지 말고 그들의 행동을 관찰하라고 했다. 서양 사람들은 박연을 자세히 살피더니 "이 사람은 우리와 더불어 형제와 같은 자다."라고 했다. 그들은 비로소 함께 대화를 나누며 눈물을 흘렸다. 그중 박연의 옛 이웃이 있어 그에게 말하기를, "그대의 숙부는 이미 죽었고 친척들이 아직 살아 있으나, 그대의 집터는 풀에 묻혔다." 하니, 박연이 오열하며 견디지 못했다. 박연이 다시 물었다.

"아무개 마을의 아무개는 잘 지내오?"

한 사람이 대답했다.

"내가 그 마을에 살았는데, 그 사람은 언젠가 장사를 나가서 이미 5, 6년이 지났는데도 돌아오지 않았으니 생사를 알 수 없소."

박연은 또 물었다.

"그대들의 차림새가 어찌하여 예전과 다르오?"

"그대가 떠난 후로 세월이 많이 흘렀소. 무릇 세상사는 옛 모습에서 점차 변하는 법이오."

"어느 해에 출항했으며, 어떤 물건을 어디에 팔고자 했소?"

"도완도(道完島)[7]에는 사슴이 아주 많소. 그곳에서 사슴 가죽을 사서 중국에 가져가 팔고, 다시 거기서 사탕과 후추, 목향(木香)을 사서

---

6 그와 함께 표착한 네덜란드인 동료들이 그를 '호프만'(hopman, 대장·우두머리) 등으로 불렀던 데서 그의 이름을 '호탄만'으로 기록하게 된 것으로 추정된다.

7 타이완을 말한다. 하멜이 타고 있던 스페르베르호는 대만(타이완)을 거쳐 일본을 향해 가고 있었다. 《효종실록》에 의하면 그 배에는 2만 7000여 장의 사슴가죽을 싣고 있었는데, 이 시기 일본에 수입되는 사슴가죽은 대부분 대만산이었다.

일본에 가져가 팔려고 했소. 그런데 풍랑을 만나 이곳에 이르고 말았다오. 집을 떠난 지 벌써 5년이 되었소. 우리나라 상선이 일본에 많이 모이니, 나를 일본으로 보내준다면 곧바로 집으로 돌아갈 수 있소."

박연이 말했다.

"일본은 오직 나가사키만 항구를 열고 있는데, 모여든 상선들도 으레 육지에 내리지 못하고 모두 배 위에서 교역을 하고서 떠날 뿐이오. 또한 일본의 법은 비록 본국인이라도 외국에 표류했다 돌아오면 곧 죽인다오. 게다가 근년에는 조선에 섞여 들어왔던 천주교도들을 돌려보낸 일이 있었는데, 돌아가다가 대마도수(對馬島主, 쓰시마 섬 도주)가 그들을 모두 죽이고 재물을 빼앗았다오. 그러니 지금 일본으로 간다면 분명코 온전하지 못할 것이오. 나는 이 나라에 와서 훈련도감에 배속되었는데 몸은 편안하고 먹을 것도 풍족하오. 그대들도 나를 따라 서울에 가서 도감에 배속된다면 가히 사람처럼 살 수 있을 것이오."

서양 사람들이 이 말을 듣고 비로소 복속하려는 마음이 생겼다. 이듬해에 그들을 압송하여 서울 밖의 군영들에 나누어 배속시켰다.

서양인들은 기술이 뛰어났는데, 특히 의술과 역법에 밝았다. 그렇지만 숙련된 장인과 대장장이와 같이 재주 있는 부류는 대부분 난파한 배를 구호하는 와중에 죽고 말았다. 살아남은 사람들 중에는 천문역법에 밝은 사람이 한 명, 권법에 능한 사람이 두 명, 조총을 잘 다루는 사람이 한 명, 대포를 다루는 사람이 열 명 있었다.

그들은 대포를 반드시 수레 위에 올려놓고 쏘는데, 이렇게 하면 대포를 높이고 낮추기만 하면 되고 회전하는 것도 편리할 뿐만 아니라 대포를 발사할 때 수레가 저절로 뒤로 물러나서, 대포의 반동하는 힘을 줄여 포신이 파열되는 것을 막아준다. 장약(裝藥, 총포에 재는 화약이나 탄알)은 대포가 8근, 중포가 6근, 그다음 중포가 4근, 조총은 9전(錢)이다. 조총은 납 탄환을 쓰고 그 무게는 8전이다. 철사로 두세 개의 탄환을 연결해 발사하는데, 표적을 맞추면 곧 하나의 구멍을 낸다.

배가 난파한 곳에서 건져낸 물건이 50여 종인데, 보배롭고 기이한 물건들이 꽤 있었다. 용뇌(龍腦, 약재의 일종)가 수십 근, 왜은(倭銀)이 600량 있었으며, 유리 시계도 하나 있었는데 그것은 두 개의 병 입구를 붙여 만든 것으로 중간에 모래가 흘렀다. 둥근 해시계는 숙동(熟銅)으로 만들었는데, 그것을 걸어놓은 축(軸)은 자유롭게 움직여 능히 전후좌우로 조종할 수 있었다. 그것의 각도를 중국의 것과 견주어보면 다소 차이가 있다. 또한 측구척(測晷尺, 측량기), 천리경(千里鏡), 유리경(琉璃鏡), 운모창(雲母窓, 유리창) 등이 있었으며, 그릇들은 대부분 구리와 주석, 백철로 된 것이었다.

병기는 모두 본영의 무기고로 보냈다. 그 가운데 조총은 《주례(周禮)》에 따른 척도로 길이가 5척 7촌이요, 둘레가 몸통은 6촌이고 끝부분은 4촌이며 구경(口徑)은 1촌이다. 귀는 너비가 1촌 5푼이요 길이가 2촌인데, 귀에는 덮개와 마개가 있어 함께 하나의 장치가 된다. 모두 분해하고 조립할 수 있다. 격발장치는 안쪽을 향해 있고, 총 끝에 표시가 되는 쇠붙이를 달아놓으니 그 크기가 작은 녹두와 같다. 몸통에는 가운데가 갈라진 쇠붙이를 달아두어 그 갈라진 틈으로 가늠하게 되어 있으니 그 교묘함이 사람의 생각을 뛰어넘는다. 지금 남아 있는 것은 장통(粧筒)이 없어서 그 장치를 상세히 알기 어렵다.

장검은 자못 왜의 것과 비슷하고, 창의 자루는 오동나무 가지보다 가벼운데 단단하면서도 꺾이지 않는다. 무기고에 보관한 지 50여 년이나 되었지만 벌레 먹거나 상하지 않았는데 무슨 나무인지 알 수 없다.

배는 이미 부서졌으나 장식에 쓰인 철을 거둔 것이 1만여 근에 이르고, 베로 된 돛은 높이가 46심(尋)[8]을 넘으니, 가히 그 배가 얼마나 컸는지 짐작할 수 있다.

표류한 자들은 대부분 장정이었지만 열 살 남짓한 아이도 몇 명 있었다. 그 아이들이 무역 일을 하며 항해한 횟수를 꼽는데, 중국에 갔던 것이 세 번이요, 일본에 갔던 것이 일곱 번이라 했다. 대저 서양과 일본은 하늘 끝의 두 모퉁이로 한 쪽에서 해가 뜰 때 다른 쪽은 해가 지는 곳인데도 저들은 마치 이웃 마을 다니듯 여겨 몇 번이고 꺼리지 않으니, 겨우 포대기를 벗어나자마자 곧 넓은 바다로 항해에 나섰던 것이다. 천하에 이와 같은 풍속의 사람들이 있다니 참으로 대단하도다.

---

8 길이 단위로, 1심(尋)은 8척(尺)이다.

4

순치 연간 이후 표류한 상인들

순치 9년 임진년(1652, 효종4) 2월, 소주(蘇州, 쑤저우) 사람 묘진실 등 213명이 표류 끝에 정의현(旌義縣) 천미포(川尾浦)[1]에 닿았는데, 뭍에 올라 목숨을 보전한 사람은 겨우 28명이었다. 그들은 글로 써서 말했다.

"우리는 대명(大明)의 남경(南京, 난징) 상인으로 홍광(弘光)[2] 원년(1645, 인조23) 3월에 황제의 허락을 받고 바다를 건너 일본으로 가서 장사를 했습니다. 그런데 청나라가 천하를 빼앗아 이틈(李闖)[3]을 살해하고, 남경을 함락하여 홍광제가 해를 입었다는 소식을 들었습니다. 우리는 감히 본국으로 돌아가지 못하고 교지(交趾)[4]로 가서 장사를 하며 7년을 왕래했습니다. 그러다가 듣자하니 청조가 인정을 베

---

1 제주도 서귀포시 표선면의 포구를 말한다.

2 남명 1대황제 홍광제(弘光帝, 재위 1644~1645) 때의 연호. 본래 이름은 주유숭(朱由崧)이고, 묘효는 안종(安宗)이며, 남명의 1대 황제다.

3 이자성(李自成, 1606~1645)을 말한다. 본명은 홍기(鴻基)이고, 명말(明末)의 농민 반란 지도자다. '틈왕(闖王)'이란 호칭으로 불렸는데, 이는 '용맹한 왕'이라는 뜻이다. 1644년 서안(西安, 시안)에서 국호를 '대순(大順)', 연호를 '영창(永昌)'으로 하여 황제로 즉위했다. 그리고 북벌을 시작하여 북경을 함락하여 명 왕조를 멸망시켰다. 그러나 산해관(山海関, 산하이관)을 지키던 오삼계(吳三桂)가 청에 투항하여 청군과 함께 공격해오자, 이자성은 서안으로 퇴각하여 저항했으나 끝내 패배하고 말았다.

4 중국 한나라 때 지금의 베트남 북부 통킹을 이르는 말로 하노이 지방에 둔 행정구역이다. 전한(前漢)의 무제가 남월을 정복하고 이 지역에 교지군(交趾郡)을 포함한 영남구군(嶺南九郡)을 설치한 데서 유래한 이름이다.

풀고 백성을 사랑한다기에 본국으로 돌아갈 마음을 먹게 되었습니다. 금년 1월 22일 일본을 떠나서 가는 길에 2월 8일 오도(五島, 고토)에서 풍랑을 만났으며, 9일에 배가 이곳에 좌초되었습니다. 만약 우리를 일본으로 보내준다면 한 달이 지나지 않아 남경으로 돌아갈 수 있을 것입니다."

남방 소식을 물으니 다음과 같이 대답했다.

"홍광제 이후에 또 노왕(魯王)[5]이 있습니다. 처음에는 장주(漳州, 장저우)와 복주(福州, 푸저우) 지역에 있다가 청군을 피해 지금은 광동(廣東, 광둥)에 머물고 있으며, 연호는 영력(永曆)이라 합니다. 산서(山西, 산시) 곡옥현(曲沃縣) 사람 노진비(路鎭飛)를 재상으로 삼고, 학씨(郝氏)를 장군으로 삼았습니다. 또한 대명총병(大明總兵) 강양(姜瓖)이 대동(大同, 다퉁) 지역에서 산서성 6부를 거점으로 수차례 청병 수십만을 격파했습니다. 후에 양식이 다해 그 부하에게 살해되어 청조에 항복했습니다. 섬서(陝西, 산시), 산동(山東, 산둥) 등지도 또한 청조에 넘어갔습니다."

일본의 소식을 물으니 다음과 같이 대답했다.

"듣건대 지난해 4월 국왕[6]이 죽고, 그 아들[7]이 대신하여 즉위했다고 합니다. 또한 대유구국(大琉球國)[8]과 홍모국(紅毛國)[9]이 모두 일본

---

5 최후의 황제인 소종(昭宗, 1625~1662)을 말한다. 계왕(桂王) 혹은 영명왕(永明王)이라고도 하며, 이름은 주유랑(朱由榔)이다. 1646년 구식사(瞿式耜) 등에 의해 옹립되어 광동성 조경(肇慶)에서 제위에 올라 연호를 영력(永曆)이라 했다.

6 도쿠가와 이에미쓰(德川家光, 1604~1651)를 말한다. 그는 1638년 기독교인들의 반란인 시마바라의 난을 계기로 기독교 단속과 쇄국 체제를 더욱 강화했다. 이후 일본은 조선, 청, 그리고 전도를 하지 않는 네덜란드와만 교역을 했다.

7 도쿠가와 이에쓰나(德川家綱, 1641~1680)를 말한다.

에 복속되었습니다. 남경, 복건 등지의 상선이 일본을 왕래할 때 간혹 표류하여 두 나라에 이르기도 합니다. 대유구는 중국 배가 쌀을 요구하면 쌀을 주고 물을 요구하면 물을 주는데, 홍모의 배를 바다에서 만나게 되면 화물을 빼앗아 가버립니다. 우리는 지난해에 홍모선 여섯 척이 일본에 와 있는 것을 보았습니다."

또한 그들의 장사에 대해 물으니, 다음과 같이 대답했다.

"산서나 섬서, 산동 등 내지 사람들은 각각 약재와 조랍(棗蠟), 담요 등과 같은 토산물을 소주의 시장에다 팔아 비단과 은으로 바꾸고, 다시 교지로 가서 그것을 팔아 후추와 소목(蘇木), 단향(檀香), 소가죽, 당등(糖藤)과 같은 물건을 구입하여, 일본 장기에 가서 인삼과 동철(銅鐵), 해삼, 족제비, 붉은여우, 호피(嚎皮), 향환(香芄), 연초 등의 물건과 바꾸어 다시 소주로 돌아가 팝니다. 소주에서 곧바로 일본으로 가는 경우에는 대개 견사(繭絲)와 주단(紬段)을 밑천으로 삼아 장사합니다."

소주와 장기는 동쪽과 서쪽의 도회지로서 천하의 물산들이 두 곳으로 모여드는 것을 가히 알 수 있다.

이른바 '호피'는 어떤 물건인지 알지 못하겠다.[10] 또한 오도는 일본에 속한 곳으로, 일본에서 탐라에 이르려면 반드시 이곳을 경유하게 된다. 홍모국은 옛날의 모인국(毛人國)[11]인 듯하다. 《고려사》에 "현

8 '오키나와(沖繩)'를 지칭한다. 전통시대에는 오키나와를 대유구로, 대만을 소유구로 구분하기도 했다.

9 홍모국은 일반적으로 네덜란드나 영국 등 서양을 일컫는 말로 쓰이는데, 서양 세력에 점령된 적이 있는 대만 또한 홍모라 일컬어지기도 했다.

10 이리 등의 짐승 가죽일 것으로 추정된다.

종 20년 기사년(1029)에 탐라인 정일(貞一) 등 21명이 표류하여 동남쪽 아주 먼 섬에 이르렀는데, 그 섬의 사람들은 몸이 장대하고 온몸에 털이 나 있었다. 7개월 동안 억류되었다가 정일 등 일곱 명이 작은 배를 훔쳐 일본 나사부(那沙府, 나가사키)로 도망쳐 살아 돌아올 수 있었다."라고 했다. 지금 홍모는 일본에 가까우니, 정일이 보았던 것이 이 나라가 아닐까?

본주에서는 묘진실 등을 압송하여 연경(燕京, 북경)으로 보냈다.[12] 강희(康熙)[13] 정미년(1667, 현종8)에 복건의 임인관(林寅觀) 등 95명이 표류하여 대정현 예래포(猊來浦)[14]에 이르렀는데, 그 사람들은 모두 청흑색 수건으로 머리를 싸서 이마 위로 묶고 있었으며, 그 가운데에는 변발을 한 자도 있었다. 그들은 글로 써서 다음과 같이 말했다.

"저희는 대명 복건의 관상선(官商船)으로 흰 설탕과 사슴가죽, 소목, 주단, 약재 등의 물건을 싣고 일본으로 가서 팔려고 5월 11일에 동녕(東寧)[15]에서 출항했습니다. 23일 밤에 폭풍을 만나 표류하여 귀국에 이르게 된 것인데, 암초에 부딪혀 배는 부서지고, 물품들은 대부분 바다 신에게 바치고 말았습니다. 원컨대 남은 물품을 바치겠으

---

11 일반적으로 모인국은 일본 열도의 동북 지역에 살던 민족인 하이(蝦夷)를 가리킨다. 저자는 여기서 막연한 추측을 한 것 같다.

12 《효종실록》 효종3년 3월 30일자 기사에 관련 내용이 실려 있다. 그 기록에 의하면 묘진실 등은 일본으로 보내줄 것을 간청했으나, 중국과의 외교 문제를 우려한 정태화(鄭太和) 등의 주장을 따라 북경으로 보냈다고 한다. 한편 황경원(黃景源)의 《명배신전(明陪臣傳)》 〈민정중(閔鼎重)〉 편의 기록에 의하면 민정중은 명의 유민인 묘진실을 청에 보내서는 안 된다는 주장을 폈다고 한다.

13 청나라 성조 강희제(康熙帝, 재위 1661~1722) 때의 연호이다.

14 제주도 서귀포시 하예동의 포구이다.

15 대만 가오슝 부근을 가리키는 것으로 추정된다.

니, 목숨을 살려주는 은덕을 내려주시기 바랍니다. 저희를 배로 농자사기(籠仔沙箕, 나가사키)에 보내주시면, 장기왕(長岐王)을 만나 배를 만들어주기를 청할 것이니, 그리 되면 본국으로 돌아갈 수 있을 것입니다."

그들 가운데 임인관과 진득(陣得), 증승(曾勝)은 종모(騣帽, 갈기모자)를 쓰고 검은 비단 도포를 입고 있었으며, 말씨와 문필이 모두 유생과 거의 비슷했다. 그들에게 중원의 소식을 물으니 이렇게 대답했다.

"천하의 판도는 모두 청나라로 돌아갔습니다. 오직 영력군만이 4성(省)을 보유하고 있는데, 지금은 광서(廣西, 광시)에서 군대를 모으며 때를 기다리고 있습니다."

"그 형세가 이와 같이 미약하니, 청나라에 대항할 수 있겠는가? 영력군의 재주와 덕망은 어떠한가? 숭정(崇禎) 황제[16]와는 어떤 관계인가? 나라 일을 맡고 있는 장수와 재상은 어떤 사람들인가?"

"영력은 숭정 황제의 손자입니다. 옛날 서백(西伯)[17]은 100리의 땅으로 천하에서 왕 노릇을 했으니, 도량이 넓고 큰 우리의 영력군은 얼마 안 있어 나라를 다시 일으킬 것입니다. 장상(將相)으로는 손가영(孫可榮)과 정국공(丁國公) 등 몇 사람이 보좌하는데 그들은 출장입상(出將入相)[18]의 인재입니다."

"지금 천하가 이미 청나라로 넘어갔고 백성들은 안도하고 있다 하

---

16 명나라의 제16대이자 마지막 황제(재위 1628~1644년)이다.

17 숭정(崇禎)은 주(周) 문왕(文王)이며 이름은 창(昌)이다. 여상(呂尙, 태공망)의 도움을 받아 덕치(德治)를 펴, 그의 아들 무왕(武王)이 상(商)을 멸망시키고 주(周)를 세우는 바탕이 되었다.

18 나가서는 장수가 되고 들어와서는 재상이 된다는 뜻으로, 큰 인물을 뜻한다.

는데, 중원 사람들은 거의 변발을 했는가?"

"오직 네 성 사람들만이 변발을 하지 않았습니다. 산동 등지에서 의로운 선비들이 간혹 나오고 있으나 일을 성사시켰다는 말은 듣지 못했습니다."

"너희 무리 중에 변발을 한 자가 있는 것은 어째서인가?"

"변발을 해야 청나라 경계로 들어갈 수 있으니, 왕래하며 무역하기 위해서입니다."

그들이 바친 물품 중에 푸른 물감 한 상자와 완약(盌藥) 16근이 있었는데, 도자기를 만들 때 완약을 찧어서 푸른 물감과 섞어 그림을 그려 구우면 그림의 빛깔이 신명해진다고 했다.

이 사건을 조정에 보고하고 북경으로 압송했다.

그 후 경술년(1670, 현종11) 5월, 심삼(沈三) 등 65명이 표류 끝에 정의현 말등포(末等浦)[19]에 닿았다. 변발을 한 자가 3분의 1이었는데, 검은 수건으로 머리를 싸맸다. 의복은 한(漢)·청·왜 세 나라의 제도가 섞여 있었는데, 청나라 복장에 변발을 한 것은 청나라 경계로 장사를 나가기 위해서였다. 그들은 다음과 같이 말했다.

"저희는 본디 대명의 광동과 복건, 절강(浙江, 저장) 등지의 사람들인데, 청병에게 이 성들을 빼앗긴 뒤 향산도(香山島, 홍콩)로 도망해 들어가서 장사로 먹고살았습니다. 금년 5월 1일에 향오(香澳)에서 배를 출발하여 장차 일본의 장기로 가려 했는데, 23일 풍랑을 만나 표류하여 이곳에 이르렀습니다. 향오는 광동의 바다 밖에 있는 큰 산

19 제주도 성산읍 온평리의 포구이다.

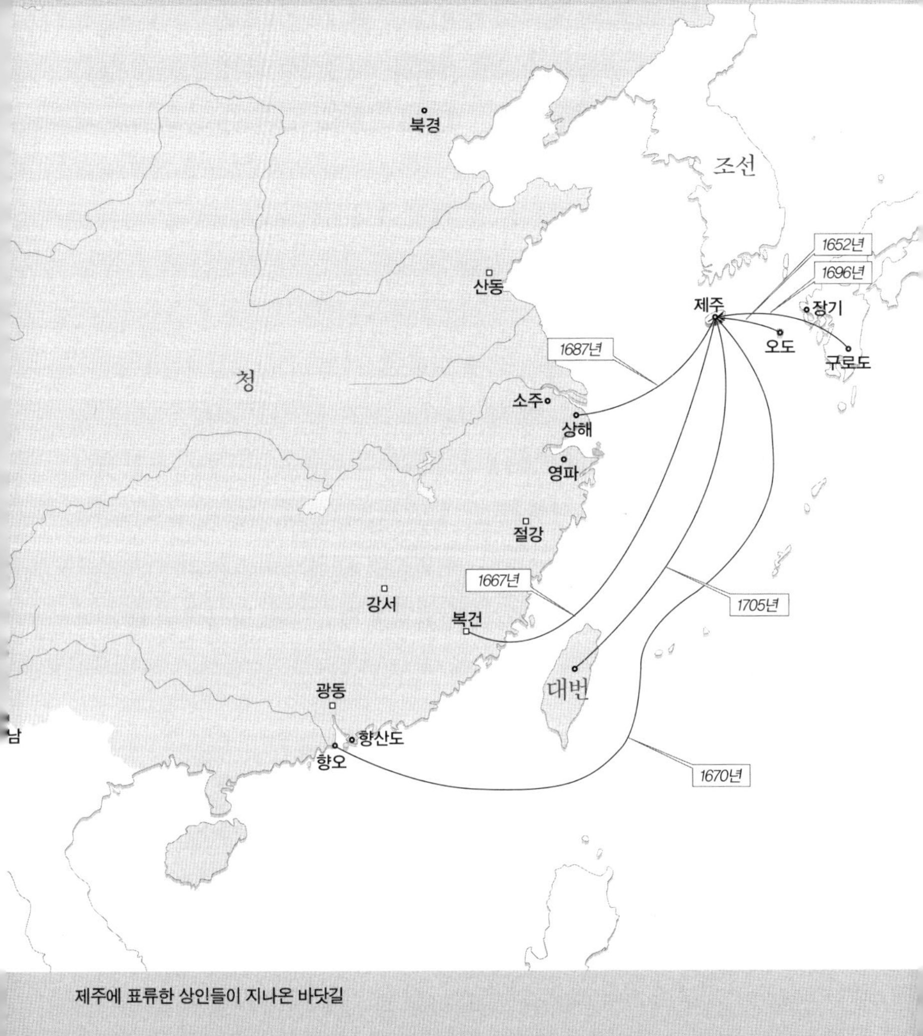

제주에 표류한 상인들이 지나온 바닷길

으로 청려국(淸黎國)에 이웃해 있으니, 본래 남만(南蠻)[20]의 땅이었습니다. 미개한 종족의 사람인 갑필단(甲必丹)[21]이 와서 그 땅의 주인 노릇을 했는데, 후에 이들의 세력이 쇠약해져 지금은 겨우 30여 명이 남아 있습니다. 명나라 유민들이 세상을 피해 그곳에 많이 들어가 있는데, 대번국(大樊國, 대만)에서 유격(游擊, 청나라 무관직) 하귀(何貴)를 보내 납세를 주관하게 했습니다."

"대번국은 어디에 있으며 임금은 누구인가?"

"융무(隆武)[22] 황제가 제위에 오르고 4개월이 지나 정성공(鄭成功)[23]이란 명장에게 국성(國姓)을 하사하고 진국대장군(鎭國大將軍)에 봉했습니다. 진국대장군은 청나라와 싸워 여러 번 이겼으나, 불행히 천운이 다하여 그 역시 죽고 말았습니다. 그의 아들 금사(錦舍)[24]가 이어 인덕장군(仁德將軍)에 봉해졌는데 대번으로 도망쳐 들어갔으니, 지금 그곳의 사람과 말이 수십만에 이릅니다. 대번은 복건성 바

---

20 중국에서 남쪽의 오랑캐라는 뜻으로 남쪽 지방에 사는 민족을 낮잡아 이르던 말이다.

21 영어 단어 captain에 해당하는 포르투갈 단어 capitão의 음차다. 당시 마카오는 포르투갈의 관리 하에 있었다.

22 명나라 태조 주원장(朱元璋)의 스물세 번째 아들 주경(朱桱)의 8세손인 주율건(朱聿鍵)의 연호다. 주율건은 홍광제(弘光帝)가 1645년 청군에게 붙잡히자 정지룡(鄭芝龍)·황도주(黃道周) 등에 의해 옹립되어 황제의 자리에 올랐으나 오래지 않아 청군에게 붙잡혀 죽고 말았다.

23 정성공(鄭成功, 1624~1662)은 자는 대목(大木)·명엄(明儼)이고, 시호는 충절(忠節)이다. 일본 나가사키 현 히라도에서 태어났으며 아버지는 중국과 일본을 오가며 해상무역을 한 정지룡(鄭芝龍)이고, 어머니는 일본의 하급 무사였던 다가와 시치자에몽(田川七左衛門)의 딸이다. 융무제에게서 주(朱)씨 성을 하사받아 '국성야(國姓爺)'라고도 불렸다. 1658~1659년에 대선단을 이끌고 장강(長江, 창장)을 거슬러 남경을 공략하는 일대 결전을 벌였으나 청군에게 패해 철수했다. 1661년 청나라가 연안 5성의 백성을 내지로 옮겨 그와의 관계를 두절시키는 천계령을 펴자, 그는 대만을 공략하여 네덜란드 세력을 축출하고 새로운 기지를 확보했다.

24 정성공의 큰아들인 정경(鄭經)을 지칭한다. 정경의 자(字)는 부지(符之), 호(號)는 식천(式天)이며, 아명은 금(錦)이다. '금사(錦舍)'의 '舍'는 민남(閩南, 민난)에서 사용하는 존칭이었다.

다 밖에 있으며 땅이 사방 1000여 리입니다. 장사를 하는 향산도 사람들은 모두 대번국의 패(牌)를 받아 선세(船稅)를 내지만, 조공하는 일은 없습니다."

"저희는 장사 밑천을 모두 잃었습니다. 원컨대 형제와 옛집이 있는 일본으로 가서, 그들의 도움을 받아 천천히 고향으로 돌아가고 싶습니다."

목사 노정(盧錠)은 일찍이 조정으로부터 분부 받은 바[25]가 있었으므로, 그들을 고향으로 직접 보내겠다고 아뢰었다. 배가 다 고쳐질 즈음에 표류한 사람 중 일부가 밤에 지키는 사람을 찌르고 빈 배에 올라 도주한 일도 있었다. 읍성에 머물고 있던 절반의 사람들도 제주도에 있는 배를 구입해서 일본으로 보내주었다.

그 후 정묘년(1687, 숙종13) 2월, 소주의 고여상 등 70명이 정의현 토산(兎山)[26] 해변에 표류해 왔는데, 모두 청나라 복장에 한어를 썼다. 그들이 말했다.

"강희제 24년(1685, 숙종11)에 천하가 태평해졌기에 육부(六府)에서 의논해 황제께 주청하여, 바다에 인접해 있는 여러 나라에 대해 비로소 통상을 허락하고 모든 항구마다 관소를 두어 세금을 거두게 되었습니다. 그래서 저희도 세은(稅銀) 60여 냥을 바치고 인표(印表)를 받아 주단과 흰 실, 담요, 약재 등을 싣고 일본에 가서 팔고자 이번 달 14일에 오송구(吳松口, 황푸 강 하류)에서 출항했습니다. 그런데 22일

---

25 1689년 이후 청조 예부는 해금령을 풀고 표류선이 발생해도 중국으로 보내지 말고 해당 지역에서 처리하도록 했다.

26 서귀포 동쪽 해안을 가리킨다.

폭풍을 만나 귀국의 경계로 표류하게 되었고, 이로 인해 죽은 자가 네 명입니다. 원컨대 배를 한 척 얻어 장기로 가서 남은 재화를 팔고 돌아가게 해주십시오."

성명과 거주지를 쓰게 했더니, 복건·호광(湖廣, 후베이와 후난 지역의 옛 이름)·절강·강서(江西, 장시)·산동·강남(江南), 6성 사람들이 서로 섞여 있었다.

"각기 멀리 떨어져 사는 처지에 어떻게 같은 배를 탈 수 있었는가?"

"소주는 시장이 열리는 곳입니다. 그곳 시장에서 만난 인연으로 서로 약조하여 함께 한 것입니다."

"오삼계(吳三桂)[27] 등의 일은 어떻게 되었는가?"

"강희제 갑인년(1674) 8월, 운남(雲南, 윈난)의 오삼계, 복건의 경정충(耿精忠)[28], 광동의 상지신(尙之信)[29]이 동시에 조정의 부름을 받으니, 삼왕이 의심을 품고 동시에 모반했습니다. 조정에서는 몇 해를 연이어 군사를 일으켜 그들을 진압했습니다. 결국 오삼계가 병으로 죽자 기미년(1679)에 비로소 운남이 평정되었고, 오삼계의 자손은 다

27 오삼계(吳三桂, 1612~1678)는 자(字)는 장백(長伯), 월소(月所)다. 명나라 때의 장수로 요동총병(遼東總兵)이 되어 산해관을 지키고 있다가 청에 항복함으로써 명나라가 멸망하는 결정적 원인을 제공했다. 청나라로부터 그 공로로 운남과 귀주(貴州, 구이저우)의 땅을 관할하는 '번왕(藩王)'에 봉해졌다. 이후 청 조정으로부터 의심을 받게 되자 1673년 경정충(耿精忠)과 상지신(尙之信)을 규합하여 이른바 '삼번(三藩)의 난'을 일으켰으나 성공하지 못했다.

28 경정충(耿精忠, ?~1682)은 명말 모문룡(毛文龍)의 부하였던 경중명(耿仲明)의 손자로, 경중명은 청에 항복하고 공을 세워 복건 땅을 관할하는 정남왕(靖南王)에 봉해졌고 경정충은 부친 경계무(耿繼茂)를 거쳐 정남왕의 지위를 계승했다. 이후 오삼계와 함께 삼번의 난에 참여했으나 상황이 불리하게 되자 항복했다. 경정충은 난을 진압하는 데 참여하기도 했지만 끝내 청으로부터 능지처참당하고 말았다.

29 상지신(尙之信, 1636~1680)은 평남왕(平南王) 상가희(尙可喜)의 아들로 삼번의 난에 참여했다가 청에 투항했으나 결국 처형되었다.

〈절강영파부속지리여도(浙江寧波府屬地理輿圖)〉
절강 영파는 해상 통제의 요충지였다. 청나라 정부는 이 지역의 방위를 목적으로 이 지도를 제작했다. 타이완 국립고궁박물원 소장.

죽었습니다. 임술년(1682)에는 정금사(鄭金舍)·정은사(銀舍) 형제[30]가 원수 유국헌(劉國軒)[31]과 함께 항복하고 그들의 근거지였던 대만을 바쳤습니다. 대만은 복건성 바다 가운데에 있는데, 청나라 조정은 그곳에 1부(府) 2현(縣)을 설치하고는 정금사 등을 국공(國公)으로 봉하고 북경에 머물게 했습니다."

"지금 천하에 다시 반란을 일으키는 자는 없는가?"

"양경(兩京, 북경과 남경)과 13성(省)[32]이 모두 이미 복속되어 천하가 태평하게 일통을 이루었습니다."

또 말했다.

"갑신(甲申)의 난[33]에 숭정 황제의 아들 가운데 이른바 3태자[34]가 몸을 빼내 도망을 쳤으나 지금 그들이 있는 곳을 알지 못합니다. 숭정 황제의 아우 홍광 황제는 남경에서 즉위했으나 겨우 1년 만에 붙잡혀 북경에 보내져서는 교수형에 처해졌습니다. 홍광 황제는 자손이 없습니다."

---

30 정성공의 아들을 지칭한다. 앞에 나온 '금사(錦舍)'는 정경(鄭經)을 지칭하는 것 같은데 '은사'는 누구인지 분명하지 않다. 정성공은 정경, 정총(鄭聰), 정명(鄭明), 정예(鄭睿), 정지(鄭智), 정관(鄭寬), 정유(鄭裕), 정온(鄭溫), 정유(鄭柔), 정발(鄭發) 등의 여러 아들을 두었는데, 이 가운데 둘째 아들인 정총이 '은사'가 아닐까 짐작된다.

31 유국헌(劉國軒, ?~1690)의 자는 관광(觀光)이다. 명말의 혼란기에 태어나 일찍부터 무략(武略)을 드러냈다. 청군에 투신했다가 곧 반청운동에 가담했으며 정성공을 도와 큰 공을 세웠다. 그러나 청에 계속 대항할 수 없다고 판단해 1683년 정성공의 손자 정극상(鄭克爽)을 설득해 청에 항복했다.

32 명대에 전국을 산동, 산서, 하남(河南, 뤄양의 옛 이름), 섬서, 사천(四川, 쓰촨), 강서, 호광, 절강, 복건, 광동, 광서 운남, 귀주 등 13개 성으로 구분했다.

33 1644년 이자성이 북경을 함락시키자 명나라 숭정제가 스스로 목숨을 끊었던 일을 가리킨다.

34 갑신의 난 당시 숭정 황제에게는 주자랑(朱慈烺)·주자찬(朱慈燦)·주자환(朱慈煥) 3형제가 있었다. 이들은 변장을 하고 궁을 나섰으나 이자성에게 붙들리고 말았다.

이들이 대만 정씨에 대해 전한 이야기는 심삼(沈三)의 이야기와 대략 같았다. 인명과 지명이 다르기도 한 것은 음이 잘못 전해졌기 때문일 것이다.

그 후 을유년(1705, 숙종31) 여름, 대만 상선이 대정현 모슬포 바다에 표류해왔다. 그들이 대만에 대해 전한 이야기 또한 위와 다르지 않았다. 그들이 말했다.

"대만은 바로 귀국의 남쪽에 있으니, 14일이면 가히 도달할 수 있고, 복건성은 15일이면 가히 도달할 수 있으며, 일본에서는 하루 밤낮이면 가히 이 섬에 닿을 수 있습니다."

또 말했다.

"중국에서 일본으로 장사를 떠나는 자들은 모두 강남과 절강, 복건, 광동성 사람입니다. 일본인은 원래 중국에 장사를 하지 않습니다. 청나라가 통상을 허락한 뒤에도 중국을 침범한 정황이 없습니다."

병자년(1696, 숙종22) 여름, 왜선 한 척이 제주 북포(北浦, 화북포)에 표류해 왔다. 그들은 말하기를 자신들이 일본 남부의 구로도(九老島, 규슈로 추정) 사람인데 유구의 장사(長史)가 세금으로 보내는 산미(山米) 600표(俵)와 양매(楊梅, 푸른 빛 광물) 1000근을 싣고서 장차 북군(北郡) 강구(江口, 에도로 추정) 도주에게 바치려 했다. 폭풍을 만나 돛이 꺾여 12일을 표류하다가 이곳에 이르렀다고 하며, 유구의 공문을 꺼내 보여주었다. 유구가 일본에 복속되었다는 이야기가 사실이었던 것이다.

이른바 '표(俵)'란 곧 15두 1석을 일컫는다. 그들은 포구에서 머물며 바람이 멈추기를 수십 일 동안 기다리다가 떠났다. 이 사건의 앞뒤로 중국과 왜의 선박이 표류해 오는 경우가 많았는데, 그들은 땔감과 물을 구하거나 배를 수리하고는 떠나갔다. 그들과 문답한 내용 중에는 들을 만한 것이 없어 여기에 기록하지 않는다.

강희제 28년(1689, 숙종15), 주한원(朱漢源)[35] 등이 북경으로 돌려보내질 때 청나라 예부에서 답신이 오기를 "무역의 해금(海禁)이 이미 풀렸으니, 이후 중국의 표류 선박이 조선에 이르는 경우 북경으로 압송하는 것을 중지하라. 원래 금지되어 있는 화물을 제외하고는 판매를 허용해주고 고향으로 돌려보내도록 하라. 그들의 이름과 화물 내역은 북경으로 오는 사신 편을 기다려 한꺼번에 모아 예부에 보고하도록 하라."라고 했다. 그러므로 이후에는 본선이 파괴된 경우가 아니면 모두 제주에서 직접 고향으로 보냈고, 표류한 왜구 선박이 파괴된 경우에는 전라좌수영으로 압송한 뒤 좌수영에서 부산을 거쳐 본국으로 보내도록 했다.

---

35 〈안남에 표류했다 돌아온 사람들(記安南漂還人事)〉를 참조하라.

5

안남에 표류했다 돌아온 사람들

강희 27년 무진년(1688, 숙종14)에 제주 사람 김태황(金泰璜) 등 표류자 21명이 안남에서 돌아와서 다음과 같은 내용을 갖추어 말했다.

지난해 정묘년(1687) 김태황은 진무(鎭撫, 군영 소속 서리의 관직)로서 제주의 진상마(進上馬)를 감독하게 되어 사공 이덕인(李德仁) 등 24명과 더불어 9월 3일 아침에 별도포를 출발했다. 저녁에 추자도에 이르렀는데 갑자기 동북풍이 심하게 일어, 키가 꺾이고 돛대가 넘어져 바람 부는 대로 떠내려가다가 무릇 30일이 지나서야 한 곳에 닿을 수 있었다. 낚싯배가 있어 물을 달라고 했더니 낚시하던 이가 인도하여 어느 관부에 이르렀는데, 언어가 서로 통하지 않아 한문으로 묻고 답했다. 사는 곳과 그곳으로 오게 된 연유를 묻기에 김태황이 대답했다.

"우리는 조선 전라도 흥덕현(興德縣) 사람으로, 곡식을 매매하려고 출항했다가 풍랑을 만나 여기에 이르렀습니다. 잘 모르겠습니다, 귀국은 어느 나라인지요?"

"이곳은 안남국 회안부(會安府, 호이안)[1]다."

---

1 베트남 중부에 있는 도시인 호이안(Hoi An)은 다낭에서 남쪽으로 약 30킬로미터 떨어진 부글라강어귀의 남중국해 연안에 위치한다. 16세기 중엽 이래 인도와 포르투갈, 프랑스, 중국, 일본 등 여러 나라의 상선이 기항했고 무역도시로 번성했으며 일본인 마을이 생겨날 정도로 일본과 교역이 잦았다.

또 한 곳에 이르니 관원이 이전처럼 문자로 문답을 하고는 음식을 주고 억류했다. 한밤중에 떠들썩한 소리가 나더니 한 장수가 병사들을 거느리고 와서 군대의 위세를 성대히 벌이고는 다음과 같이 써서 보여주었다.

"나는 승상(丞相)의 명을 받들고 왔다. 너희 간사한 해적들을 베리라."

"우리는 해적이 아니고 분명 조선의 상인들입니다. 배 안을 조사해보면 곧 아실 수 있거늘, 어찌하여 무고한 사람을 베려 하십니까?"

머리를 맞대고 목 놓아 우는 사이, 홀연 한 여자가 어느 늙은 관원을 따라 밖으로 나와 장수와 마주하여 말했다. 마치 풀어주라고 권유하는 것 같았다. 과연 잠시 후 장수는 군사를 거두어 떠나갔다. 알고 보니 늙은 관원은 회안의 지방 장관이고, 여자는 그의 부인이었다.

표류한 사람들이 자신들을 흥덕현 사람이라고 속여 말한 것은 다음과 같은 이유였다. 대개 다른 나라 사람들은 탐라를 외고려(外高麗)라고 하는데, 왕래하는 상선 가운데 외고려에 표류하거나 들르게 되면 대부분 온전히 살아 돌아가지 못했으며, 옛날 어느 나라의 태자도 제주에서 살해를 당한 일이 있어 여러 나라가 모두 원망하기 때문이라는 것이다.[2]

---

2 앞선 기록을 따른다면 조선이 나포한 것은 유구의 배가 아니고 일본의 배였다. 그러나 이 사건은 이후 동아시아 해역에 널리 소문이 퍼졌던 것이 아닌가 하는 추측을 하게 된다. 그래서 김태황은 불필요한 오해를 받지 않기 위해 거짓말을 했던 것이다. 1770년에 유구에 표착했다 돌아온 제주 사람 장한철(張漢喆)의 《표해록(漂海錄)》에도 장한철을 구조한 안남 사람들이 제주인들이 과거 자신의 왕자를 죽인 일이 있다며 복수를 하겠다고 나오는 장면이 있다.

이튿날 새벽 다시 김태황과 이덕인은 대략 10여 리를 끌려가 한 큰 관아에 이르렀는데, 그곳은 그 나라의 이른바 명덕후(明德侯)[3]가 사는 곳이었다. 또다시 관청 두 곳을 거쳤는데 모두 전처럼 진술을 받았다. 이날 밤 큰 바람이 불자 작은 배를 이용하여 표류인들을 뭍으로 옮겨 왔는데, 타고 온 배가 끝내 전복되고 말았다. 실려 있던 물건도 모두 물에 빠졌다. 싣고 온 말들은 애초에 죽고 없었다.

다음 날 표류인들은 대변청(待變廳)으로 옮겨지고 식량이 지급되었다. 얼마 지나지 않아 왕도(王都)[4]로 압송되었는데 밤낮으로 쉬지 않고 가서 사흘 만에 이르니, 마침 국왕[5]은 물놀이를 하고 있어 멀리서 화려하게 색칠한 누선이 보였다. 왕은 그 누선 가운데 있었는데 좌우로 노 젓는 사람이 100여 명이었으며 모두 종모에 붉은 옷을 입고 있었다.

국왕이 환궁하여 표류인들에게 "조선의 예법에 따라 들어와 알현하라."라고 명하니 표류인들은 뜰에서 두 번 절을 했다. 국왕은 머리를 풀어 헤치고 검은 비단을 입은 채 자리에 앉아 있었는데, 그 좌우로 수십 명이 검을 차고 있었으며, 계단 아래에는 병사와 병장기가 대단하게 갖추어져 있었다. 궁전이 대단히 높고 큰 것은 아니고 흙을 구워 섬돌로 깔고 대나무를 심어 성으로 삼았는데, 이는 그곳에 돌이 없기 때문이었다. 대나무 성의 둘레는 20리에 달했고, 성 밖에

---

3 명덕부(明德府)의 책임자를 가리킨다.

4 17세기 후반 베트남은 남과 북으로 나뉘어 남쪽은 응우옌(阮) 씨의 세력권이고, 북쪽은 찐(鄭) 씨의 세력권이었다. 김태황은 응우옌 씨의 세력권으로 표류했으며, 응우옌 씨의 수도는 후에(Hue)였다. 후에는 호이안으로부터 북쪽으로 140여 킬로미터 떨어져 있다.

5 당시 응우옌 씨의 집권자는 응우옌 푹 떤(阮福瀕, 재위 1648~1687)이었다.

는 군진이 설치되어 있었으며, 몇 걸음마다 포를 설치해두었다. 또 그 밖으로는 큰 해자를 둘렀는데, 강물을 끌어와 못을 만들었기에 다리를 들어올리면 엄연히 하나의 섬이 되어 사람과 말이 오갈 수 없었다. 명덕후의 성(城) 또한 이와 유사했다.

국왕은 다음 날 또 불러 돈 20관(貫)과 쌀 8포, 생선젓 8항아리를 하사하고는 회안으로 돌려보냈다. 쌀은 10두(斗)가 1포(包)이고, 돈은 60문(文)이 1맥(陌)이며 10맥이 1관(貫)이 된다. 돈은 우리나라의 소전(小錢)과 같고 승(升)과 두는 우리나라의 단위보다 조금 컸다. 돈 1맥은 쌀 4두에 해당하는데, 쌀가마니는 등나무와 대나무로 만들었다. 회안으로 돌아와서는 관왕묘(關王廟)[6]에 머물며 지냈는데, 이때부터는 출입을 금하지 않아 편하게 먹을 것을 구할 수 있었다.

표류인 일행은 무릇 열 달을 머물러 사계절을 모두 겪었는데, 날씨가 항상 더워 한겨울의 기후가 우리나라의 8월과 같고, 여름에 비가 많고 겨울에 눈이 없어서 초목이 늘 푸르고 새와 짐승들도 털이 많지 않았다. 지대는 낮고 습기가 많으며 큰 강은 회안에서부터 왕도에 이르는 400여 리 사이에 모두 일곱 개가 있었다. 농지는 모두 관개가 되어 밭을 갈고 모내기를 할 때 호미로 김을 매는 수고가 없었고, 이삭을 베고 나서는 소가 그것을 밟으니 도리깨로 칠 필요도 없었다.

벼에는 세 종류가 있는데, 흰 벼는 쌀이 차져 상급으로 삼고, 누런 벼와 검은 벼는 그 다음이었다. 일 년에 두 번 수확하니, 11·12월에 심은 것은 4·5월이면 익고, 4·5월에 심은 것은 9·10월이면 익었다.

---

6 촉한(蜀漢) 장수 관우(關羽)를 모시는 사당이다. 현재까지 호이안 구시가지에 건물이 남아 있다.

베트남 호이안의 관우 사당
김태황 일행이 호이안에서 머물렀던 관우사당이 현재까지 남아 있다.

이밖에 다른 곡식은 없었다. 누에를 잘 치는 풍속이 있어 10월에 뽕나무 가지를 잘라 햇빛에 말려 물가에 쌓아두고, 입춘을 기다려 물에 담갔다가 밭에 묻으면 싹이 나고 금세 자라 그 잎이 손보다 크게 되니, 이것으로 누에를 먹였다. 끊임없이 먹이기를 2월에 시작하여 9월에 그치는데, 그 사이에 누에를 거두는 것이 몇 번이나 되는지 모를 정도로 많았다. 이곳에서 삼베와 모시가 생산되지는 않으나, 산 가까이 습하지 않은 땅에서 자라는 모시풀은 일 년이면 여섯 차례 거둘 수 있었다. 뱃사람들은 그것으로 밧줄을 만드는데, 그곳 사람들은 길쌈하는 법을 알지 못하니 중국 상인들이 모시 한 필로 화단(花段) 두 필을 바꾸어 갔다. 모시의 귀함이 이와 같았다.

후추는 덩굴로 자라고 잎이 서여(薯蕷, 마)와 유사하여 단단하고 두꺼웠다. 2월에 꽃이 피고 3·4월에 야포도(野葡萄, 머루)와 비슷한 열매가 맺혀 8월에 익는데, 9·10월이면 열매를 따서 햇볕에 말려 썼다. 그 덩굴은 빈랑나무에 붙어 자라기를 좋아하며 오래된 것은 그 굵기가 사람의 넓적다리만했다.

야자나무의 높이는 4, 5길인데, 가운데는 비어 있고 마디가 좁으며 줄기는 솟아 있고 중간에 가지가 없었다. 가지와 잎이 나무 꼭대기에 한데 모여 나고 무성한 것은 마치 큰 양산과 같아 종려나무의 모습과 대단히 유사했다. 가지 사이에 열매가 맺히니 그 크기는 1두쯤 되었다. 열매의 외피를 벗기면 박과 같은 껍질이 나오고 그 속에 흰 과육과 과즙이 있는데 맛이 조금 달았다.

빈랑나무의 높이는 2, 3길이며, 껍질은 희고 잎은 두꺼워 동백과 자못 유사했다. 그 열매는 미우도(彌猴桃, 다래)와 같으며 사철 내내 달려 있었다.

땅에는 물이 솟는 샘이 없어 사람들은 강이나 시내의 물을 마셨다. 그런데 그 물에는 벌레의 독이 많아서 마시는 사람은 반드시 후추의 잎에 빈랑의 열매를 싸서 조개껍데기를 태워 만든 재를 찍어서 씹어 먹어 독을 제거했다. 이 때문에 사람들은 모두 이가 검었다.

감자(甘蔗, 사탕수수)는 모양이 촉서(蜀黍, 수수)와 비슷하여 마디가 촘촘하고 베어서 씹으면 맛이 달았다. 1월이 지나 가지 끝을 잘라 땅에 묻었다가 4·5월에 순이 무성하게 자라면 베었다. 나무 맷돌을 써서 즙을 짜내고 대통을 연결하여 솥에다 받았다. 한 번 달여 불순물을 제거한 것이 오당(烏糖)이고, 두 번 달인 것이 백당(白糖)이며, 세 번 달여 알갱이를 이룬 것이 빙당(氷糖)이었다. 사당(沙糖), 설당(雪糖), 오화당(五花糖) 같은 종류는 모두 이것의 가루를 조리하여 만든 것이었다.

안남에서는 파초(芭蕉)가 가장 흔한데, 큰 것은 둘레가 한 아름이 넘었고 높이는 여러 길이었다. 그 실로 포를 짤 수도 있고 밧줄이나 신발을 만들기도 했다. 신발은 귀인들이 종종 신었다.

대나무는 큰 것은 기둥 같고 작은 것은 서까래 같았다. 마을에서 집을 지을 때 모두 대나무를 쓰며 지붕은 풀이나 나뭇잎으로 덮었다. 오직 왕후(王侯)만이 지붕을 기와로 덮을 수 있었다. 단목(丹木)과 오목(烏木), 황목(黃木)이 있는데, 단목은 소목(蘇木)이며 황목은 제주의 황산목(黃山木)과 같았다. 모두 염색에 사용할 수 있고, 오목은 단단해서 물건을 만들기에 적당했다. 가자수(茄子樹)는 높이가 한 길 남짓하며 자색·백색·청색 세 종류가 있는데, 겨울이 되면 열매가 무성하게 달렸다. 첨과(甛瓜, 참외류), 서과(西瓜, 수박류), 호과(胡瓜, 오이류), 동과(冬瓜, 동아류) 같은 종류는 모두 1월에 심는데, 3·4월이면 익었다. 5·6월이면 과육이 너무 물러 먹을 수 없게 되었다.

공작은 크기가 황새와 비슷하고, 색은 푸른 빛깔을 띠며, 머리에는 우산 모양의 장식을 가지고 있었다. 꼬리의 길이는 한 길 반 정도이고 깃털 끝에 둥근 테 모양이 있는 것이 수컷이었다. 대나무 숲에 살 곳을 마련하는데, 꼬리를 펼칠 자리부터 만든다고 했다. 인접한 하란국(荷蘭國)[7]에서 많이 난다고 했다.

코끼리는 크기가 집채만하고 코의 길이가 한 길 남짓하며 파초를 즐겨 먹었다. 관가에서 별도로 큰 집을 만들어 코끼리를 기르는데, 안장의 모양이 가마와 같으니 이것을 타고 강을 건너곤 했다. 코끼리를 모는 사람은 철로 만든 채찍을 잡는데, 채찍에는 갈고리와 꼬챙이가 있어 가고자 할 때는 꼬챙이로 찌르고 멈추라 할 때는 갈고리로 당겼다. 군대를 훈련할 때에 코끼리를 선봉으로 삼기도 했다. 코끼리는 스스로 천아성(天鵝聲, 군사를 모을 때 길게 부는 나팔소리)을 내며 징과 북을 따라 나아가고 물러날 줄 알았다.

군사훈련은 매달 사흘 동안 실시했다. 군사들은 모두 나무로 만든 투구를 썼다. 활에는 활고자가 없으며 시위는 가죽이고 화살은 나무로 만드는데, 혹은 토환(土丸, 흙으로 만든 포탄)을 쓰기도 했다. 검과 총은 있으나 바라(哱囉, 놋쇠로 만든 타악기)나 나팔 따위는 없었다.

소는 두 종류가 있었다. 보통소는 밭을 갈지도 않고 짐을 운반하지도 않아 외양간만 채우고 있을 뿐이었다. 밭가는 일을 하는 물소

---

7 하란은 본래 '네덜란드'를 가리키는 명칭인데, 여기서는 위에 나오는 '홍모국'과 같이 대만 등 17세기 후반 네덜란드의 세력이 미쳤던 지역을 지칭하는 것으로 생각된다. 《해국도지(海國圖志)》권9 '동남양사(東南洋四)'에 따르면 지금의 라오스·캄보디아·타이 등지를 '하란'으로 지칭하는 용례를 볼 수 있다.

는 보통소보다 크고 등이 평평하며 털이 거칠고 색이 사슴과 같았다. 뿔은 길이가 반 길이니 이른바 흑각(黑角)이라 했다. 이 소는 더위를 싫어하여 여름철이면 물속에 누워 있기를 좋아했다.

말은 관원과 군사들만이 타고 다닐 수 있고 일반 사람들은 기르는 것이 금지되어 있었다. 소와 말이 모두 짐을 싣지 않기 때문에 사람들이 한 길 정도 되는 대나무 양 끝에 물건을 매달아서 어깨에 메고 다녔다. 물고기와 소금이 매우 풍족하니 모든 수산물은 이루 다 기록할 수 없을 정도였으나, 제비·까치·솔개·꿩·여우·삵·소나무·잣나무·복숭아나무·자두나무·감나무·밤나무 등은 볼 수 없었다.

사람들은 모두 머리를 풀고 맨발로 다녔으며, 오직 부인과 귀인만이 신발을 신었다. 또 귀인은 베로 정강이를 감쌌다. 여자들은 대부분 머리카락을 길게 길러서 걸을 때 머리카락이 땅에 끌릴 정도였다. 그래서 중간을 묶고 그 끝을 갈라 복사뼈에 가지런하게 하며, 항상 기름을 발라 등에서 떨어지지 않게 했다. 귀인들은 관을 쓰지 않고 관원들은 종모를 쓰는데, 그 모양이 문관은 곧고 무관은 접혀 있었다. 비천한 자들은 도롱이를 입고 삿갓을 쓰다 높은 사람 앞에서는 삿갓을 벗었다. 남녀 모두 긴 옷을 입으며 옷깃을 겹치지 않고 끈을 써서 묶으니, 한 번 풀면 위아래 끈이 모두 풀렸다. 옷의 길이로 귀천을 구별하여, 존귀한 사람은 복사뼈까지 내려오고, 그 다음은 정강이까지 내려오며, 천한 사람은 무릎까지 왔다. 옷소매는 남자는 짧고 좁으며 여자는 길고 넓었다. 하의는 짧은 잠방이를 입으니 겨우 허벅지까지 닿았다. 여자는 또 치마를 입었다. 옷 색은 대개 검은색이 많았다.

중국 상인들이 안남에 오면 모두 처를 두었다. 중국인의 처가 된

여인들은 복식을 모두 중국 제도를 따랐다. 중국인들이 절을 할 때에는 모두 손을 모아 땅에 엎드려 머리를 땅에 대며, 한 번 절할 때마다 세 번 머리를 조아렸다. 여자들은 절을 하지 않았다. 또 부녀자들은 모여서 장기나 바둑 두는 것을 좋아했다. 다닐 때에는 강여(杠輿, 가마의 종류)를 탔다. 강여는 한 길쯤 되는 장대 양 끝에 막대를 가로질러 대고 노끈을 짜서 만든 자리를 그 아래에 매다는데, 그 크기가 사람 몸을 들일 만했다. 장대 양 끝의 막대는 베틀의 바디가 씨실을 붙잡고 있는 것과 같았으며, 매듭을 짓고 삐져 나온 노끈은 위의 가로 막대에 묶었다. 장대머리에는 용을 조각해 넣기도 했다. 두 사람이 어깨에 메고 가는데, 그 안에 앉아 있으면 깊고 아늑하여, 앉거나 누워도 모두 편안했다. 비가 오면 장대 위로 자리를 덮었다. 귀인들이 모두 이것을 탔다.

상을 당한 사람은 머리카락을 좌우로 갈랐다. 부친상을 당한 사람은 왼쪽을 앞으로 하고 오른쪽을 뒤로 하며, 모친상을 당한 사람은 오른쪽을 앞으로 하고 왼쪽을 뒤로 했다. 죄가 있는 사람은 큰 대나무로 형틀을 만들어 매도록 하며, 감옥에는 가두지 않고 길에서 밥을 빌어먹게 하다가 밤이 되면 한 곳에 모이도록 했다.

술은 찹쌀로 빚은 소주를 마셨다. 떡은 쌀가루와 설탕을 섞어 만들어 파초 잎에 싸서 쪄 먹었다. 모든 밥이며 음식을 젓가락으로 먹으며, 그릇은 사기그릇을 썼다. 술잔은 모두 유리잔이었다. 10전(錢)이면 잔[盃] 하나를 살 수 있었다. 냄비와 솥 같은 것들은 구리로 만들거나 흙으로 빚었는데, 무쇠로 만든 것은 찾아볼 수 없었다.

배[船]는 등나무 가지로 판목을 꿰고 묶어 만드는데, 모양이 우리나라의 만장선(蠻裝船, 뱃머리가 삐죽하고 돛이 두 개 달린 큰 나무배)과 같

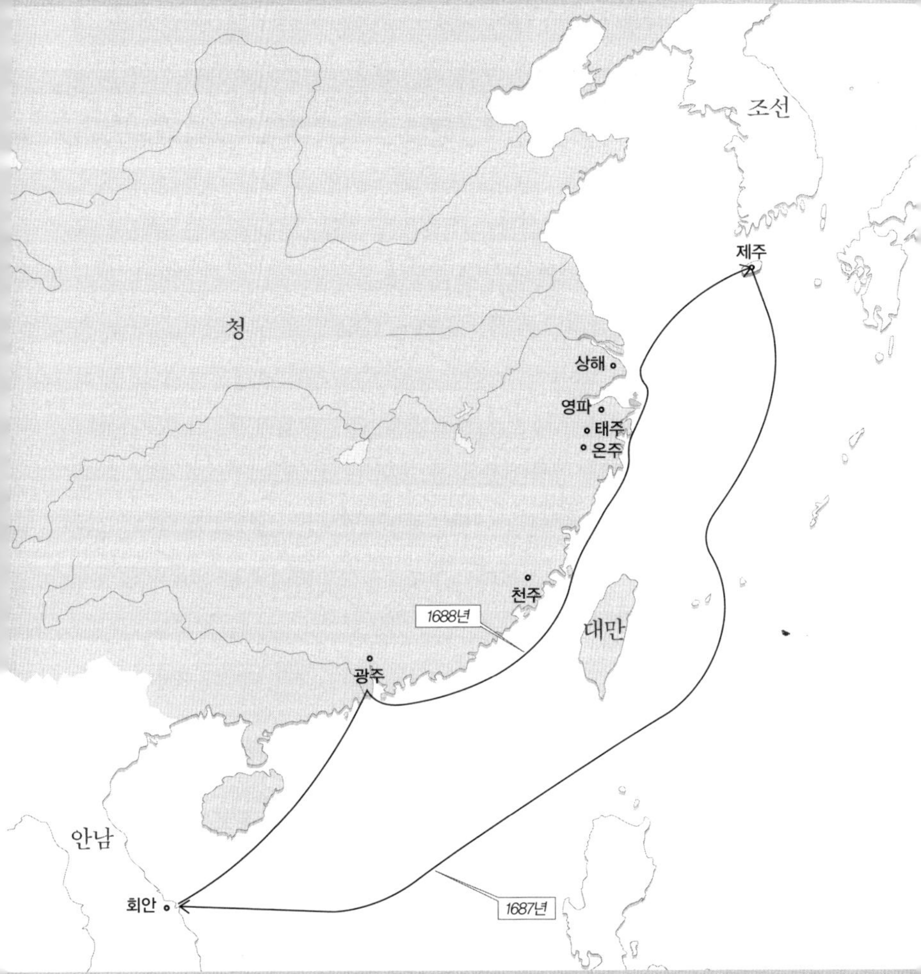

김태황 일행이 베트남 호이안에서 표류했다가 중국으로 돌아가는 6개월의 여정

았다. 등나무를 꼬아서 닻을 만들고, 등나무를 짜서 돛을 만들었다. 배를 움직일 때에는 대부분 노를 사용했다. 큰 배는 좌우에 각각 15개의 노를 사용하고, 가장 작은 배라도 서너 개보다 적지는 않았다. 사냥을 하면 가죽으로 만든 그물로 호랑이를 잡아서 왕에게 바쳤다. 사냥꾼들은 맨발로 가시나무를 밟아도 발에 상처가 나지 않았다. 그곳의 풍속은 대략 이와 같았다.

이듬해 무진년(1688, 숙종14) 3월, 김태황 일행은 국왕에게 글을 올려 살아 돌아갈 수 있도록 배를 내려달라 요청했다. 국왕은 돈 3관(貫)과 쌀 한 포를 내려주었으나 배를 주지는 않았다. 그 후 거듭거듭 명덕후를 통해 국왕에게 글을 올리자, 국왕은 상선을 빌려 일본으로 보내고 그곳에서 조선으로 갈 수 있도록 하라고 명했다. 그러나 상선들은 표류한 사람들을 태우기 싫어하여 핑계를 대며 빠져나가려고만 했다.

회안부에서는 복건성으로 돌아가는 다섯 척의 배편에 표류인들을 나누어 실어 보내고 복건성에서 연경으로 보내어 돌려보내자고 했으나, 6월이 되도록 논의가 결정되지 않았다. 이때에 표류한 사람 가운데 연이어 세 명이 풍토에 적응하지 못해 피를 토하고 죽었다. 사람들은 모두 얼이 빠지고 담력을 잃어 목숨이 경각에 달려 있었다. 또한 밤에 살림과 옷가지를 도둑맞는 일까지 생기자 곤궁함이 날로 심해지고 살아 돌아갈 희망마저 잃게 되었다.

마침 복건 사람 진건(陳乾)과 절강 사람 주한원(朱漢源) 등이 장사로 안남에 왔다가 관왕묘에서 향을 사르고 있었는데, 표류인들을 보고는 불쌍히 여겨 그들을 본토로 보내주겠다고 자원하며 그 비용을 요구했다. 김태황 등은 쌀 300석을 돌아가서 주겠다고 했다. 그러자 진건은 "안남에서 남경까지 가면 그곳으로부터 일본과 조선은 그 물길이 대략 비슷하여 1만 5000리가량 된다. 매 1000리마다 뱃사공 품삯이 한 량이다. 300석 쌀은 그 절반에도 미치지 못한다. 어떻게 하겠는가?"라고 했다. 이에 의논하여 쌀 600포로 결정을 내리고 문서를 작성해 관가에 알렸다. 국왕은 관원을 파견하여 뱃사람들을 점검했다.

마침내 7월 18일, 뱃사람 28명이 표류인들을 함께 태우고 한 항구에 배를 옮겨 댔다. 회안부에서 쌀 15포, 어염 10항아리, 술 1항아리, 기름 1항아리, 대어포(大魚脯) 3편, 동고(冬菰) 15매, 납촉(蠟燭, 밀초) 15자루, 금전지(金牋紙) 2묶음, 향 3묶음을 배에 실어주고 별도로 돈 1관 5맥과 쌀 반 포를 주한원에게 주어 땔감을 사게 했다. 또 관원 세 사람이 와서 검속을 하고는 다음과 같은 내용의 명덕후 자문을 선주에게 주었다.

> 안남의 명덕후 오모(吳某)는 왕명을 받들어 표류인들을 고향으로 돌려보냅니다. 정묘년 10월에 회오리바람이 일어 작은 배 한 척이 우리 안남에 이르렀는데 24명이 타고 있었습니다. 물으니 그들이 "우리는 조선인으로 바다에 나와 무역을 하다가 뜻하지 않게 풍파가 크게 일어 배는 부서지고 화물은 바다에 빠지고 말았습니다."라고 말하는 것으로 보아 귀국의 상인이었습니다. 생민(生民)의 처지를 불쌍히 여기어, 그들은 본국 국왕이 베푸는 충분한 덕과 많은 은혜를 입었습니다. 그들을 회안 지방으로 안전하게 옮겨 돈과 쌀을 지급했으나 뜻하지 않게 벌써 세 사람이 병으로 죽어 현재 21명이 남아 남풍을 타고 돌아가기를 기다리고 있

습니다. 그러나 이곳에서 돌아가는 배들은 모두 광동이나 복건 등에 속하는 배들이고, 가끔 일본 바다로 가는 서양 배가 있더라도 본국으로 돌아가자면 바다가 드넓어 그 전후가 평탄하지 않아 반드시 돌아가리라 기약하기 어려웠습니다. 그래서 표류인들이 끝내 고향으로 돌아가고자 하는 바람을 이루지 못할까 걱정이 되었습니다.

계획이 완전하지 않아 이리저리 방법을 궁리했습니다. 그러던 차에 청나라 영파(寧波, 닝보)부의 한 상선이 올 3월 화물을 싣고 안남에 와서 장사를 했습니다. 이 배는 원래 외지의 화물을 싣고서 무역을 하는 배였습니다. 그런데 표류인 21명이 고향에 돌아가게 해달라고 간절히 요청하자, 다행스럽게도 선주 진유리(陳有履)와 재부(財副, 중국 상단의 한 직책) 주한원 등은 여러 사람이 고통스럽게 타향에서 떠도는 것을 불쌍히 여겨 선뜻 의로운 행동을 하게 되었습니다. 그들은 함께 타고 온 장사꾼들을 다른 배에 태워 보내어 장사를 접었습니다. 그리고 자신들의 배에 표류인들을 태워 조선으로 가서 그들을 고향으로 돌려보내주는 소원을 이루어 주게 되었습니다. 이와 같이 말씀을 아룁니다. 이를 위하여 안남 국왕의 명을 삼가 받들어 영파부의 상선이 선주 등의 주선에 따라 표류인들을 고향으로 돌려보내는 일을 승인했습니다.

지금 선주 진유리 등이 돈을 내서 배를 수리하고, 뱃길을 아는 과장(夥長)[8]과 사공을 부르고 또 배를 움직일 사람들을 모집하는 등 모든 것을 처리한 것 이외에도, 본국에서 양식과 채소를 협조하여 표류인들이 날마다 먹을 비용을 대었습니다. 선주 등은 본월 22일에 통솔하여 돛을 펼치고 배를 띄웁니다. 그러나 관문과 나루는 조례(條例)가 삼엄하므로 이와 같이 공문을 갖추어 조선 귀국에 보내오니 명백히 실상을 살펴주시기 바랍니다. 감히 바라건대 회답 공문을 즉시 선주가 받을 수 있도록 교부하여 주시면 그들이 공문을 가지고 본국에 오기를 기다렸다가 걱정을 덜 수 있을 것입니다. 이상입니다. 정화(正和) 9년(1688) 7월 22일.

아래에 도서(圖書)라는 표시는 있었으나 인신(印信)을 찍은 자취는 없었다. 진유리는 곧 진건의 다른 이름이었다.

28일 남풍을 타고 8월 6일 광동 경내에 이르러 금문위(金門衛)로 들어갔고, 9월 3일 복건 천주(泉州, 취안저우)의 숭무위(崇武衛)에 당도했는데, 이곳에서 바람에 길이 막혀버렸다. 지나온 곳들을 헤아려보면 계속 이런 식이었다.

또 빈해(濱海)·평해(平海)의 두 위(衛)를 지나다가 배가 암초에 손상을 입어 다시 정박해 수리했다. 16일 복주의 복건성 복청현(福淸縣, 푸칭)에 당도하니 진건의 집이 이 현에 있었기에 그는 가서 수일 동안 머물다 쌀을 가지고 돌아왔다. 천호소(千戶所)[9]에 이르러 바람에 막히고 양식은 떨어져 번서(番薯, 고구마)를 사서 굶주림을 달랬다. 번서라는 것은 번(番) 가운데 서여로 굉장히 컸기에 그곳 사람들은 집집마다 심어 양식으로 충당했다. 그믐날 자오(磁澳)에 당도하여 보름 동안 바람에 막혀 있었다. 서국미(西國米)[10]를 얻어다주는 사람이 있

---

8 선박이 항해할 때 방향을 측정하는 일을 맡은 선원이다.

9 중국 명(明)나라 때 군인 1000명으로 이루어진 단위 부대다. 백호소(百戶所) 열 개가 모여 이루어진 것으로, 이것이 다시 다섯이 모여 위(衛)를 이루었다.

었다. 서국미는 그 모양이 마치 보리를 간 것 같았으나 그것으로 죽을 쑤니 비린내가 나서 먹을 수가 없었다.

진건이 자기 집에서 쌀 12포를 실어오자 사람들이 생기가 돌았다. 10월 보름 이후로는 역풍이 연이어 불어 배를 느릿느릿 운지어 물러났다 나아갔다 하며 북교위(北郊衛)에 들어갔다. 11월 3일 절강 온주(溫州, 원저우)에 이르니 앞길에 해적이 있어 단독으로 갈 수 없다는 말을 듣고 동행할 배를 구하려고 해안에 정박하여 대기했다. 10일 태주(台州, 타이저우) 배산(盃山)에 이르니 해적선이 길을 차단하고 있어 밤에 온주로 돌아왔다. 16일 진건이 안남에서 받아온 표문을 가지고 온주부에 가서 고하자, 온주부에서는 곧 천총(千摠, 군대 직책의 일종) 심국보(沈國輔) 등 다섯 명에게 명하여 여섯 척의 순초선(巡哨船)을 거느리고 호위하도록 했다. 또한 진건의 배에 사수(射手)와 포수(砲手)를 배치하고 깃발을 성대히 펼쳐 대비했다.

24일 영파부 금치문(金齒門) 앞 바다에 이르자, 심 천총이 쌀 한 포, 닭 세 마리, 젓갈 한 통을 나누어주고는 표류인들에게 다음과 같은 글을 써주었다.

> 하늘과 땅 끝으로 멀리 떨어진 사람이 우연히 여기에서 만나 여러 날 동행하여 우정이 이미 깊어졌는데 지금 갑자기 이별하려니 서운함을 견디지 못하겠소. 그대들은 다시 만나지 못할 거라 말

10 《청장관전서(青莊館全書)》 65권 〈청령국지2(蜻蛉國志二)〉, '물산(物產) 조'에 "서국미는 본디 만랄가(滿剌加, 말레이 반도 서남쪽) 나라에서 나는 것을 일본에 옮겨 심은 것인데, 녹두보다 작고 색은 쌀과 비슷하나 조금 붉으며 죽을 쑤어 먹으면 비위를 튼튼하게 한다."라는 기록이 있다.

하지 마시오. 남아의 행색은 본래 일정한 자취가 없으니 훗날 다시 만나면 좋은 친구가 되지 않겠소? 건강히 잘 가시오.

이에 서로 더불어 눈물을 뿌리며 작별했다.

상산현(象山縣, 상산)을 지나 석파위(石坡衛)에 이르러 배를 멈추고 땔감과 물을 실었다. 한 사인(士人, 벼슬을 하지 않은 선비)이 작은 배에 쌀 6포와 말린 뱅어 2포를 싣고 와서 표류인들에게 이런 글을 건넸다.

듣건대 조선 사람이 표류하여 안남에 이르렀다가 절강의 상선이 그들을 태워 고향으로 돌려보낸다 하니 진실로 다행입니다. 이에 약간의 식량을 드리니 만리창해를 건너는 동안 굶주림 없이 무사히 가시기 바랍니다.

29일 정해현(定海縣, 딩하이) 보타산(補陀山, 푸퉈 산) 아래에 이르니, 보타산은 바다에 임해 우뚝 솟아 있어 월(越)[11] 지방의 명산(名山)이었다. 그 높고 크며 가파른 모습이 영암의 월출산(月出山)[12]과 거의 비슷했다. 가운데에 큰 절이 있고, 그 앞으로 돌을 다듬어 포장한 길이 몇 리나 이어져 있었으며, 시내를 건너는 무지개다리도 있었다. 주지승이 탑상(榻床) 위에 앉아 있었는데, 그 거동과 모습이 매우 존엄했다. 그는 태황 등을 정성스럽게 맞이하고는 시 한 수를 지어주

---

11 중국 동남부(절강·복건·강서·광동)에서 베트남 북부에 이르는 지역을 일컫는 명칭으로 고대의 나라 이름에서 유래했다.

12 전라남도 영암군 영암읍과 강진군 성전면에 걸쳐 있는 산이다. 급경사의 지형을 이루고 있는데 기암괴석이 많아 남쪽의 소금강(小金剛)이라고도 불린다.

고 〈보타승경도(普陁勝境圖)〉도 주었다. 보름 동안 머물며 배를 수리하고 양식을 모아 12월 14일에 출항하여 15일 강남 송강부(松江府, 상하이) 지경에 들어가 서풍을 타고 바다를 횡단해 갔다.

타공(舵工, 키잡이)은 뱃머리에 설 때마다 나뭇조각을 물에 던져놓고 배의 뒷부분으로 달려가서 그 나뭇조각이 얼마나 멀리 갔나를 살펴보아 배의 속도를 가늠하고서는 '오늘은 배가 몇 리를 가겠다.'고 말했다. 이날 저녁 타공은 이덕인을 불러 말하기를 "내일 아침에 그대는 응당 당신 나라의 산을 보게 될 것이오."라고 했다. 아침이 되었는데도 보이는 것이 없자 타공은 "오늘 바람이 북풍으로 바뀌어서 배가 나아가는 것이 빠르지 않기 때문이오."라고 했다. 배는 느릿느릿 나아갔고, 저녁나절에야 비로소 어떤 산이 구름 사이로 보였는데 어느 곳인지 알 수는 없었다. 이튿날 아침 산꼭대기를 바라보니 눈이 새하얗게 덮여 있었다. 표류인들이 모두 뱃머리로 나와 자세히 살펴보니 바로 한라산이었다. 슬프기도 하고 기쁘기도 해서 펄쩍펄쩍 뛰지 않는 사람이 없었다. 모두 힘을 모아 노를 저어 제주도 색달(塞達, 한라산 남쪽 마을 이름—원주) 앞바다로 들어갔다.

대개 안남에서 광동·복건·절강·강남, 4성을 지나는 수천만 리에 한라산에 견줄 만한 높고 큰 산은 없었다. 보타산에서 제주까지의 거리는 제주에서 전라도 해남까지의 거리에 견주어 조금 멀었다.

태황과 덕인이 먼저 작은 배로 뭍에 올라 관가에 가서 이와 같은 내용을 고했다. 관에서는 즉시 배를 서귀포로 옮기도록 명하고 역관을 보내 진건 등을 접대하도록 했다. 안남에서 곧바로 본국으로 오지 않고 보타산에서 바다로 나온 까닭을 물으니, 그들이 대답했다.

"안남에서 조선으로 오는 길은 먼저 첨필라(尖筆羅, 쿠 라오 참)에서 바다로 나아가 해남(海南, 하이난) 대주도(大州島, 다저우다오) 두산(頭山)에 이르고 그곳에서 서쪽으로 항해하여 먼저 광동의 각 부(府)를 거쳐 복건의 장주, 천주, 흥화(興化, 싱화), 복주의 4부와 절강의 온주, 태주, 영파 등지를 지나 보타산에서 바다로 나와서 동북쪽으로 향하여 귀국에 이르게 됩니다. 처음에 생각하기로는 남풍이 부는 7월에 배를 출항하면 20일이 안 되어 조선에 도착할 것으로 여겼습니다만, 뜻밖에도 돛을 펼친 이후로 계속해서 북풍과 험한 파도를 만나 곳곳에서 길이 막혀 반년이나 걸렸습니다. 그 사이에 배를 수리하고 양식을 구하는 등 갖가지 비용이 들었는데, 이는 모두 돈을 빌려 충당했습니다. 원컨대 약속한 쌀 600포를 주십시오. 그것을 어포와 해삼으로 바꾸어 장사 밑천으로 삼고자 합니다."

이 일을 조정에 고하니 무역을 허락하지는 않고, 은(銀)으로 쌀을 대체하도록 했다. 또 그들을 육로로 북경에 보냈으며, 안남에 회답하는 자문도 그 편으로 보냈다.

안남에서 연호를 참칭했던 것에 대해 물으니, 진건이 이같이 대답했다.

"안남은 본래 교지의 옛 땅인데, 명나라에서 운남(雲南, 윈난)을 취하고 교지를 버려두어 조공하는 일을 그들에게 맡겨두었습니다. 왕래는 그치지 않았으나 정삭(正朔, 황제가 내리는 책력)을 보내지 않은 것이 오래되었습니다. 지금 황제께서는 옛 관례를 따르시어 이를 문제 삼지 않고 저들이 하는 대로 맡겨두는 것이니, 일본이 정향(貞享)[13] 연호를 쓰는 것과 같은 경우입니다."

---

13 일본의 제112대 천황인 레이겐 천황(靈元天皇)이 사용한 연호이다.

진건 등은 기사년(1689, 숙종15) 5월에 돌아갔는데, 3년 후인 신미년(1691, 숙종17) 9월 복주 장락현(長樂縣, 창러) 사람 진곤(陳坤)과 설자천(薛子千) 등 33명이 남양(南洋)[14]에서 배를 타고 와서 서귀포에 배를 대고 은혜에 감사한다며 표문을 올리고 예물을 바쳤다. 진곤은 곧 진건의 동생이며, 설자천은 전에 함께 온 자였다. 진곤은 말하기를, 형 진건이 안남에 복명(復命)을 하러 갔기 때문에 대신 왔다고 했다. 그는 감사의 말을 전하며 해삼과 어포의 무역을 요청했다. 그들이 가지고 온 예물은 수십 종이었으니, 기금(奇錦, 비단의 일종)·이향(異香, 향료의 일종)·여지(荔枝, 리치)·용안(龍眼)·명강(明薑, 생강의 일종)·휘묵(徽墨, 휘주의 먹) 등이었다. 우리 측이 거절하고 받아들이지 않자 그들은 간구하기를 그치지 않으며 스스로 육지로 들어가려고까지 했다. 제주에서는 어쩔 수 없이 이러한 사정을 보고하고, 표문도 베껴 올렸다. 조정에서는 표문을 올리는 것은 분수에 맞지 않는 지나친 예의이며 법령으로 금지하고 있는 물건을 몰래 사고파는 장사는 금지한다는 명분으로 거절하고 물리쳤다.

3년 후 계유년(1693, 숙종19) 12월, 강남의 상선이 제주에 표류했는데 과장(夥長) 장문황(莊文煌)은 무진년(1688)에 김태황과 함께 온 자였다. 본주에서 배를 사서 돌려보냈다.

갑신년(1704, 숙종30) 가을, 내가 탐라에 오니 김태황은 이미 죽고 없었다. 이덕인 등을 불러 사정을 물어보고, 김태황이 남긴 기록과 본주의 문서를 참고하여 이와 같이 그 시말을 서술했다.

---

14 청말에 강소, 절강, 복건, 광동 등 연해 지역을 이르는 말이다.

6

중국배의 구조

중국 배는 선수(船首) 바닥이 뾰족하고, 꼬리 부분은 넓게 펼쳐져 들려 있으며, 옆구리가 불룩하고 등이 높으니 바닥은 좁고 가운데는 넉넉하다.

건조(建造)한 방법을 보면, 나무가 서로 겹치는 곳에는 모두 쇠못을 어유(魚油)에 불려 안쪽과 바깥쪽에서 함께 박는다. 목판은 단엽(單葉)으로 된 것을 쓰는데 너비가 4, 5척이고 두께가 2, 3척이다. 길이가 짧은 판자의 경우 서로 연결하여 사용한다. 반드시 배는 넓고 끝은 좁게 하니 그 형세가 마치 뒤집어놓은 활과 같다. 한 길[尋]마다 반달 모양의 기둥을 끼워 세우고 별도로 큰 못으로 기둥의 뿌리를 목판에 고정한다. 두께가 4, 5촌 되는 삼나무 판자를 선수에서 양옆에까지 기둥 바깥쪽에서 연달아 붙이고, 좌우 기둥의 안쪽 면을 뚫어 가로로 판자를 들여 칸칸을 막으니 머리부터 꼬리까지 모두 그렇게 한다. 그 위의 빈 공간에 나무로 뼈대를 삼아 판자를 붙여 방을 만들고, 매 칸의 옆쪽으로 구멍 하나를 내어 여닫이 판자를 달아 사람이 출입한다.

한가운데 한 칸은 그 절반을 막아 물통으로 쓰니 위쪽에서 물을 긷도록 되어 있으며, 그 곁의 한 칸에는 흙으로 방을 만들어 취사도구를 들인다. 또 그 가운데에는 별도로 판자를 가설하고 주위에 가림막을 설치하여 배 밖으로 불룩 나오게 하고 이를 탈의실로 쓴다.

선미(船尾)의 한 칸은 별도로 층각(層閣)을 만들어 지위 높은 자가 거처하도록 하며, 키잡이가 있는 곳에 나침반을 두어 방향을 분별하도록 되어 있다.

또 선실 위에는 양 옆으로 둥글게 판루(版樓)를 만들었는데 누대 아래와 선실 위로 바람과 파도가 들고 날 수 있도록 되어 있다. 대개 배 전체의 위아래, 안팎으로 틈이 있는 곳은 모두 어유와 석회를 바르고, 헝겊이나 그물을 쇠꼬챙이처럼 뭉쳐 집어넣고 다시 어유와 석회를 그 위에 바른다. 배의 바깥 면에도 어유와 석회를 모두 칠했기에 선체가 잠겨 있어도 물이 스며들지 않고, 판루가 선실 위로 높이 솟아 있어 파도가 삼키지 못한다.

배에는 가로로 댄 나무가 없는데 돛을 세운 두 곳에는 굵은 나무를 가로로 뱃전(속칭 삼판이라고도 한다—원주)에 연결하여 말뚝처럼 돛대를 지탱하게 한다. 큰 돛대의 높이는 배 길이의 두 배로 한가운데에 세우고, 작은 돛은 뱃머리에 세우는데 그 길이는 큰 돛의 3분의 1이다. 돛의 폭은 배 길이의 10분의 2가 넘으며, 모두 등나무로 제작한다. 성근 삿자리를 두 겹으로 겹치고 나뭇잎 크기의 솜을 한 줄로 꿰매어 바람이 새지 않게 한다. 칸칸을 가로로 연결하여 부채처럼 접으며 올리고 내릴 때는 도르래를 쓴다.

키, 노, 닻 등은 모두 우리 배와 제도가 같다. 다만 키의 꼬리에 구멍 두 개를 뚫어 끈 두 줄을 관통시켜 배 밑바닥을 거쳐 선수의 도르래에 연결하니 바람과 파도가 일어도 키가 동요하지 않는다. 노는 유목(楡木)을 쓰거나 노목(櫨木, 농목籠木—원주)을 쓰기도 한다. 선미에 노를 설치한 것은 배를 제어하기 위함이고, 선수에는 방향을 바꾸기 위해 한 길 되는 나무를 설치한다. 이외에 다른 노는 없다. 닻

〈영파선〉
명대 영파에서 출발하여 일본 나가사키에 입항한 배다. 에도시대 그림으로 일본 마쓰우라 사료박물관 소장.

의 가지에 철을 입히며 항상 7, 8개의 닻을 여분으로 두어 손실에 대비한다. 돛의 줄은 어저귀(어조화—원주)와 등나무를 섞어 쓰고, 닻줄은 종려나무로 만드는데, 종려나무로 만든 닻줄은 물에 잠겨도 젖지 않아 수십 년이 흘러도 썩지 않으며, 등나무 밧줄도 5, 6년을 간다고 한다.

배 위의 작은 배를 '삼판(三版)'이라 하는데, 그 모양은 대략 본선과 같다. 무릇 닻을 내리고서 나무를 하거나 물을 길어올 때 언제나 이 삼판을 타고 간다. 이는 본선의 흘수선(吃水線, 배가 물에 잠기는 한계선)이 한 길 남짓 되므로 해안에 근접하기 어렵기 때문이다.

제주 뱃사공 이딕인은 안남에 표류했다가 돌아왔기에 절강과 복건의 바다에서 중국 배의 제도를 익숙히 파악했다. 또 표류해온 중국 배들을 제주 사람들이 많이 보았기에 그들에게 중국 배의 법식을 두루 물어 여기에 기록해두니, 앞으로 일을 맡은 자들이 따라 만들 수 있도록 대비하려 함이다.

7

산동에서 표류해온 상인

강희 병술년(1706, 숙종32) 1월, 산동 사람 차관(車琯) 등 13명이 표류 끝에 대정현 서림포(西林浦)[1]에 닿았다. 그들은 다음과 같이 말했다.

"우리는 등주(登州)[2] 내양현(萊陽縣, 라이양) 사람으로 장사꾼과 선원 등 34명이 함께 배를 타고 황두(黃豆)와 자초(紫草), 방풍(防風), 행인(杏仁), 백랍(白蠟), 견주(繭紬), 소금, 돼지 등을 싣고 소주에 가서 장사를 하고자 했습니다. 1월 4일 폭풍을 만나 표류하다가 여드레 만에 이곳에 도착했습니다. 우리가 급수선(汲水船)을 타고 와서 육지에 내리려 할 적에 본선이 갑자기 동북풍에 밀려 표류했습니다."

그들이 타고 온 작은 배로는 바다를 항해할 수 없었기 때문에, 석 달 동안 머물게 하다가 육로를 통해 북경으로 보냈다.

차관 등은 농사와 장사 이외에는 아는 바가 없었다. 그래서 그들이 사는 산동의 조세 제도에 대해 물어보니 아래와 같은 내용으로 대답했다.

산동 땅은 모두 밭이며 세 등급으로 나뉘니, 성곽 마을이 상지(上地)가 되고, 마을 부근의 비옥한 땅이 중지(中地)가 되며, 산허리의 척박한 땅이 하지(下地)가 된다. 황무지를 일굴 때에는 소 네 마리를 쓰

---

1 제주도 서귀포시 대정읍의 포구이다.

2 산둥 반도에 있는 펑라이(蓬萊)의 옛 이름이다.

고, 숙전(熟田, 해마다 농사를 지어 잘 길들인 밭)을 일굴 때에는 두 마리 또는 세 마리를 쓴다. 아울러 밭에 거름을 준다. 2월 말이나 3월 초에 파종을 하고 김매기를 7, 8차례 하여 7월 하순이면 비로소 수확을 하게 된다. 매 묘(畝)[3]마다 상전(上田)은 종자 2완(椀)을 파종하고, 중전(中田)은 1완 반을 파종하고, 하전(下田)은 1완을 파종하는데, 2완이면 우리나라의 1승(升)[4] 반에 해당한다. 평균적인 수확량은 상전은 곡식 열 석(石)[5], 중전은 예닐곱 석, 하전은 너댓 석을 수확하는데, 이는 모두 우리나라의 두를 기준으로 말하는 것이다. 전세는 묘마다 상전은 3푼 2리, 중전은 2푼 8리, 하전은 2푼 2리를 매긴다. 흉년에는 반을 절감해주고 큰 흉년에는 모두 면제한다.

역(役) 제도는 정(丁) 한 사람에 대해 매년 은 1전 6푼을 거두어들이는데, 10세에 정이 되고 60세에 면제된다. 5년마다 호구를 조사하여 정적(丁籍)을 작성하니 빈부를 따지지 않고 똑같이 걷는다.

선세(船稅)는 사계삭(四季朔)[6]마다 거두니, 해선(海船) 한 척은 은 서 냥이고, 상세(商稅)는 화물의 많고 적음에 따라 액수를 정한다. 호(戶) 단위에 대한 세금은 없다. 모든 세금은 은전으로 납부하며 곡식이나 포를 사용할 수 없다. 그래서 천자나 왕후에서 백관과 서리에 이르기까지 모두 녹봉으로 받은 돈으로 옷과 음식을 산다.

---

3 논밭 넓이의 단위. 1묘는 한 단(段)의 10분의 1, 곧 30평으로 약 99.174제곱미터에 해당한다.

4 부피의 단위. 곡식이나 가루, 액체 따위의 부피를 잴 때 쓴다. 한 승(되)는 한 말의 10분의 1, 한 홉의 열 배로 약 1.8리터에 해당한다.

5 부피의 단위. 곡식이나 가루, 액체 따위의 부피를 잴 때 쓴다. 한 석(섬)은 한 말의 열 배로 약 180리터에 해당한다.

6 음력으로 사철의 마지막 달. 즉, 계춘인 3월, 계하(季夏)인 6월, 계추(季秋)인 9월, 계동인 12월을 이른다.

〈북양해안도(北洋海岸圖)〉
청나라의 수군이 활용하기 위해 만든 지도로, 산동성과 한반도의 거리를 매우 좁게 그려놓았다. 타이완 국립고궁박물원 소장.

또한 80세가 넘은 백성들에게는 관에서 해마다 은 서 냥과 명주 한 필, 비단옷 한 벌을 준다. 흉년이 들어 구휼을 하게 되면, 매달 농부에게 쌀 70완을 주고 아이에게는 24완을 주는데 모두 건량(乾粮)[7]으로 계산하여 준다. 차관 등이 곡식의 단위를 헤아릴 때에 완으로 표현한 것은 산동 지방의 승이 너무 커서 우리나라의 두와 같기 때문이다.

그들에게 노래를 불러 보라 하니, 우리나라의 타령과 비슷하기도 하고 또 제주의 맷돌 노래와 유사하기도 한데, 소리가 높거나 급하지 않은 점이 달랐다.

---

7 흉년이 들어 곤궁한 사람들을 구호할 때 죽을 쑤어 주지 않고 대신 주던 곡식.

8

일본에 표류했다 돌아온 사람들

강희 45년(1706, 숙종32) 6월, 제주의 서원 이계민(李繼敏) 등 일곱 명이 일본으로부터 돌아와서 경위를 말했다.

그들은 금년 2월 초 작은 배로 띠풀을 운반하다가 바다 한가운데에서 바람을 만나 동남쪽으로 표류했다. 무릇 사흘 낮밤을 가니 하늘 사이로 세 봉우리가 멀리서 보였고 밤에 그 아래에 배를 댔다. 이튿날 아침 뭍에 내려 물을 구하다가 섬사람을 만나 그에게 급한 사정을 호소했으나 말이 통하지 않아 다만 악을 써 소리만 질렀다. 이윽고 한 관인이 군사를 이끌고 와서 문자로 지난 경위를 묻기에 이계민이 문자로 써서 대답했다.

"우리들은 조선국 전라도 강진현 사람인데 청산도에서 곡식을 무역하다가 바람을 만나 표류하여 이르렀으니 먹지 못한 것이 벌써 6일째입니다."

관인이 즉시 죽과 마실 것을 주고는 압송하여 관사에 데리고 갔는데, 호패와 호적을 수색하고 자세히 캐묻는 것이 매우 고통스러웠다.

그곳의 지명을 물으니 오구도(五九島)라 하고 혹은 오도(五島, 고토)라고도 칭하니 곧 일본 비전주(肥前州)[1]에 속한 곳이었다. '오구'라고

1 규슈의 사가현 및 나가사키 현에 해당한다. 고대의 비전국(肥前國, 히젠)이 위치하던 곳으로 추정됨.

말하는 것은 큰 섬이 다섯이요, 작은 섬이 아홉이기 때문이었다. 땅의 넓이는 제주의 갑절이며 산림이 많았다. 때는 2월 초순인데 보리가 벌써 팼고 귤은 바야흐로 노랗게 익었다. 귤 크기는 유자와 같고 맛은 조금 셨는데, 집집마다 있었다.

사흘 동안 붙잡아 두었다가 다섯 척의 배로 우리 배를 압송해 가는데 이계민은 별도로 다른 배에 태웠다. 동남쪽으로 40여 리를 가서 한 섬의 포구에 이르니 그 이름이 '토인(土人)'이었다. 또 북쪽으로 사흘을 가서 봉행포(奉行浦)에 이르렀다. 포구는 도주가 사는 곳과 가까웠는데 도주는 은으로 된 안장으로 꾸민 큰 말을 타고 왔다. 두 사람이 말고삐를 잡고 앞뒤로 가옹(呵擁)[2]을 하며 오니 그 위의가 자못 성대했다.

한 승려가 가사를 입고 수정 염주를 목에 걸고 말을 타고 따라와서는 포구 마을에 자리를 잡고 표류인들을 나오게 한 뒤 직접 심문했다. 그리고는 표류인들에게 노래를 부르고 춤을 추게 했다. 도주는 그것을 보고 크게 기뻐하며 술과 안주를 내려주니 사람들이 담장처럼 둘러서서 구경을 했는데, 남자는 대머리이고 여자는 쪽머리를 했다. 옷은 모두 긴 가죽옷을 입었으며 바지는 없었다. 사흘 머무는 동안 매일 한 차례 연회가 열렸고, 표류인 한 사람당 옷 한 벌과 종이 한 권씩 주었다. 환자들은 탕약으로 치료해주었다.

토인포에서 섬들을 따라 북쪽으로 80리쯤 가서 이틀 동안 바람을 기다렸다가 바다를 건너 300여 리쯤 가서 장기의 서도(西島)에 이르렀으며 또 40리를 가서 장기에 정박했다. 장기는 왜나라 말로 '남가

---

2 고관이나 특별한 관원이 행차할 때 큰 소리를 치면서 앞을 인도하여 가는 것.

사이(南加沙伊)'라 부른다. 정박해 있는 중국 상선들의 촘촘한 돛대가 마치 마(麻)와 같아서 그 수를 셀 수 없을 정도였다.

도주전(島主殿)으로 인도되니 문에 이르러서는 신을 벗었다. 네 개의 문을 지나 뜰에 들어가 엎드렸다. 우러러 보니 5층의 대(臺) 위에 2층의 전각이 있고, 전 위에 붉은 비단 장막이 설치되어 있어 도주는 그 장막 안에 앉아 있었다. 그 좌우에 줄지어 있는 자들은 모두 쌍검을 차고서 무릎을 꿇고 앉아 있었다. 전각에서부터 계단에 이르는 사이에는 수십 명이 있었고, 통역을 시켜 말을 전달하며 심문을 했다.

문정이 끝나자 표류인들을 내보내 문 밖에 앉게 했다. 표류인들은 길흉을 알 수 없어 머리를 맞대고 울었다. 그러자 통역이 와서 말하기를 "너희들은 안심하라. 이제 응당 대마도에 공문을 보내어 너희들의 나라로 보낼 것이다."라고 했다. 그리고는 표류인들을 층각에 거처하도록 하고 사람을 시켜 감시하게 했다. 한 사람당 담요 1구와 후추 1합, 연초 2근을 주었다.

표류인들은 2월 25일부터 4월 7일까지 장기에 머물렀다. 하루는 높은 곳에 올라 지세와 풍경을 살펴보았는데 포구의 동서 거리는 40리요, 남북은 30리였다. 사방으로 산세가 둘러 있고 서쪽으로만 입구가 열려 있었으며, 입구의 폭은 겨우 1리쯤이었다. 그 안은 절로 큰 호수를 이루었으니 호수는 깊지도 않고 얕지도 않았으며 맑아서 바닥이 보였다. 사방이 모두 부두여서 배를 대기에 매우 편했다. 호수에는 해산물과 전복이 많은데 큰 것은 그 껍데기에 가히 3되를 받아들일 만했다. 100여 리 되는 호수 둘레에는 인가가 연이어 있는데 서남북으로는 고기 잡는 집들이 많고 오직 동쪽 방면만 매우 번성했다. 세 봉우리가 있어 특히 가운데 봉우리가 우뚝했는데, 도주전이 그 아래에 위치해 있고 강남관(江南館)[3]은 그 왼쪽에 있었다.

호안(湖岸)을 따라 제방을 쌓았는데 안쪽 제방과 바깥 제방이 2층을 이루었다. 안쪽 제방은 높이가 1장(丈)이고 바깥 제방은 4장쯤 되며 그 길이가 호수의 넓이와 같았다. 만조가 되었을 때 바깥 축대에서 잠기지 않는 부분은 두어 척이었으며, 안과 밖 축대 사이는 2리쯤 되었다. 도주전과 강남관의 앞쪽으로는 각각 큰 도랑이 안쪽 축대까지 연결되었다. 도랑을 가로질러 홍교(虹橋)를 여덟 곳에 두었는데 다리의 넓이는 수십 보에 그 아래로 배가 지나갔으며, 좌우에 난간이 있었다. 축대와 다리는 모두 돌을 다듬어서 만들었고, 다리 양 끝에는 각각 마을의 문을 두었다. 여덟 갈래의 대로가 남북을 관통하는데, 길 양편으로 가게가 늘어서 빽빽한 것이 마치 물고기의 비늘과 같아 조그만 틈도 없었으며, 모두 2, 3층 집이었다. 이와 같은 것이 30리나 되었다. 다만 도주전 앞 도랑은 다리 여섯 개가 놓여 있으니, 그 땅이 조금 좁기 때문이었다.

강남관에는 대개 90채의 집이 있는데 집들은 수백 보에 걸쳐 있고 둘레에 큰 성을 쌓았다. 성 위에는 쇠꼬챙이를 교차해 세워두어 마치 사슴의 뿔 모양과 같았다. 앞쪽에 문이 하나 있으니, 왜인들은 초소를 두어 지켰다. 문밖에 8길 높이의 쇠장대를 세워두었는데 시장이 열리면 그 장대 위에 기를 매달았으며, 몰래 장사를 하는 사람은 목을 베었다. 강남사(江南寺)[4]는 강남관의 우측에 있으니 상선이 너무 많아

3 중국 상인들이 거처하던 곳을 지칭한다. 주로 강남의 상인들이 왔기에 '강남'이라 명명했을 것으로 생각된다. 지금 나가사키 차이나타운이 바로 강남관이 있던 자리였다.

4 현재 나가사키 차이나타운 동쪽에 위치한 홍복사(興福寺)를 지칭하는 것으로 생각된다.

강남관이 모두 수용할 수 없으면 나누어 강남사에 거처하도록 했다. 안남관(安南館)[5]은 북쪽 물가에 있는데 또한 30여 채로 이루어졌다.

이른바 서도(西島)라는 것이 포구에 위치해 있으며, 100여 가구가 살고 있었다. 통역하는 자가 말하기를 지난 임술년(1622, 광해군14)[6]에 가족을 데리고 도망쳐온 한인들이 많아 그들을 이 섬에 살도록 하니 절로 한 마을을 이루었다고 했다. 서도 정남쪽에 있는 높은 봉우리의 봉수대에는 별도의 장수들을 두어 지키도록 했다. 오는 배가 있으면 곧 봉화를 올려 보고하는 일을 맡는데, 한 달에 은 10냥을 급료로 받으며 혹 배를 놓치는 일이 있으면 죽인다고 했다.

강남관 부근에는 창가(倡家, 창부의 집)가 많았다. 매환(買歡, 성매매)하는 중국 상인들은 여인의 재색(才色)에 따라 값을 정했다. 그곳 풍속에서는 이를 '은와(銀娃, 은으로 된 여인)'라 했다. 이 때문에 장기에는 중국인의 자손들이 많았다.

그곳에는 은이 흔하여 사고 팔 때에 모두 은을 사용했다. 구리 동전도 있어서 '통천지보(通天之寶)'라 불렸는데 80문(文)이 은 1전에 해당했다. 쌀 1포는 우리나라의 7말에 해당했고, 값은 은 6냥이었다. 땔감이 비싸서 계수나무 같은 경우는 100근이 은 6냥이니 오도 사람들이 이곳에서 땔감을 많이 팔았다.

4월 초 대마도주의 공문이 비로소 이르고 이윽고 또한 관인과 통역을 보내어 표류인들을 맞이해 데리고 갔다. 장기 도주는 선박을

5 베트남의 상인들이 거처하던 곳을 지칭한다.

6 후금이 심양(瀋陽)을 함락한 것이 1621년이었다. 당시 많은 한족들이 후금세력을 피해 일본과 조선을 비롯한 동아시아 각지로 피난을 갔다.

마련해주고 잔치도 열어주고는 떠나보냈다. 9일에 장기를 떠나서 서도에서 묵었고, 새벽에 북쪽으로 출항하여 500리쯤 가서 밤에 시아도(時我島)에 이르러 사흘간 머물렀다. 14일에 또 북쪽으로 70여 리를 가서 오시마도(五時馬島)에 이르러 12일을 머물렀는데, 이 섬은 백성들이 가난하고 풍속이 야박했으며 또한 슬(蝨, 물방개의 일종으로 추정)을 즐겨 먹었다.

하루는 고래가 포구에 들어왔다. 왜선 25척이 포구를 차단하고 고래를 잡는데 사람들은 갈고리가 달린 창을 쥐고 줄을 묶어 찔러댔다. 고래는 성을 내며 지느러미와 수염을 떨치면서 줄을 끌고 달아나니 수면이 수백 보나 갈라졌다. 배들은 고래를 사변에서 둘러싸고 고래가 가는 방향에서 서로 찔렀다. 반나절 동안 수백 곳을 찔렀으나 고래는 죽지 않고 때때로 거세게 뒤집으며 파도를 차고 올라 거품을 내뿜었다. 고래의 기력이 꺾이기를 기다렸다가 여럿이 일제히 힘을 모아 구령을 부르며 창의 줄을 잡고서 끌고 가니 그 길이가 12길이었다. 표류인들이 그 광경을 보고 혀를 내두르자 왜인들이 말하기를 "우리는 일상적으로 고래를 잡는다. 그 고기의 포를 뜨고 그 기름을 태우면 한 마리만 잡아도 온 고을이 윤택해진다. 지금 잡은 것은 그 새끼일 뿐이다."라고 했다.

26일에 배를 띄워 동북쪽으로 80리쯤 가서 가좌모도(可坐毛島)에 이르렀다. 이상에서 지나온 세 섬은 모두 규모가 큰 진영은 아니었으니, 너비와 폭이 그저 우리나라의 진도(珍島)에 견줄 만했다. 닷새를 머물러 5월 2일 또 서북쪽으로 400리쯤 가서 대마도에 이르렀다. 대마도는 오도에 견주면 절반의 넓이인데 산지와 거친 땅이 많아 대략 제주와 비슷했다. 집집마다 채색된 기를 펼쳐놓고 문 앞에 잡스

〈비주장기도(肥州長岐圖)〉
19세기 초 나가사키의 모습. 본문의 설명과 같이 좁고 긴 수로를 통해 시가지로 이어지고 있음을 볼 수 있다. 일본 나가사키 현립도서관 소장.

런 형상을 얽어매 놓은 것을 보고 통역에게 물었더니, 나라의 풍속에 단오절이면 이것들을 설치했다가 닷새가 지나면 거둔다고 대답했다. 심문을 하고서 술을 주었으며, 각각 소목 1근과 연초 10갑을 주었다.

보름을 머물다가 섬의 동쪽 면을 돌아 북쪽 면에 위치한 시사내포(沙史乃浦)에 이르렀다. 여기서부터 육지로 도주(島主)가 사는 산 남쪽까지는 거리가 50리라 말했다. 다시 보름을 머물다가 6월 7일에 배를 띄워 북쪽으로 90리를 가서 부산에 이르렀다. 동래부에서 공문을 발급받고서 돌아왔다.

대개 장기로부터 부산까지의 수로는 우회하는 구간을 빼면 천리에 불과하다. 또 이계민이 장기에 있었을 때, 통사들이 중국 상인들과 수로를 논하는 이야기를 들었는데, 강남 절강 해안에서 장기에 이르기까지는 겨우 3000리이고 제주는 그 중간에 자리하고 있다는 것이었다.

또 지나온 여러 섬에는 전부 논이 없었다. 사람들은 죽도 아니고 밥도 아닌 것을 먹는데 매번 먹는 것이 3, 4홉에 불과했다. 묘에는 봉분을 하지 않고 다만 표석을 두었다. 말[馬]은 풀로 엮은 신을 신겨 다녔다. 큰 대나무가 많고, 진주목(眞珠木)이란 것이 있어 잎은 파초와 같고 겨울이 되어도 시들지 않으며 줄기는 위로 곧장 뻗어 꼭대기에 가지가 나니 마치 우산과 같았다. 큰 것은 십여 길이나 되어 배의 돛대에 걸맞았다.

그 외에 여러 나무들이 겨울에도 푸른 것, 돌 빛깔이 잿빛인 것, 짐승 중에 사슴이 많은 것, 새 중에는 까치가 많은 것, 집에 온돌이 없는 것 등은 모두 제주도와 같았다.

1663년 김려휘 일행과 1706년 이계민 일행이 일본에 표류했다가 돌아온 여정

9

유구에 표류했다 돌아온 사람들

강희 2년 계묘년(1663, 현종4) 해남현의 선비 김려휘(金麗輝) 등 28인이 유구에 표류했다가 일본을 통해서 돌아왔다. 김려휘는 그 시말을 날마다 기록했으니, 그 대략은 이러하다.

신축년(1661, 현종2)에 호남에 크게 기근이 들어 김려휘는 그 아들 처서(處西), 제자 이세준(李世峻), 같은 현의 선비 이정시(李挺時), 양인 박예원(朴禮元) 등 남녀 도합 29인과 함께 제주로 들어갔다.

이듬해 임인년(1662, 현종3) 9월, 상인 이가질금(李加叱金)의 배를 얻어 제주 사람 남린(南麟) 등 모두 32명이 함께 타고 24일 아침에 별도포를 출발했다. 그러나 중간에 서북풍을 만나 남쪽 바다에 표류하여 떠다니다 엿새가 지나 검은 바다에 이르렀다. 물의 색깔이 먹과 같아 손으로 떠보니 보통 물과 다를 것이 없었다. 시험 삼아 흰 물건을 담가보아도 색이 물들지는 않았다. 또 나흘을 가니 바다의 빛깔이 백색으로 돌아왔다. 흑해를 지날 때 섬처럼 보이는 것이 있어 점차 가까이 가서 자세히 살펴보니 곧 큰 거북이었다. 옆은 황색에 푸른빛이 섞여 있었으며 머리를 들고 눈을 뜬 채로 물에 잠겼다가 떠올랐다 했다. 김려휘 등은 쌀알을 이리저리 던지며 기도를 하며 지나갔다.

10월 초하루가 지나자 배에 물이 다 떨어졌다. 그래서 바닷물을 끓여 이슬을 취해서 마셨다. 그 방법은 다음과 같다. 솥에 바닷물을 붓고 가운데에 빈 그릇을 둔 다음 뚜껑을 뒤집어 솥을 덮고 솥뚜껑 위에 물을 담는다. 솥 안의 물을 끓이면 이슬이 빈 그릇 안으로 떨어지게 되는데 그 맛이 샘물과 같다. 그러나 한 번에 얻는 양이 반 주발도 채 되지 않았다. 사람은 많고 물은 적으니 두루 축일 수가 없어 목이 말라 죽은 이도 넷이나 되었는데 김려휘의 아들 처서도 그 중 한 명이었다. 당초에 저장한 물이 적은 것이 아니었는데, 배 안의 사람들이 마구 쓰다가 그리 된 것이었다.

10월 3일 홀연 바다 가운데 새가 보였다. 등은 푸르고 가슴은 희며 뱁새 같은 크기였다. 배를 빙빙 돌면서 울어대니 사람들이 모두 괴이쩍게 여겼다. 오후에 멀리 바라보니 동쪽으로 어슴푸레 안개 사이로 산이 드러났다. 다음날 비로소 한 섬에 닿아 닻을 내리니 유구국 대도(大島, 아마미오시마)에 속하는 땅이었다.

10월 5일 상륙하려는데 작은 배 여섯 척이 노를 흔들며 나는 듯 빨리 오더니 우리 배를 인도하여 언덕 아래에 정박하도록 했다. 김려휘 등이 서로 부축하며 뭍에 내리자 유구 사람들이 많이 와서 구호를 해주었다. 먼저 흰죽을 주고 이어 걸쭉한 술을 주었다. 또 우모(牛毛)라는 채소도 주었다. 겉은 붉고 속은 희었으며 삶아서 먹으면 그 맛이 마와 비슷하니, 이 채소는 오래 굶은 사람에게 가장 알맞아 많이 먹어도 괜찮다고 했다.

사람들은 우리를 바닷가 마을에 머물게 했는데, 울타리를 치고 감시했다. 10월 7일 저들은 작은 종이에 글로 써서 보여주었다.

"너희 나라 사람 가운데 죽은 네 명의 시신을 앞산으로 옮겨 매장하려 한다. 너희 나라의 예로 하겠는가, 우리나라의 예로 하겠는가?"

김려휘 등은 종이 말미에 썼다.

"이방인인 저희들은 풍랑 속에서 만 번 죽을 고비를 벗어나 귀국의 관대한 은혜를 입었으니 머리를 깨고 뼈를 으깨더라도 보답할 길이 없습니다. 게다가 이 죽은 자들을 매장해주신다 함은 더욱 바라지 못했던 바입니다. 은혜가 산 자와 죽은 자에게 두루 젖어들고, 감사하는 마음이 이승에 있는 자나 저승에 있는 자나 깊이 새겨졌습니다. 두 나라의 장례절차가 비록 똑같지는 않으나 타향에 가면 그곳 풍속을 따른다는 옛말도 있으니 오늘의 일은 오직 분부를 따르고자 합니다."

"너희들은 모두 따라와서 보라."

김려휘 등이 따라가 보니 땅을 한 길쯤 파고 시신을 쌌던 옷을 모두 벗겨서 구덩이 속에 시신을 두고는 다시 옷으로 감싸고 긴 통으로 덮었다. 우리에게 곡(哭)을 하라 하여 방성통곡을 했다. 그들은 곧 그치도록 하고 흙을 덮어 평평하게 하고 또다시 곡을 하도록 했다. 봉분을 하지는 않고 다만 돌비석 하나를 세웠다.

묘들은 각각 색이 다른데 또 그 앞에 치대초(緇帶草)를 심었다. 그 잎이 길고 뒤에는 가시가 있으며 색은 아주 파란데 한들거리는 것이 마치 공작의 꼬리와 같았다.

10월 8일 일행을 배에 태워 대도로 옮겨가니 그곳은 장리가 거처하는 곳이었다. 포구 곁에 새로 만든 관사에 울타리를 세워 두르고 병졸을 시켜 지키게 했으며 울타리 밖에 기둥을 세우고 판자를 달아놓고는 7개 조의 규정을 써놓았다. 글자가 초서체에 가까운데, 읽을 수는 없었다. 장리로부터 그 아래의 부하들과 원근의 남녀들이 와서 구경을 하는 통에 매일매일 북적거렸다.

우리가 제공받은 식품으로는 매일 1인당 쌀 1승(升)과 5일에 한

번씩 찬거리가 있었다. 모두 합해 보면 장(醬)이 7승, 소금이 4승, 건어물이 1근, 채소가 2근, 소주가 1완, 연초가 1근이었으며, 술과 고기가 간간이 별도로 있었다. 이른바 승이란 것이 우리의 승보다 컸으니 비교하면 4배가 되었다.

김려휘 등이 무릇 6개월간 머물렀으니 겨울을 나고 봄을 지내는 동안 기후가 항상 따뜻하여 겨울에도 서리와 눈이 없어 초목이 시들지 않았다. 10월이 지나 곡식을 파종하니, 벼는 가을에 심어 여름에 거두는데 매양 1월이나 2월에 모내기를 했다. 소·말·닭·개·새 같은 종류는 모두 우리나라에서 나는 것과 같았다. 소 잡는 것을 엄히 금지하여 비록 잔치를 열더라도 다만 닭이나 돼지고기를 썼다.

풍속이 돈후하여 절대로 서로 싸우는 일이 없으니 사람을 대할 때 성심을 다하며, 뽐내는 일이 없었다. 귀한 자와 천한 자가 서로 만나도 무릎 꿇고 절하는 예는 없었다.

차림새를 보면 이마 가운데 머리털을 자르고 그 남은 터럭을 여며 오른쪽에 상투를 틀고 은비녀를 꽂았다. 가난한 사람은 은비녀 대신 대나무를 썼다. 긴 수건으로 머리를 감싸고 귀밑머리며 수염은 모두 깎되 턱수염은 남겨두었다. 긴 겹옷을 입고 띠를 두 번 묶으며 왼쪽에 크고 작은 환도를 찼다. 바지도 안 입고 버선도 안 신는데 다만 몇 척의 비단 수건으로 사타구니 사이에서부터 교차하여 허리에 묶었다. 여자들은 이마 꼭대기에 쪽을 지는데, 장신구를 달지 않았다. 겹옷을 입고 긴 홑옷으로 감쌌으며 10여 폭 되는 홑치마를 허리에 둘렀다. 치마 끝을 위로 당겨 정강이 사이에서 감싸 위로 허리춤에 묶었다. 결혼한 여자는 손등에 문신을 하여 표시를 했다. 남녀 모두 풀로 엮은 신을 신었다.

〈유구풍속화(琉球風俗画)〉
일본의 풍속화가 히가카잔(比嘉華山, 1868~1939)이 그린 것으로 여성의 치마를 앞으로 올려 묶은 모습이 본문의 설명과 비슷하다.

춤을 추면 한 곳에 모여 서서 추되 몸을 돌리지는 않고 반복해서 손을 드리우면서 각기 열 손가락을 놀리며 가늘게 작은 소리를 냈다. 서로 바라보다가 한 사람이 손뼉을 치면 나머지가 모두 호응했다. 노래는 마치 중이 불경을 외는 모양과 유사했는데 여러 악기를 쓰지는 않아서 비파 3대와 혜금(嵇琴) 1대뿐이었다.

놀이로는 바둑과 쌍륙(雙陸, 주사위놀이의 일종)이 있었다. 상을 당하게 되면 한 번 곡하는 것으로 그치며, 상복을 입는 예절은 없었다. 사람들의 거처는 모두 판옥(板屋)이고 굴뚝은 없었다. 불교를 숭상하지만 사찰은 없고 서적이라고는 불경뿐이었다. 형벌 가운데 매를 때리는 벌은 없으니 죄를 지은 사람은 꿇어앉히고서 긴 나무로 두 다리를 눌렀으며 다섯 번 잘못을 범하면 목을 베었다. 이밖에 혼인이나 제사 같은 예절은 자유롭지 못한 처지라 알 수 없었다.

처음 대도에 이르렀을 때 장리가 편지 한 통을 보내어 "이 섬에서는 독사가 사람을 물면 열에 한 명은 죽는다. 덤불이나 풀숲을 언제나 조심하라. 이제 너희들은 조심해서 몸을 보호해야 하니 밤에 다닐 때는 반드시 횃불을 들어야 한다."고 했다. 우리 일행은 "삼가 가르침을 받들겠습니다. 감사의 절을 올리고 또 올립니다."라고 답서를 보냈다. 장리는 또 술과 음식을 가지고 와서 대접하면서 문자로 서로 문답을 했다. 장리는 우리가 사는 곳은 어디며, 무슨 이유로 표류하게 되었는지를 물었고, 우리는 사실대로 고했다. 또 우리나라의 일에 대해 묻기에 이렇게 답했다. "귀천에 구별이 있고, 장유에 차례가 있습니다. 문사들은 사서오경을 읽고 무인들은 육도삼략을 익히며, 예는 주자가례를 따르고 율은 대명률을 씁니다. 조정의 제도나 영토의 넓이 등에 대해서는 저희가 모두 시골구석의 천한 선비로서 서울에서 수천 리 밖에 살고 있어 그 상세함을 알지 못합니다."

이야기를 하다가 김려휘가 역서(曆書)를 보여 달라고 청하자 장리는 말했다.

"우리 역(曆)을 주더라도 알지는 못할 것이다."

"알고 알지 못하고는 저희의 일이니 대인께서는 어찌 허락해 주지 않으십니까?"

장리가 싱긋 웃고는 사람을 시켜 한 장으로 된 역서를 전달해 주도록 했다. 이로부터 매일 서찰을 주고받게 되었다.

하루는 김려휘가 법의 적용을 느슨히 하여 유람할 수 있게 해달라고 청했다. 장리는 앞 포구에서 마음대로 배회할 수 있도록 허락하고 또한 종이 두 묶음을 주었다.

10월 29일 장리가 와서 말했다.

"장기는 일본 땅으로 중국 사람들이 내왕하는 곳인데 또한 대마도에 가깝다. 지금 그대들을 보내주니 장기에서 대마도로 가고 거기서 다시 본국으로 돌아갈 것이다. 그대들은 일찍이 대마도에 대하여 들은 바가 있는가?"

"들어보았습니다. 진실로 말씀하신 바와 같이 된다면 그 은덕은 이루 갚을 수 없을 것입니다. 여기서 대마도까지는 몇 리쯤 되는지요?"

"바닷길이 멀고 넓으니 어찌 정확히 할 수 있겠는가."

김려휘가 물었다.

"이곳에도 귤, 유자, 배, 밤, 대추, 감 등 과실이 있습니까?"

"없다."

"오이, 생강, 후추, 수박, 동아 등이 있습니까?"

"있다. 먹고 싶다면 응당 찾아서 줄 수 있다."

또 종자를 시켜서 새 한 마리를 보내왔는데 그 모습이 노자(鸕鷀, 가마우지)와 유사했다. 장리가 또 말했다.

"이것은 이로(里鷺)라는 새다. 나는 이것을 먹음에 아무 거리낌이 없다. 그대들이 먹든 안 먹든 뜻대로 하라."

그 뒤에 김려휘 등은 장리에게 글을 올려 은덕을 칭송하고 사례했다. 그러나 장리는 편지를 보냈다.

"그대들은 고국을 떠나 만 리나 표류하여 이 섬에 이르게 되었으니 낯선 곳에서 말도 통하지 않아 마음을 나눌 수 없다. 불평하는 마음을 토로하고 서글퍼 하는 마음을 갖는 것이 당연하다. 그러나 군자가 어려움에 처하는 데에 있어 그대들은 평소에 지켜오는 바가 있었다. 《논어》에 이르기를 공자께서도 진(陳)과 채(蔡) 사이에서 곤경을 당하셨다고 했다.[1] 고대의 성인도 오히려 이러했으니 그대들은 편안한 마음으로 늙은 신체를 보양하라."

이듬해인 계묘년(1663) 2월, 장리는 편지로 위문하고 목면 2단을 내려주었다. 일행은 문 앞 길가에 장리에게 감사하는 내용의 목비(木碑)를 세우고자 했으나 장리는 좋지 않게 여겨 편지를 보내 사양했다. 3월 2일 장리는 김려휘, 이정시 및 선두(船頭) 이가질금을 부중(府中)으로 불러 잔치를 열어주었다. 5층으로 된 채색 상자에는 각색의 음식을 가득 담고, 주석 술병에는 술을 가득 채우고 잔 받침대를 마련하여 각각 세 사람 앞에 두어 마음껏 마시도록 했다. 또 노래를

1 《논어》 〈선진(先進)〉 편에 나오는 이야기로, 공자가 제자들과 함께 천하를 돌아다닐 때 진채 사이에서 식량이 떨어질 정도로 큰 곤경을 당했다.

부르도록 했는데 김려휘는 자식의 상중이기에 사양을 하고 이정시와 이가질금이 서로 몇 곡조 부르니 장리 이하 사람들이 박수를 치며 기뻐했다.

3월 14일, 우리 일행을 두 배에 나누어 태우고 종전시병위(種田市兵衛, 관직명—원주) 고견여인·포여인(古見與人·浦與人, 뱃사람의 칭호—원주)으로 하여금 배를 호위하도록 했다. 포구에서 바람을 기다리다가 29일 마침내 배를 출발하려 하니 장리가 또 와서 전별을 했다. 드디어 돛을 올리고 작별을 했다.

이날 어두워지자 비바람이 크게 일어 함께 가던 배 가운데 한 척이 표류하여 서로 떨이지고 말았다. 4월 1일, 옥구도(屋九島, 야쿠시마)에 정박했다. 그 섬은 땅이 좁고 사람이 적었는데 일본 살마주 소속이라고 했다. 엿새 동안 바람을 기다려 출발했다. 종자도(種子島, 다네가시마)를 지나 바다 가운데서 바라보니 서쪽으로 와룡(臥龍)처럼 구불구불한 섬은 구영량부도(口永良部島, 구치노에라부시마)였으며, 삿갓처럼 볼록한 섬은 유황도(硫黃島, 이오시마)였으며, 동남쪽 사이로 작은 섬은 이름이 죽도(竹島, 다케시마)였다.

4월 8일 저녁 살마주 산천착진(山川着津, 山川漁港, 야마카와)에 정박하니 호송을 위해 왔던 자들은 본주에 보고하기 위해 갔다. 수일 동안 살마주의 대부관(大夫官)과 통사(通事) 이국(李國)이 모두 배로 와서 그간의 경위를 물었고 김려휘는 처음부터 끝까지 갖추어 진술했다. 대부관이 물었다.

"너희 나라는 무엇을 높이는가?"

"존숭하는 바는 공자요, 숭상하는 바는 유교입니다."

"불교는 모르는가?"

"산간에 더러 사찰이 있기는 하나 식자들은 불교를 섬기지 않습니다."

대부관이 발끈하며 노기를 띠니 이정시가 김려휘에게 귓속말로 잘 둘러대라 했다. 대부관이 다시 물었다.

"너희 나라는 그렇다 치고, 남만국(南蠻國)과 천축국(天竺國)은 불교를 존숭하는가?"

"남만은 바다가 만 리나 막혀 있어 잘 모르겠습니다. 천축은 서역 땅으로 석가모니가 서역에서 나셨으니 의당 존숭할 것입니다."

이 때 글자를 아는 승려가 자리에 있다가 보고는 기쁜 빛을 띠며 대부관을 돌아보고 말을 하는 것이었다. 이국은 '너희들이 석가모니라 칭했기에 대부가 화를 풀었다'고 말해주었다.

대부관은 우리 사람들에게 노래를 시키고, 또 우리나라에서 꿀과 밀랍을 만드는 법을 묻고는 그 내용을 기록했다. 대부관은 이국에게 남아서 호송하라 명하고는 배를 돌려 돌아갔다. 이국이 말했다.

"나의 부친은 이연홍(李連弘)이라 하니 본래 조선 사람으로 서울에 살았으며, 나의 모친은 진주 사람이오. 정유년 난리 때 함께 붙잡혀 왔소. 나는 비록 이 땅에서 태어났으나 실은 조선 사람이오. 지금 그대들을 보니 친구를 만난 것 같소."

김려휘는 이에 조용히 물었다.

"일본은 어느 나라와 이웃이며 어느 나라와 전쟁을 벌이고 있소?"

이국이 대답했다.

"지난 임진년 7년 동안 전쟁을 했으나 끝내 이로운 것이 없었기에 이 나라 사람들이 지금 후회를 하고 있소. 그때 조선 땅에서 불리해지자 곧 군대를 돌려 유구를 쳐서 항복을 받아 대대로 조공을 받고 있소. 지금은 나라 안이 태평하고 전쟁도 없소. 남만과는 최근 사이가 좋지 않아 서로 통신하지 않은 것이 벌써 오래 되었소."

살마주에 머물며 헤어졌던 배가 오기를 기다렸는데 5월 1일 떠내려갔던 배가 비로소 돌아왔다. 그 배는 대략 8일 낮밤을 표류하다가 겨우 일본 호지포(戶之浦)에 정박을 하여 20일 동안 바람을 기다렸다가 배를 돌렸던 것이다. 5월 3일 대부관이 또 와서 점검을 하고 각각 가는 모시 반 필씩을 주고 한 배에 옮겨 태워 갔다. 평성순(平盛純)이란 자가 있어 사서에 대한 의문을 날마다 와서 물었다. 김려휘가 문자로 답변을 해주면 그 사람은 매우 기뻐하며 칭찬하기를 그치지 않았다.

5월 9일 배를 띄워 편포(片浦, 가타우라)에 이르렀으나 바람을 만나 며칠 머물렀다. 18일 닻을 들어 육사가포(六沙加浦)를 지나 이튿날 장기에 도착했다. 이곳은 일본에서도 큰 도회지로 사람이 넘쳐나고 집들이 굉장했다. 중국 배 두 척도 마침 정박을 하고 있었다. 이튿날이 되어 왜인들이 우리 사람들을 배에 태워 가서 관부에 데리고 갔다. 뜰아래에 꿇어앉으니 좌우에 늘어선 무장병사들이 대단히 많았다. 행장을 점검하고는 배로 돌려보냈다.

21일 대마도로 가는 배에 옮겨 타서 통사 이국(李國) 및 유구에서 온 사람들과 모두 작별했다. 김려휘는 대도의 장리에게 대략 다음과 같은 내용의 편지를 보냈다.

바닷가에서 한번 작별하고 보니 마음이 허전하여 마치 신선세계에 다녀온 꿈을 꾼 것 같습니다. 목을 늘여 바라보지만 아쉽기만 합니다. 저희들은 구사일생으로 비로소 장기에 당도했습니다. 합하(閤下)의 은혜는 마음속에 깊이 새겼습니다. 매양 동해에 뜨는 달을 보면 마치 합하의 맑은 거동을 만난 것 같습니다. 합하의 기체(氣體)는 어떠하신지요? 황하가 끊어지지 않듯이 늙도록 그리워할 것입니다.

5월 25일 장기를 출발하여 이튿날 설도(雪島)[2]에서 묵고, 다시 이튿날 대마도에 도착했다. 대마도주는 성대히 술과 음식을 차려 대접하고 마음대로 돌아다녀도 좋다고 허락했다. 6월 3일 세마포 2필, 연초 3갑, 담뱃대 4장을 각기 예물로 나누어 주었다. 15일 대마도를 떠나 엿새를 가서 원포(院浦, 창원)에서 바람을 기다리다가 7월 5일 밤에 부산포(釜山浦)에 닿았고, 25일 해남의 옛집으로 돌아왔다. 그러나 떠나올 때 살아 있던 아내는 이미 한을 품고 죽어 있었다. 마치 정령위(丁令威)[3]가 학으로 변해 돌아온 것 같은 감회라 하겠다.

김려휘의 기록을 살펴보면 산천이나 물산에 대한 내용이 소략해 안타깝다. 이른바 '우모'라는 것은 아마도 또한 번서(番薯)[4] 같은 종

---

2 대마도와 큐슈 사이에 있는 이키(壱岐) 섬의 북동쪽 해안에 눈처럼 하얀 바위를 '눈의섬(雪の島)'라고 한다.

3 중국 한나라 때의 전설에 나오는 인물이다. 요동 사람 정령위는 고향을 떠나 도술을 배워 학이 되어 돌아왔는데 그 사이에 오랜 세월이 흘러 함께 지내던 사람들은 모두 죽어 무덤으로 들어가고 없었다고 한다.

4 '번저(蕃藷)' 즉 감자를 뜻하는 것으로 생각된다. 《종시방(種藷方)》(작자미상)의 '감저(甘藷)' 항목을 보면 감자의 종류로 주저(朱藷), 번저(蕃藷), 홍산약(紅山藥), 옥침저(玉枕藷), 장기저(長崎芋) 등을 들고 있으며, 유구에서는 번여(蕃茹)라 한다는 내용이 실려 있다. 또 이규경(李圭景)의 《오주연문장전산고(五洲衍文長箋散稿)》, '번저변증설(蕃藷辨證說)'을 보면 "번저(番薯)라는 종은 바다를 통해 들어온 것이다. 이것을 통해 고찰해 보면 저(薯)와 저(藷)는 매양 서로 섞여 호칭되었던 것이다(惟番薯種, 自洋中來也. 取此考之, 薯與藷, 每相混稱也)라는 내용도 보인다.

류인 것 같다. 혜함(嵇含)의《남방초목상(南方草木狀)》[5]에서는 "감저(甘藷, 감자)는 서여의 종류이다. 혹은 우(芋, 토란)의 종류라 하기도 한다. 뿌리와 잎은 우와 같고 껍질은 붉고 속은 희다. 찌거나 구워 먹는데 맛이 서여와 비슷하다. 바닷가에 사는 사람들 가운데 백세 장수를 하는 자들은 오곡을 먹지 않고 감저를 먹기 때문이다."라고 했다. 김려휘가 먹은 것은 아마도 이것일 것이다.

5 혜함(嵇含, 263~306)은 중국 서진(西晉) 때의 인물이며 죽림칠현으로 유명한 혜강(嵇康)의 손자다. 광주자사(廣州刺史)를 역임했던 관계로 중국 남방의 식물들에 대해 기록한《남방초목상》을 저술할 수 있었다.

10

그 밖의 이야기

관리들의 표류

고려 때 제주를 왕래하던 사신과 관리들이 표류했던 것에 대해서는 들은 바가 없다. 국조(國朝) 성화(成化)[1] 갑진년(1484, 성종15)에 전(前) 정의현감(旌義縣監) 이섬(李暹)이 중국 남경 양주부(楊州府, 양저우)에 표류했다. 그곳 변방의 장수가 처음에는 해적으로 의심하여 잡아 가두었다. 한 달이 지나 이섬이 지은 "열 폭 돛이 바람을 막지 못하는구나(布帆十幅不遮風)."라는 시구에 좋은 사람임을 알아보고 손님으로 대접했다. 이섬은 북경으로 보내져 우리 사신 박건(朴楗)에게 인도되어 돌아왔다.[2]

만력 정미년(1607, 선조40) 정월에 전 대정현감(大靜縣監) 이서룡(李瑞龍)이 바다를 건너다 모든 배가 침몰했고, 40여 명이 표류하다 죽었다.

강희 을사년(1665, 현종6)에 목사군관(牧使軍官) 김원상(金元祥), 허정(許定) 등이 일본 만마도(萬馬島)[3]에 표류했다가 왜인들에 의해 송

---

1 명나라 헌종(憲宗, 재위 1464~1487) 때의 연호이다.

2 《조선왕조실록》 성종14년 8월10일 기사에는 이섬이 박건을 따라 돌아왔다고 기록되어 있다. 성종은 이섬이 표류한 와중에도 나라의 품격을 지켰고, 무신이면서도 중국 사람들과 화창하여 나라를 빛냈다고 하여 다섯 직급을 올려 주었다.

3 어느 곳인지 알 수 없으나 대마도의 오기로 추정된다.

환되었다.

신미년(1691, 숙종17) 10월에 대정현감 장후재(張後載), 왜역 변이구(卞爾球)가 벼슬을 내놓고 물러갈 때 바다에서 배가 부서져 65명이 익사했다.

사명(使命, 임금의 명령을 전달하는 관원)으로는 최부(崔溥) 한 사람뿐이다. 목사와 판관은 읍이 설치된 이래로 한 사람도 표류하여 죽은 사람이 없다고 한다.

임자년과 을묘년의 왜변

가정(嘉靖)[4] 31년 임자(1552, 명종7) 5월 18일에 왜선 한 척이 표류 끝에 정의현 천미포에 부서져 닿았다. 300여 명이 같이 타고 왔는데 중국 상인과 남방지역 사람들이 그 가운데 섞여 있었다. 이들이 해안에 상륙하여 사람을 죽이고 물건을 노략질하니 제주도 사람들이 크게 놀랐다. 목사 김충렬(金忠烈)[5], 사판관(使判官) 김효량(金孝良), 정의현감 김인(金仁)이 병사를 이끌고 토벌에 나섰다. 26일에 비로소 왜군의 진영을 깨뜨리니, 적들은 한라산 숲속으로 도망쳤는데 이리저리 출몰하며 도적질을 했다. 관군이 한 달 넘게 진을 치고서 지켰

---

4 명나라 세종(世宗, 재위 1521~1567) 때의 연호이다.

5 김충렬(金忠烈, 1503~1560)은 본관은 강릉(江陵), 자는 국간(國幹), 또는 국기(國紀)이며, 사헌부 감찰 김종윤(金宗胤)의 아들이다. 명종 때 제주목사가 되어 민정을 주관했는데, 1552년(명종7) 연해의 민가를 약탈하고 있던 왜적 100여 명을 사로잡아서 목을 베었다. 그런데 왜적이 아니라 당나라 사람이라는 이야기가 조정에 전해지면서 직무를 잘못 처리했다고 평안도의 방산진(方山鎭)에 충군(充軍)되었다. 그러나 1555년 제주의 백성들이 선위사(宣慰使)에게 그가 무고하다고 호소하여 사실이 밝혀지면서 직첩이 환급되고 서반(西班)에 제수되어 오위장(五衛將)을 겸임했다. 이어서 삭녕군수가 되었으나 곧 죽었다.

고 백성들이 모두 농사를 멈추고 변란에 대비했다. 이때 삼읍(제주, 대정, 정의)에 칙령을 내려 크고 작은 배를 모두 부수고 노마저 모두 없애라고 했지만, 정의 포구에 마침 부서지지 않은 배 한 척이 있어 적들이 빼앗아 타고 달아나고 말았다. 전후로 붙잡아 목 벤 도적이 거의 100여 명이었다.

이 일이 알려지자 김충렬, 김인은 도적을 잡아들이지 못했다고 하여 붙잡혀 가고, 김효량은 승세를 타고 멋대로 전진했다가 패수(牌手, 방패를 든 병졸) 네 명을 죽게 했다는 죄목으로 장형(杖刑)에 처해졌다. 정의현의 아전들과 뱃사공은 사형에서 장형으로 감형한 후에 유배를 보냈고, 왜구 포로들은 평안도 성천(成川)으로 유배 보냈다. 조정에서는 무신 이정(李玎)으로 하여금 김충렬을 대신하게 했는데, 이정은 첩을 데리고 가느라 부임을 지체했고 이에 대간들이 계(啓)를 올려 참하길 청했다. 임금께서는 사형을 감하여 장형 100대로 다스리고 정의현에 충군(充軍)토록 명하셨다. 목사 남치근(南致勤)이 6월 28일 바다를 건너와서 무예가 뛰어난 병사들을 선발하고 조정에 계를 올려 별도로 시위갑사(侍衛甲士) 도합 70여 명을 두고 체아록(遞兒祿, 녹봉)을 주어 활쏘기와 말타기를 익히도록 하자고 청했다. 조정에서도 역시 따로 군관을 보내어 요충지를 나누어 방어하게 했다.

을묘년(1555, 명종10)에 김수문(金秀文)이 남치근을 대신했다. 이 해 6월 왜적의 배 80척이 전라도 쪽에서 제주로 옮겨 와서는 노략질을 했다. 별도포로 들어와서 사흘간 제주성을 포위했으나 함락할 수 없자 장차 물러가려 했다. 이때 김수문이 날랜 병사를 이끌고 추격하여 적군을 많이 쳤다. 조정에서는 공을 논하여 김수문을 가의대부(嘉義大夫)로 품계를 올리고 겉옷과 속옷 한 벌씩을 내려주었고, 홍문관교리(弘文官校理) 윤의중(尹毅中)을 보내어 장수와 사졸을 위로했다. 이후 제주에 다시는 왜변이 없다고 한다.

길운절

길운절(吉雲節)은 본관이 선산(善山)으로 향교의 생도였다. 모습이 헌걸찼는데 스스로 비범한 관상을 지녔으니 의당 임금이 될 것이라 생각하면서 반역의 뜻을 품고 있었다. 익산 서얼(庶孽) 소덕유(蘇德裕)[6], 해남 승려 혜수(惠修) 등과 역당을 결성하고서는 제주로 들어왔다. 몰래 토호인 별감 문충기(文忠基), 홍경원(洪敬源) 등 10여 명을 꾀고, 영군관(營軍官) 최홍(崔弘), 첨도훈도(僉都訓導) 강응현(姜應賢) 등과 결탁하여 충암묘(沖菴廟)[7]에서 모여 모의했다. 이들은 육지에서 말을 실으러 오는 배가 많이 모이는 날을 틈타 마질천(馬蹪川)에서 군사를 모아 제주성으로 내달려 목사 이하 수령을 죽이고 섬 전체를 장악하고 군대를 정비하여 북쪽으로 바다를 건너고자 했다. 날짜를 정해 거사를 일으키려 했지만, 소덕유는 삼읍의 군졸이 피곤하고 나약하여 비록 성공하더라도 이익이 없다고 생각하고, 길운절 역시 일이 이루어지고 난 후에 권력이 문충기 등에게 돌아갈 것이 두려워 먼저 자수했다. 이때가 만력 신축년(1604, 선조37) 6월 4일이었다.

---

6 소덕유(蘇德裕)는 전라북도 익산 사람으로 정여립(鄭汝立) 첩의 사촌이다. 1589년(선조22) 정여립 모반 사건의 여파를 피하여 삭발하고 승려가 되었다. 승병을 거느리는 승장(僧將)이 되어 경상북도 선산에서 산성을 쌓았으며 이때 길운절과 교유하게 되었다. 1599년 제주로 들어와 제주 도민을 꼬였고, 1601년 제주를 점령하고 서울을 치려 했다가 길운절의 자수로 잡혀 능지처참 당했다.

7 기묘사화에 연루되어 제주도에 유배된 뒤 사사된 김정(金淨)의 넋을 위로하기 위해 1578년(선조11) 판관 조인후가 가락천 동쪽에 '충암묘'를 지었고, 이후 귤림서원으로 바뀌게 된다.

목사 성윤문(成允文)[8]이 소덕유, 문충기 등 20여 무리를 잡아 형틀에 가두어 서울로 보내니 모두 형벌을 받았다. 길운절 역시 주범이었기에 같이 형을 받았다. 나머지 다른 사람들은 용서해주고 여죄를 묻지 않았다. 조정에서는 어사(御使) 김상헌(金尙憲, 1570~1652)을 보내어 덕음(德音, 임금의 말)을 선포하고 불안해하는 사람들을 안정시켰다.

어떤 사람들은 말하길, 길운절은 바로 정여립(鄭汝立)[9] 모반 때의 주범인 길삼봉(吉三峰)이니, 그의 머리에 솥 같은 뿔이 세 봉우리처럼 있었기에 이처럼 불렀다고 한다. 기축년(1589, 선조22) 이후에 제주로 도망쳐 기사회생할 계책을 짜내어 제주도 백성들을 속이고 꾀어서는 이러한 고변(告變) 사건을 일으켰다는 것이다. 고을 노인들이 전하는 말이 이와 같은데, 그럴듯하다. 조경(趙儆)의 남잡록(南襍錄)[10]의 기록도 역시 이와 같다. 또 정여립의 사위 소덕유는 기축년에 제주에 안치되었다고 한다.

---

8 성윤문(成允文)은 1599년(선조32) 이경록(李慶祿, 1533~1599)의 후임으로 제주목사로 부임했다. 물이 없고 지형이 돌출되어 방어하기 어려운 성산진(城山鎭)을 수산(水山)으로 옮겼다. 정유재란이 일어나자 제주성을 다섯 척이나 높였으며 격대(擊坮)와 포대 21개소를 만들었다. 또한 조천관(朝天館)을 중수하고 쌍벽정(雙碧亭)을 연북정(戀北亭)이라 이름을 바꾸었다. 1601년(선조34) 왜적에 대비하기 위하여 도민을 강제적으로 동원하여 성을 쌓고 건물을 짓자 도민의 원성이 컸고, 이 때에 길운절과 소덕유의 난이 발생했다.

9 정여립(鄭汝立, 1546~1589)의 본관은 동래(東萊), 자는 인백(仁伯), 호는 죽도(竹島)이다. 정치적 결사의 성격을 갖는 대동계(大同契)를 조직하여 활동하다가 모반을 꾀한다는 서인의 탄핵을 받고 체포되기 직전 자결했다. 이 사건을 통해 기축옥사가 발생하여 동인의 세력은 크게 약화되었다. 이후 전라도를 반역향이라고 하여 호남인들의 등용이 제한되었다. 천하공물설(天下公物說)·하사비군론(何事非君論)과 같은 당시로는 혁신적인 사상을 표방했다.

10 조경은 당시 제주목사였다. 그가 저술했다고 하는 《남잡록》은 현재 전하지 않고 있다.

말을 키워 바친 김만일

제주 풍속은 말과 소 기르기를 숭상하여 말과 소가 없는 집이 없다. 하지만 한 사람이 키우는 수는 많아도 수백 필을 넘지 않는다. 만력 연간에 김만일(金萬鎰)이란 자가 있었는데 본래 정의현의 정병(正兵)이었다. 그는 젊어서 매우 가난했다. 암말 한 마리를 마련해 다른 무리에 맡겨 키우는 처지였는데, 풀과 굴레만 집안 가득 마련하니 사람들이 모두 비웃었다. 그러나 그가 키우는 말이 점점 불어나 수십 년 지나자 한라산 동쪽 백여 리 땅에 말무리가 가득 차서 말의 숫자를 골짜기 수로 헤아릴 정도였다. 그래도 더욱 부지런히 일하기를 그치지 않아 좋은 말이 있다는 소식을 들으면 가격을 따지지 않고 종마로 사들였다. 해마다 좋은 말을 찾아다니며 구입하니 이 때문에 좋은 말이 많이 생산되었다. 세상에서는 좋은 말을 두고 '김씨가 산에 들인 말'이라 일컬었다.

제주목, 대정현, 정의현 세 고을의 세공(歲貢)과 임금이 타는 말이 모두 이곳에서 많이 나왔으니, 전후로 조정에 바친 말이 천여 필이었다. 조정에서는 그때마다 관작으로 보답하였으니, 그의 관직이 지중추부사(知中樞府事)에 이르렀다. 그는 나이 여든이 넘어 죽었다. 다섯 아들이 있었는데 무과에 급제하여 수령이 되기도 하고 군공(軍功)으로 가선대부(嘉善大夫)에 오르기도 했다. 증손과 현손에 이르기까지 가업을 이어 여러 대에 걸쳐 부호(富豪)가 끊어지지 않았다.

순치 기해년(1659, 효종10) 조정에서는 김만일의 자손들에게 흩어져 있던 말들을 한데 모아 국마(國馬)와 맞바꾸고는 따로 산마목장(山馬牧場)을 설치하여 김만일 자손에게 감목관(監牧官)의 직책을 세습하게 했다. 무릇 김만일은 다른 공이나 능력은 없이 그저 말을 잘 키우는 것만으로 군졸 사이에서 일어나 숭정대부의 지위에 이르러 후대에 은택을 남겼으니 예전에 없던 일이었다. 비록 의돈(猗頓)과 오라(烏倮)[11]라 하여도 이에는 미치지 못할 것이다.

뱀을 죽인 서 판관

판관 서련(徐憐)은 성종 때 우의정이었던 정문형(鄭文炯)의 외손이다. 활쏘기와 말타기를 잘했고 16세에 무과에 장원급제하여 19세에 제주판관이 되었다. 제주의 풍속은 기와를 굽지 못하게 되어 있어 관청이나 민가 모두 초가였다. 사람들은 말하길 한라산에 신물(神物)이 있어 불기운을 싫어하니 기와를 사용하면 일이 안 풀리고 재앙이 생긴다고 했다. 서련은 이를 듣지 않고 드디어 기와를 구워 몇 달 만에 관청의 초가를 모두 기와로 바꾸었다.

이른바 신물이란 것은 큰 이무기였다. 굴 속에 살면서 요상한 짓을 일으킬 수 있기에 제주 백성들이 신물로 여겼다. 매해 봄과 가을이면 열다섯 살 처녀를 골라 목욕시켜 상 위에 올려 굴 앞에 두었다. 심방(제주 사투리로 '무당')이 풍악을 연주하고 기도를 올리면 이무기가 물고 굴 속으로 들어갔다. 이렇게 하지 않으면 일 년 내내 비바람이 크게 일어 밭과 들은 마치 나무를 끌고 지난 것과 같이 모든 곡식이 손상을 입었다. 그러므로 관적에 이름이 오른 마을 처녀들은 나이를 헤아려 차례로 재물로 바쳐졌다.

---

11 의돈(猗頓)은 춘추시대 노나라의 곤궁한 선비였다. 당시의 거부 도주공(陶朱公)에게서 소와 양을 기르라는 충고를 듣고서 10년 동안 열심히 일한 결과 당대의 거부가 되었다고 한다. 오라는 전국시대 말기 진(秦)나라 사람으로 말과 소를 잘 길러 거부를 이루고 진시황으로부터 제후의 대우를 받게 되었다고 한다.

서련이 강개하여 이무기를 없앨 뜻을 갖고 큰 도끼와 긴 창을 만들어 제주 목사 및 대정현·정의현 수령들과 봄 제사를 지낼 때에 같이 가서 죽이기로 약속했다. 그러나 약속한 때가 되었는데도 모두가 병을 핑계로 나오지 않았다. 서련이 떨쳐 일어나 홀로 가서 창을 쥐고 뱀 굴 앞에 역사(力士) 두 사람에게 도끼를 잡고 좌우에 서게 했다. 예전처럼 음악이 울리니 이무기가 과연 대가리를 내밀었다. 서련이 창으로 그 아가리를 찌르고 역사가 그 목을 자르니, 이무기는 목숨이 끊어졌다. 그런데 서련 역시 이날 밤 병이 들어 열흘이 지나 죽고 말았다. 이때가 정덕(正德) 을해년(1515, 중종10) 4월 10일이었다. 고을 사람들이 모두 비통해했다고 한다.

연산 서씨(連山徐氏) 족보에 기록된 것이 이와 같다. 그런데《제주선생안(濟州先生案)》에는 판관 서련이 부임하고 3년 만에 죽었으며 목사 성수재(成秀才)가 이해 3월 18일에 임소에서 먼저 죽었다고 되어 있어 이 기록과는 대략 차이가 있다. 또 서련이 죽고 6년 후에 충암(沖菴) 김정(金淨)이 유배를 와서《제주풍토기(濟州風土記)》를 상세히 서술하며 아주 작은 일도 빠뜨리지 않았다. 만일 이와 같은 서련의 특이하고 훌륭한 자취를 눈으로 보고 귀로 들었다면 상당히 놀라웠을 터인데 충암의 기록에 전혀 보이지 않는 것은 어째서일까? 이 점이 궁금하다.

홍로궁터

옛 홍로현(洪爐縣)[12]은 한라산 남쪽 기슭에 있는데 지세가 평탄하면서도 넓으며, 샘물은 달고 토지는 비옥하다. 산을 등지고 바다를 마주했고 좌우로 맑은 시내가 흐르니 실로 제주도에서도 형승이 뛰어난 곳이라고 할 수 있다. 지금은 큰 마을이 있어 사람들이 그곳에 모여 산다. 마을 가운데에 사방 수백 보 정도의 평평한 밭이 있는데 노인들은 대궐터였다고들 하고, 오랜 문건에서도 역시 대궐터라 일컫고 있다.

정의현 일대에는 예로부터 기와집이 없는데, 오직 이 밭에는 기와조각이 많고 또 주춧돌이 있다. 지금도 인가에 들어가 보면 그곳이 궁궐터였음을 증명할 수 있지만, 어느 시대인지는 알 수가 없다. 탐라국은 한라산 북쪽에 도읍했으니 지금의 제주성이다. 이밖에는 사는 곳에 궁궐의 이름을 붙였다는 것을 듣지 못했다.《고려사(高麗史)》를 살펴보면 원나라 순제(順帝)가 제주로 피난을 오려고 어고(御庫)의 돈과 비단을 보내어 궁실을 지으려 했으며 장인들도 모두 식솔들을 이끌고 왔는데, 공사가 끝나지도 않아 원나라가 망했다고 전한다. 제주도의 돌은 모두 좋지 않은데 산방산의 돌만이 품질이 비교적 좋다. 산방산 아래에는 돌을 다듬어 놓고는 옮기지 않고 해변에 쌓아놓은 것이 많다.

홍로에서 남쪽으로 50리를 가면 서귀포가 있는데 지리지나 세상에 전하는 말에 따르면 원나라에 조회하러 갈 때에 바람을 기다리던 곳이었다고 한다. 이 몇 가지 단서에 비춰보면 순제가 궁을 지으려 했던 곳은 바로 이곳이다. 무릇 황제 한 사람이 도를 잃으면 온 세상이 들끓게 되니 크나큰 천하에도 몸 둘 곳이 없게 된다. 스스로 만리 밖 남쪽 바다에 숨으려 했으니 애석하도다.

---

12 원나라 때 지금의 서귀포 동쪽에 있었던 마을. 일찍이 후풍처(候風處) 또는 방호소(防護所)로서의 역할을 해 온 곳이다.

2부

표해록 약절

—최부의 험난한 중국 탐방기

1

13일간의 표류

홍치(弘治)[1] 원년 무신년(1488, 성종19) 1월, 경차관(敬差官)[2] 최부(崔溥)[3]가 제주(濟州)에서 직무를 수행할 때 부친상 부고를 들었다.

1월 3일, 배리(陪吏, 윗사람을 모시어 따라다니는 관리) 정보(程保)[4] 등 42명이 별도포에서 배를 띄웠고, 저녁에 초란도에 이르러 서쪽 언덕에 의지해 닻을 내렸다. 그런데 저녁에 바람이 불어 닻이 끊어졌고, 배는 바람에 떠밀려 흑산도를 지나 서쪽으로 표류하기 시작했다. 아무리 둘러보아도 섬은 보이지 않았다.

1월 7일, 백해(白海)[5]에 이르렀다. 또 북풍 때문에 동남쪽으로 물러났다가 움직였다.

---

1 명나라 홍치제(弘治帝, 재위 1487~1505) 때의 연호이다.

2 조선시대 지방행정을 감찰하기 위해 지방에 파견하는 직책이다.

3 최부(崔溥, 1454~1504)는 조선 전기 시대의 문신으로, 성균관에서 당시 대유(大儒)였던 김종직(金宗直)과 사제관계를 맺었고, 김굉필(金宏弼)과 같이 공부했다. 1482년, 1486년에 과거에 급제하여 홍문관교리 등 다양한 관직을 수행했고 《동국여지승람》 편찬에도 참여했다. 1487년에 제주 지역 추쇄경차관(推刷敬差官)으로 파견되었다. 1488년 1월의 표류 경험과 명나라 여행 경험을 기록한 《표해록》를 남겼다. 1504년 갑사사회 때 많은 사림들과 더불어 사형당했다.

4 최부와 함께 표류했던 광주목 출신의 아전으로, 전라감사가 뽑아 최부를 보좌하게 했다.

5 일정하게 정해져 있는 지명은 아니다. 《표해록》에 따르면 맑은 날 한라산 꼭대기에서 보이는 흰 모래톱처럼 아득히 보이는 곳이라고 했다.

1월 9일, 바다 빛은 더욱 하얘졌다. 남쪽을 바라보니 산의 형상이 있는 듯 없는 듯했다. 또 인가인 듯싶은 곳에서 연기가 나기에 유구국 경계라고 생각되어 정박하려 했지만, 다시 동풍이 거세게 일어 배가 또 서쪽으로 향했다.

1월 10일, 비가 내렸고, 바다 빛은 다시 푸르러졌다. 제주를 출발할 때에 식수를 거룻배에 싣고 따르게 했는데, 바람을 만나 표류된 뒤로 잃어버리고 말았다. 배에는 먹을 것과 마실 것이 떨어져 마른 쌀을 씹고 오줌을 받아 마실 수밖에 없었다. 그러다 비가 내렸고, 비에 옷을 적서 이를 짜서 나누어 마셨다. 뱃사람들이 비로소 혀를 움직이고 숨을 쉴 수 있었다.

1월 11일, 가까스로 어느 큰 섬에 도착하였다. 시냇물을 찾아 물을 손으로 움켜쥐며 달콤하게 마셨다. 음식을 입에 대지 못한 지 8일 만에 비로소 죽을 쑤어 마셨다. 섬에는 바람을 피할 곳이 없어 간신히 배를 띄워 떠났다.

1월 12일, 바다 빛이 다시 희어졌다. 영파부 하산(下山)에 이르러 해적을 만났다. 해적들은 무기를 들고 협박하면서 옷과 먹을 것을 모두 빼앗아갔고, 닻과 노를 끊어버리고는 일행을 큰 바다에 풀어놓았다. 이로 인하여 다시 표류하게 되었다.

2

귀국길에 접한 중국의 풍경

1월 15일, 바다 빛이 검붉어졌다.

1월 16일, 우두(牛頭)[1] 밖 바다에 도착했다.

서쪽을 바라보니 봉우리가 이어지면서 겹쳐 있고, 하늘을 버티며 바다를 둘러싸고 있었다. 봉수대가 죽 늘어서 있었는데, 산 위는 태주부 임해현(臨海縣, 린하이) 지경이라고 했다.

최부의 이번 행로에서 거쳐온 바다는 비록 같은 바다라도 물의 성질과 빛깔은 가는 곳마다 달랐다. 제주 바다는 색이 짙푸르고 성질이 사납고 급하여, 비록 작은 바람에도 파도에 파도가 덮쳐 휘몰아치고 솟구쳐 이보다 빠를 수가 없었다. 흑산도 서쪽 바다에서도 그러했다. 사흘 밤낮을 가니 바다 색이 희어졌다가 다시 푸르러졌다. 이후 바람은 비록 거세었지만 파도는 그리 높지 않았다. 빛깔이 흰 곳으로 다시 되돌아오니 비로소 섬이 보였다. 이제야 모든 바위가 우뚝우뚝하였고, 위에는 흙이 덮여 있고 잡초와 향초가 무성하게 자라 있었다. 물살이 느리고 약했는데, 만약 큰 바람이 없다면 거센 물결을 걱정할 필요가 없는 곳이었다.

---

1 우두는 영파부 상산현의 한 지명이다.

1월 17일, 중국 배 여섯 척이 빙 둘러싸 포위하고는 다투듯 달려들어 물건을 빼앗았다. 일행들이 싸워 물리치려 했지만 최부가 말로 타이르고 명령을 내려 그만두게 했다. 상대가 비를 피해 배의 창고에 들어갔을 때 최부 일행은 서로 이끌려 땅에 내렸고, 숲을 뚫고 고개를 넘어 달아났다.

나중에 들으니 수채관(守寨官)[2]이 최부 일행의 목을 베어 공을 세울 욕심에 왜선 40척이 변경을 침입했다고 거짓 보고를 했다는 것이었다. 붙잡아 죽이려 할 때 최부 일행이 먼저 배를 버리고 사람이 많은 고을에 들어서는 바람에 그 계획을 이루지 못했다고 했다.

이 날 마을 사람들이 돌아가면서 50여 리를 호송했는데, 밤새 비를 뚫고 가느라 매우 고생했다.

1월 18일, 길에서 병사를 이끌고 오는 두 명의 해문위(海門衛)[3]의 천호(千戶)[4]를 만났다. 도저소(桃渚所)[5]로 압송되어 심문을 받았다.

1월 22일, 파총(把總)[6] 유택(劉澤)이 찾아와 어떻게 된 것인지를 다시 상세히 따져 물었다. 최부는 자세히 대답하면서 가지고 있던 인신과 마패와 문서로 이를 증명하였다. 파총은 "너희 나라는 대대로 조공을 바쳤고 침범한 적이 없으니, 마땅히 예우하여 본토로 보낼

---

2 채(寨)는 방어를 위해 세워놓은 장애물이이며, 수채관은 이를 지키는 하급군관을 말한다.

3 해문(海門)은 해구(海口)로 강과 바다가 만나는 지점이다. 위(衛)는 방어소를 뜻한다.

4 위소제도의 한 부대단위인 천호소의 장관으로 정5품이다. 세관으로 천거했다.

5 도저소는 도저진(桃渚鎭)을 지칭한다. 이곳은 명나라 홍무 20년(1387)에 설치되었는데, 왜적을 방어하기 위해 건설되었다.

6 비왜파총관(備倭把總官)을 말한다. 명나라 때 왜적을 방비하기 위해 두었던 관직이다.

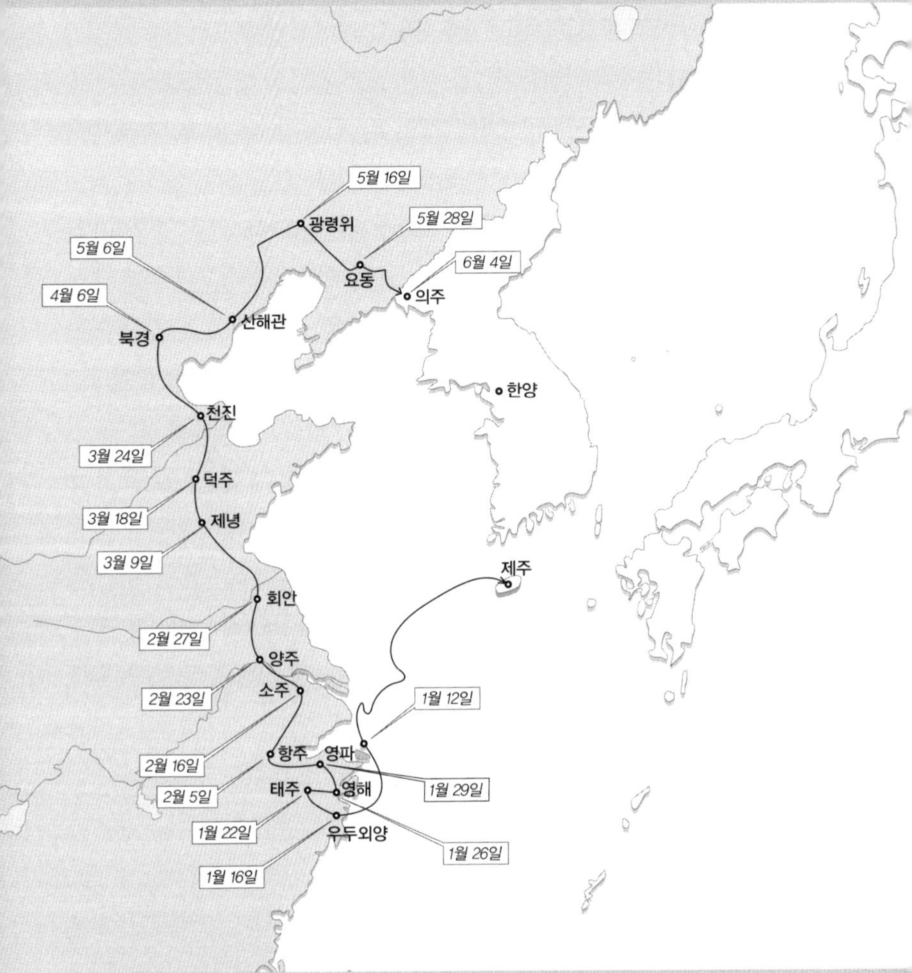

최부가 제주 앞바다에서 표류한 뒤 중국 각지를 거쳐 조선으로 돌아오기까지 6개월의 험난한 여정

것이다."라고 하고는 바로 차와 과일을 내어 주었다.

태주는 옛날 동구국(東甌國)으로, 민(閩)의 동쪽, 월(越)의 남쪽에 있고, 임해현이 또 그 동남쪽에 떨어져 있다.

기후는 따뜻하고 늘 비가 내리고 햇볕은 적었다. 최부 일행이 1월에 도착했는데 3, 4월 날씨와 같아, 보리에 이삭이 패고 있었고 죽순이 한창이었으며 복숭아꽃·살구꽃이 활짝 피어 있었다. 또 산과 시내는 크고 높으며 수풀은 무성했다. 사람들은 많고 집들은 웅장하고 화려하여 마치 별천지와 같았다.

도저 소속의 해문위의 성은 철로 된 섭분이었고, 수루(戍樓)가 늘어서 있었다. 성 안에는 가게들이 이어져 있었고, 많은 사람들로 붐볐다.

1월 23일, 도저를 출발하였다. 파총이 천호 적용(翟勇)을 보내 총병관(總兵官)[7]에게 호송하게 하였다.(이를 지휘첨사指揮僉使라고 이른다.—원주) 최부와 배리(陪吏)는 모두 가마를 타고 갔다.

1월 24일, 건도소(健跳所)에 도착했다.

성은 해안가에 있었고, 사람이나 건물이 도저보다 성대했다. 장보(張輔)[8]라는 이가 과거에 합격했던 기록을 가져와서 보여주기에, 최

---

7 한 지역의 부관으로 명나라 초기에는 전쟁이 일어나면 따로 임명을 하고 일이 끝나면 본래 직무로 돌아가게 했다. 이후에 변경에 일이 많아 마침내 현지에 머물러 지키게 했다. 황제의 직접적인 지휘를 받으며 품계는 없었지만 권한은 컸다.

부는 "우리나라의 제도에 초야의 선비로 합격한 자는 모두 관청에서 봉록을 주고 정문을 세워주며 명함에도 '무슨 과 몇 등으로 진사에 합격한 자'라고 써줍니다."라고 했다.

장보가 최부를 자기 집에 데려갔는데, 집 앞 거리에 과연 용을 새긴 돌기둥으로 2층 문을 만들었다. 금빛과 푸른빛이 찬란하게 빛났고, 그 위에 '병오과(丙午科) 장보의 집'이라고 큼직하게 쓰여 있었다. 이는 자신의 등과를 자랑하기 위해 보여준 것이었다.

최부가 말하기를 "나는 과거에 두 번이나 합격하여 해마다 쌀 200석을 받았고, 정문(旌門)이 3층입니다."라고 하면서 중시(重試)의 기록을 보여주니, 장보가 무릎을 꿇고 "내가 당신에게는 당하지 못할 것입니다."라고 하였다.

1월 25일, 배를 타고 바다를 건너 저녁에 월계(越溪)[9] 순검사(巡檢司)[10]에 도착했다. 성은 산꼭대기에 있었다.

1월 26일, 배를 두고 시냇가 언덕을 따라 갔다. 시내는 바다 어귀에 이어져 있고, 꽤 넓었다.

다시 가마를 타고 영해현(寧海縣, 닝하이)을 지났고, 서점역(西店驛)에서 묵었다. 역에는 병사들이 방어소에서처럼 경계근무를 섰다.

---

8 1486년(성화22)에 향시에서 장보가 합격한 기록이 확인된다. 또한 장보는 〈송조선최교리(送朝鮮崔教理序)〉라는 글이 전한다.

9 월계향(月溪鄉)에는 최부의 후손들이 최부표류사적비(崔溥漂流事迹碑)를 세워 그 일을 기리고 있다.

10 홍무 연간에 군사요충지에 설치한 부서로, 수상한 자의 검문이나 체포 등의 일을 담당했다.

1월 27일, 서점역에 머물렀다.

이날 큰 바람이 불고, 비가 많이 내렸고, 시내가 불어 그대로 머물게 되었다.

1월 28일, 비를 뚫고 고개를 넘어 연산역(連山驛)에서 묵었다. 역 동쪽 2리에는 봉화현(奉化縣, 펑화)이 있었다.

1월 29일, 북도강(北渡江)[11]에 이르렀다.

우두 밖 바다에서 서북쪽으로 연산역에 이르기까지는 여러 봉우리와 산들이 이지럽게 둘러 있고, 시내와 바위가 서로 얽히고설켜 있었다. 북도강은 평평하고 넓은 들에 탁 트여 있고, 먼 산들이 눈썹처럼 보일 뿐이었다.

강의 북쪽 언덕에 패(壩)가 설치되어 있었는데, 패는 배를 끌어 올려서 지나가게 하는 곳이었다. 패의 북쪽은 둑을 쌓고 강을 팠다. 일행은 작은 거룻배를 타고 13개의 돌다리를 지나 20여 리를 갔다. 강의 동쪽 제방에는 민가가 빽빽했다. 서남쪽으로는 사명산(四門山)이 보이고, 천태산(天台山)·회계산(會稽山)·진망산(秦望山) 등이 이어져 있었다.

배가 영파부에 이르니, 물을 막아 겹으로 성을 쌓았고, 문은 모두 겹문이었다. 층루와 수구에는 모두 홍문(虹門)을 설치하고 문에는 쇠빗장을 걸었는데, 배 한 척 정도가 드나들 정도였다. 노를 저어 성으로 들어서자 강폭은 100여 보 정도였다. 높고 큰 집들이 언덕을 끼

11 북도강은 지금의 봉화강(奉化江, 펑화 강)으로 봉화시에서 영파시로 구비져 흐르는 강이다.

고 늘어져 있었고, 거의 절반이 자줏빛 돌로 기둥을 만든 것이었다. 그 기이한 경관과 뛰어난 풍경을 이루 다 기록할 수 없을 정도였다. 노를 저어 북문으로 나오니 북문 역시 남문과 같았다.

2월 1일, 송나라 석장군묘(石將軍廟)를 지났다.

부성(府城)에서 이곳까지 10여 리인데, 강 양쪽 언덕에는 상점과 큰 배들이 구름처럼 모여 있었다. 그 뒤에는 언덕 좌우로 소나무·대나무·등자나무·귤나무가 숲을 이루고 있었다.

서패청(西壩廳)에 이르니, 패의 양쪽 기슭에 돌을 쌓아 물길을 막고 바깥쪽 물길과 서로 통할 수 없게 했다. 옆에는 기계를 설치해서 대를 꼬아 만든 밧줄로 배를 당겨 이곳을 지나가게 했다.

서여향(西璵鄕)의 신언(新堰, 새 방죽)에 이르니 밖으로 강과 호수의 물길을 막고 관선(官船)을 끌어당겨 건넜는데, 서패의 방식과 같았다. 배는 자계현(慈溪縣, 쯔시)에 들어섰고 임청정(臨淸亭)을 지났으며 밤에 강을 거슬러 북쪽으로 향했다.

2월 2일, 아침에 출발하여 서북쪽을 거슬러 올랐다.

강과 산은 크고 높았고 들판은 평평하게 펼쳐져 있었으며, 인가는 빽빽하였고, 경치는 가지각색이었다. 여요현(餘姚縣, 위야오)을 지나 밤에 하신패(下新壩)에 이르니, 아름드리나무 수십 그루가 강 가운데 늘어서 있었다. 새벽에 중패(中壩)에 도착했다.

2월 3일 상우강(上虞江)을 거슬러 가니, 상우현(上虞縣, 상위)이 남쪽 언덕에 있었다. 조아역(曹娥驛)에 도착하여 배를 두고 방죽을 지났다. 걸어서 조아강(曹娥江, 차오어 강)에 도착하였고, 강이 어지럽게 흘렀지만 이를 건넜다. 동관역(東關驛)에 이르러 다시 배를 탔고, 밤에 강기슭에서 묵었다.

2월 4일, 소흥부(紹興府, 샤오싱)에 도착했다.

해가 뜨자 감수(鑑水)를 거슬러 올라갔다. 물은 경호(鏡湖)의 한 지류로부터 흘러와 성을 둘러싸고 있었다. 일행은 성 남쪽에서 감수를 거슬러 동쪽으로 가다가 북쪽으로 향했다. 배가 성으로 들어서니 홍문이 있었으니 바로 수구였다. 문은 네 겹에 모두 철문이었다.

오대교(五大橋)·우성관(祐聖觀)을 10여 리 지나니 관부가 나왔다. 저자의 번성함과 사람들의 흥성함이 영파부의 3배는 되었다. 총독비왜도지휘첨사(摠督備倭都指揮僉事) 황종(黃宗), 순시해도부사(巡視海道副使) 오문원(吳文元), 포정사분수우참의(布政司分守右參議) 진담(陳潭)이 나란히 징청당(澂淸堂)에 앉아 있었는데, 무기·곤장·곤봉 등을 그 앞에 쭉 늘어놓았다. 최부 일행을 뒤로 오게 하면서 우리나라의 역대 연혁·도읍·산천·인물·풍속에서 숭상하는 것·사전(祀典)·상제(喪制)·호구(戶口)·병제(兵制)·전부(田賦)·관상(冠裳) 등에 대해 물었다. 이는 여러 역사서를 찬찬히 살펴보면서 옳고 그름을 판단하기 위해서였다. 최부는 하나하나 대답했지만, 호구·병제·전부는 잘 모르는 분야여서 자세히 말하지 못했다.

2월 5일, 새벽에 세 사상이 나란히 가마를 타고 와 행장을 점검했다. 점검을 끝낸 뒤 다시 다과를 주었다.

소흥부는 월왕(越王)의 옛 도읍지였다. 진한(秦漢) 대에는 회계군

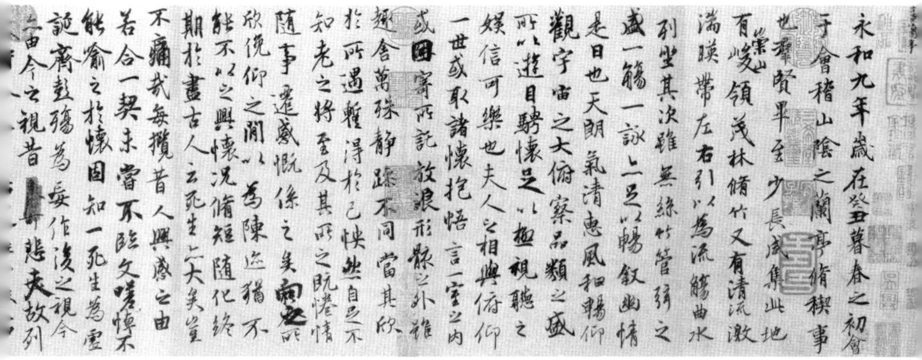

왕희지의 〈난정서(蘭亭序)〉 부분

최부가 표류한 강남 지역은 중국 문화의 중심지였다. 회계 지역에서 음력 3월 3일 수계하면서 지은 왕희지의 난정서는 행서의 이상향으로 불린다. 중국 베이징 고궁박물관 소장.

(會稽郡)이었고, 절강의 동쪽 하류에 있었다. 소흥부를 다스리는 곳과 소흥의 회계·산음(山陰, 산인)의 두 현과 와룡산(臥龍山)이 모두 성 안에 있었다. 회계산은 성 동쪽 10여 리에 있었다. 그 밖에 진망산(秦望山) 등 높은 산들이 겹겹이 솟아 있고, 동·서·남쪽으로 수많은 바위와 골짜기가 빼어난 경관을 자랑하고 있었다.

북쪽은 큰 바다에 연해 있는데 평탄하고 넓었으며 구릉이 없었다. 난정(蘭亭)은 누공부(婁公埠) 위에 있었는데, 바로 왕희지(王羲之)가 수계(修禊)[12]했던 곳이었다. 하가호(賀家湖)는 성의 서남쪽 10여 리에 있었고, 하지장(賀知章)[13]의 천추관(千秋觀) 옛터도 남아 있었다. 섬계(剡溪, 차오어 강 상류)는 진망산 남쪽에 있고, 부에서 100여 리 떨어져 있었다.

이곳의 강은 네 줄기로 흘렀다. 하나는 천태산(天台山, 톈타이 산)에서 나와 서쪽으로 신창현(新昌縣)을 지나 승현(嵊縣)에 이르러 북쪽으로 회계·상우를 거쳐 바다로 들어가니, 이것이 동소강(東小江)이었다. 또 한 줄기는 산음 서북쪽에서 나와 소산현(蕭山縣, 샤오산) 동쪽을 경유하고 다시 산음·회계에서 바다로 들어가니, 이것은 서소강(西小江)이었다. 또 한 줄기는 상우현 동쪽에서 나와 여요·자계를 경유하여 정해(定海)에서 바다로 들어가니, 이것이 여요강(餘姚江, 위야오 강)이었다. 마지막 한 줄기는 금화(金華, 진화) 동쪽에서 나와 양포강(陽浦江), 의오(義烏, 이우)와 합류하고 제기현(諸暨縣, 주지)에 이르

---

12 원래는 음력 3월 3일에 부정한 것을 깨끗하게 씻어내던 풍속인데, 후에 물가에서 유흥을 즐기는 것으로 바뀌었다.

13 하지장(賀知章)은 당(唐) 회계 영흥(永興) 출신으로, 문사(文辭)와 초서·예서에 능하였다. 현종 천보 3년(744)에 도사가 되어 향리에 돌아가 자신의 저택을 천추관이라는 도관을 만들었다.

러, 산음을 경유하고, 소산에 이르러 절강으로 들어가니, 이것이 제기강(諸曁江)이었다. 그 사이에 천원(泉源)과 지류(支派)가 만났다 갈라지고, 제방에서 모였다 따라 들어가는 것이 마치 등나무처럼 얽히고설켜 있었다.

또 감수를 거슬러 서쪽으로 움직여 매진교(梅津橋)에 이르렀다. 언덕에서 5리쯤 떨어진 곳에 산이 솟아 있는데, 동쪽은 깎아지른 듯한 석벽이 있고 그 앞에는 두 개의 큰 석상이 서 있었다. 그 중 하나는 자연적으로 형성된 것으로 사람 모습과 흡사했다. 또 융광교(融光橋)와 가교포(柯橋鋪)를 지나니 남쪽에 작은 산이 있고, 산 등줄기에 정자 터가 있었다. 사람들은 채옹(蔡邕)[14]이 연죽(椽竹)을 보고 피리로 만들었던 가정(柯亭)의 유적이라고 생각하고 있었다.

일전강(一錢江)은 소산현 지경에 있었다. 서흥역(西興驛)에 이르렀는데, 역의 서북쪽은 평탄하고 탁 트여 있었다. 전당강(錢塘江, 첸탕강)은 조수가 들면 호수가 되었다가 물이 빠지면 육지가 된다. 이곳은 항주 사람들이 매년 8월 18일 조수가 크게 밀려와 파도와 맞부딪치는 물결을 바라보던 곳이었다.

역 앞에서 배에서 내려 수레를 타고 10여 리를 가서 절강에 도착했다. 강은 산 옆구리를 끼고 돌면서 구비구비 흘렀고, 산에 부딪혀 물결이 일 기세가 있어서 이름을 절강(浙江)이라고 하는 것 같았다. 강폭은 8, 9리 정도이며, 서남쪽으로 바로 복건로(福建路)로 이어지고, 동북쪽으로 바다와 통하였다. 화신(華信)이 쌓은 제방은 60여 리

---

14 채옹(蔡邕, 133~192)은 후한 시대의 학자로, 문학과 서예에 뛰어났다. 저서로 시문집 《채중랑집(蔡中郞集)》이 있다.

였고, 조수를 막기 위한 것이었는데, 석축은 새로 쌓은 것과 같았다. 그런 이유로 이 강을 전당강이라고도 했다. 제방을 따라 걸어가니 서쪽으로 강가에 육화탑(六和塔)이 보였다. 항주성 남문에 도착하니 겹으로 된 성은 이중문이었고, 문에는 3층 누각이 있었다. 성에 들어가 10여 리를 가서 무림역(武林驛)에서 머물렀다.

다음날 아침 진수태감(鎮守太監) 장경(張慶)이 사람을 시켜 "정인지(鄭麟趾)·신숙주(申叔舟)·성삼문(成三問)·김완지(金浣之)·조혜(趙惠)·이사철(李思哲)·이변(李邊)·이견(李堅)은 모두 조선의 인물인데, 어떤 관직에 있었는가?"라고 물었다.

최부가 대답했다.

"정인지·신숙주·이사철은 모두 품계가 일품에 이르렀고, 성삼문은 삼품에 이르렀습니다. 나머지 네 명은 후배여서 그 직품을 알지 못하겠습니다."

안찰제조학교부사(按察提調學校副使) 정(鄭) 대인이 어떤 대인과 같이 와서 우리나라의 과거 제도에 대해 물었다. 최부가 대답했다.

"인(寅)·신(申)·사(巳)·해(亥)가 있는 해 가을마다 학업에 정통한 유생을 모아 삼장(三場)으로 시험을 봅니다. 초장(初場)에서는 의(疑)·의(義)·논(論) 중에서 2편을 시험보고, 중장에서는 부(賦)·표(表)·기(記) 중에서 2편을 시험보며, 종장에서는 대책(對策) 1편으로 시험을 봐서 몇 명을 뽑습니다. 다음 해 봄에 합격한 사람을 모아 삼장의 시험을 봅니다. 초장에서는 사서오경을 보지 않고 외우게 하여 이에 통달한 자를 뽑고, 중장에서는 부·표·기 중 2편으로 시험을 보고, 종장에서 대책으로 33명을 뽑습니다. 또 그들을 모아서 대책 1편으로 시험을 치른 후 등수를 매깁니다. 이를 일러 '문과급제'라고 하며, 방방(放

리숭 〈전당관조도(錢塘觀潮圖)〉
전당강(錢塘江, 첸탕 강)은 저장성 북부를 흐르는 강으로, 조수가 들면 호수가 되었다가 물이 빠지면 육지가 되었다. 매년 8월 18일 조수가 크게 밀려와 파도와 맞부딪치는 물결을 바라보는 풍습이 있었었다. 중국 베이징 고궁박물관 소장.

〈청원본 청명상하도(淸院本淸明上河圖)〉 부분 그림
청나라 때 여러 화원들의 함께 그린 것으로, 청명절(淸明節) 풍경을 담았다. 다리 아래 선박이 지나갈 수 있게 만든 아치형 다리가 돋보인다. 타이완 국립박물관 소장.

榜, 합격증)을 받은 합격자는 홍패(紅牌)와 꽃으로 만든 가리개를 들고 사흘 동안 풍악을 울리며 거리를 행진합니다. 뒤에 다시 은영연(恩榮宴)·영친연(榮親宴)·영분연(榮墳宴)[15]을 거쳐 벼슬길로 나아갑니다."

또 "문체는 어떤 성격인가?"라고 물어서 최부가 대답하였다.

"표는 송·원의 《파방(播芳)》[16]을, 기·논은 당·송을 본받고, 의(義)는 오경(五經)의 글에서, 의(疑)는 사서의 글을 뽑아 시험 제목으로 정합니다. 모두 중국의 체제를 따르고 있고, 대책은 《문선(文選)》[17]의 것을 본받고 있습니다."

"당신은 어떤 경서를 공부하였는가?"

"사서오경은 비록 정밀히 연구하지 못했지만, 대략적으로 살펴보았습니다."

"경서의 이름을 다 헤아릴 수 있겠는가?"

"《중용(中庸)》·《대학(大學)》·《논어(論語)》·《맹자(孟子)》가 사서이고, 《주역(周易)》·《시경(詩經)》·《서경(書經)》·《춘추(春秋)》·《예기(禮記)》가 오경입니다."

"역(易)자는 무슨 뜻인가?"

"역이란 글자 모양이 일(日)과 월(月)을 합친 것이며, 글자 뜻은 바뀌고 변화한다는 것입니다."

"역의 자리와 수(數)는 어떻게 나왔는가?"

---

15 은영연은 과거 급제자와 중시(重試)에 합격한 사람에게 임금이 내리는 연회이고, 영친연은 문과 · 무과 급제자들이 부모를 찾아뵐 때 베풀어지는 잔치이며, 영분연은 과거급제자가 조상의 묘소에 찾아가 벌이는 제사 형식의 잔치이다.

16 《백가파방대전문수(五百家播芳大全文粹)》을 말한다. 송나라 문장을 중심으로 구성되어 있다.

17 소통(蕭統)이 530년경에 만든 책으로, 현존하는 최고(最古) 시문선집이다. 주(周)나라에서 양(梁)나라까지 약 1000년에 걸친 대표적 문인의 시문을 싣고 있다.

"하수(河水)에서 도(圖)가 나오고 낙수(洛水)에서 서(書)가 나오니, 성인이 이를 본받았습니다."

"도와 서가 아니라면 역을 만들 수 없는가?"

"천하 만물에는 모두 수가 있습니다. 토끼를 파는 사람만 봐도 역의 자리와 수를 추측할 수 있습니다."

두 사람이 서로 눈으로 보고는 최부에게 말했다.

"당신은 참으로 책 읽는 선비요. 이 곳 사람들이 알아보지 못했소."

정 대인의 이름은 잊었지만, 호는 동원자(東園子)였고, 집 이름은 복재(復齋)였다.

왕개(王价)라는 자가 와서 물었다.

"경태(景泰)[18] 연간에 급사중을 지낸 장녕(張寧)이 조선 사신으로 가서 〈각금정시(却金亭詩)〉를 지었고, 《황화집(皇華集)》[19]에 실렸다고 하는데, 알고 있습니까?"

최부가 대답하였다.

"장 급사(張給事)가 우리나라에 와서 〈제한강루(題漢江樓)〉를 지었습니다. '빛은 청작(青雀) 배에 흔들리고, 흰 갈매기 그림자 물가에 떨어지네. 멀리 바라보니 하늘이 다한 듯, 허공에 땅이 떠 있는 듯.'[20] 이라는 구절은 칭송이 자자합니다."

그 사람은 밝은 얼굴빛으로 또 말했다.

---

18 명나라 7대 황제인 경태제(景泰帝, 재위 1449~1457) 주기옥(朱祁鈺)을 말한다.

19 조선에 온 명나라의 사신과 이들을 영송(迎送)한 접대관들이 서로 주고받은 시와 문을 실은 시문집이다.

20 《연려실기술(燃藜室記述)》 별집 5권에 전문이 실려 있다. 원문 (東國有高樓, 樓前漢水流. 光搖青雀舫, 影落白鷗洲. 望遠天疑盡, 凌虛地欲浮. 入窓風日好, 下榻重淹留.)

"장 급사께서는 벼슬에서 물러나 집에 계십니다. 집은 가흥부(嘉興府, 자싱) 해염현(海鹽縣, 하이옌)인데, 100리 떨어져 있습니다. 장공이 이곳 항주성에 왔다가 조선 선비가 표류해 왔다는 소식을 듣고, 조선의 일을 물어보려 했습니다. 하지만 여러 날 기다리다가 어제 집으로 귀가하셨습니다."

왕개(王玠)는 급사의 조카였다. 진량(陳梁)이란 자는 "저도 일찍이 장녕(張寧) 정지(靖之) 어른을 따라 조선에 다녀왔습니다."라고 했다.

최부가 물었다.

"장공(公)은 어떤 관직을 지내셨고, 어떤 연유로 벼슬하지 않고 집에 계시는 것입니까?"

진량이 대답했다.

"장공께서는 도급사의 직책을 지내다가 도어사(都御史)[21]까지 맡으셨습니다. 아들이 없어 42세에 벼슬길에서 물러나 집에서 쉬고 계십니다."

포정사(布政司) 대인 서규(徐圭), 안찰사부사(按察司副使)[22] 위복(魏福)이 역관에 같이 앉아 최부 일행을 불러 말했다.

"당신들 나라로 돌려보낼 것이니, 마음 놓고 숙소로 돌아가십시오. 차지군(差指揮) 양왕(楊旺)이 북경으로 호송할 것입니다."

고벽(顧壁)이란 사람은 통역을 맡았는데, 정성스럽게 일행을 대해주었고, 보고 들은 것을 숨김없이 알려주었다. 최부가 옷을 벗어 그에게 주었다.

---

21 관리를 감찰하고 각 동의 어사를 통솔하여 황제의 대리인으로 풍기를 바로잡는 직책이다.

22 사법과 감찰을 담당한 기구이다.

절강포정사(浙江布政司)[23] 관할 구역은 동남쪽으로 바다에 이르고, 남쪽으로는 복건의 경계이며, 열한 개의 부·주와 76현이 있다. 그 중에 항주가 제일이었다.

항주는 오대(五代) 때 오월국(吳越國)이고, 송나라 고종(高宗)이 남쪽으로 건너왔을 때의 도읍지인 임안부(臨安府, 린안)였다. 성 안에는 부와 인화(仁和, 린허)·전당 두 현을 다스리는 관청, 진수부(鎭守府)·도사(都司)·포정사(布政司)·염운사(鹽運司)·안찰원(按察院)·염법찰원(鹽法察院)·중찰원(中察院)·부학(府學)·인화(仁和)·전당학(錢塘學)·무림역(武林驛)이 있었다.

항주성 안에는 오산(吳山)이 있는데 풍광이 멋졌다. 산 위에는 오자서묘(伍子胥廟)·삼모관(三茅觀)·사성묘(四聖廟) 등 10개의 묘가 있었다. 또 아홉 개의 우물과 세 개의 못이 있는데, 오산의 대정(大井)이 위에 있고, 곽파(郭婆)의 상팔안(上八眼)·하팔안(下八眼)·중팔안(中八眼)·서사(西寺) 등의 우물이 그 다음에 있었다. 또 서호(西湖, 시호)의 물을 성으로 끌어들여 작은 시내를 만들었다.

부의 진산(鎭山)은 무림산이었다. 성 서쪽 2리에 있는 서호는 남북으로 길고 동서로 직경 10리였고 산천이 아름답고 노래와 연주소리로 가득한 곳이었다. 광화원(廣化院)에 있는 죽각(竹閣)은 백낙천(白樂天)[24]이 세웠는데, 그가 시에서 "밤에 죽각에서 쉬었네."라고 했던 그 장소였다.[25] 악악왕묘(岳鄂王墓)는 누하령(樓霞嶺) 입구에 있었다.

---

23 명나라때 절강성 지역을 말한다. 원나라때는 강절행중서성(江浙行中書省), 명나라 때에는 절강포정사(浙江布政司), 청나라 때에는 절강성(浙江省)이라 불렀다. 중심은 항주라고 할 수 있다. 최부는 항주에서 오랜 기간을 머물렀지만, 본서에서는 매우 짧게 초록하고 있다.

24 백거이(白居易, 772~846)를 말한다. 중국 당나라의 시인으로 각 체의 시 작품을 남겼다.

영은사(靈隱寺) 앞 비래봉(飛來峯) 아래에는 냉천정(冷泉亭)이 있는데, "허유(許由)[26]가 영은 시내에서 물을 마셨다"는 곳이 이곳이었다. 표충관(表忠觀)은 용산(龍山) 남쪽에 있는데, 동파(東坡)가 지은 비문이 있다.[27] 풍황령(風篁嶺)은 말을 방목하는 목장 서쪽에 있는데, 동파가 송나라 스님 변재(辨才)를 방문했던 곳이다. 흥교사(興教寺) 뒤에는 남병산(南屛山)이 있었다. 잘 보이는 절벽에는 사마온공(司馬溫公)[28]이 예서로 쓴 가인괘(家人卦)[29]와 미원장(米元章)[30]이 쓴 금대(琴臺) 두 글자가 남아 있었다. 동파(東坡)의 시에 "내가 남병산 금직어(金鯽魚, 금붕어)를 안다네"라고 했던 곳이다.[31]

소공제(蘇公隄)는 흥교사와 마주하고 있고, 동파가 항수를 다스릴 때 만들었다. 길이가 10여 리이고 여섯 개의 다리가 있었다. 정덕관(旌德觀)은 소공제 제일교(第一橋) 아래 있었다. 사당은 원소(袁韶)[32]가 주청하여 세웠고, 전당의 명인 허유(許由)·장구성(張九成)[33]·절부(節

---

25 백거이의 〈숙죽각(宿竹閣)〉을 말한다.(원문 晚坐松簷下, 宵眠竹閣間. 清虛當服藥, 幽獨抵歸山. 巧未能勝拙, 忙應不及閑. 無勞別修道, 即此是玄關.)

26 요임금이 천자의 지위를 넘기려 했을 때, 거절하여 은거했다는 전설상의 인물이다.

27 동파(東坡)는 송나라 때 문인이자 정치가였던 소식(蘇軾, 1037~1101)을 말한다. 동파는 그의 호이다. 표충관에는 동파가 지은 〈표충관비〉가 있는데, 이는 《고문진보후집(古文眞寶後集)》에도 실려 있는 명문이다.

28 송나라 때 문인이자 정치가였던 사마광(司馬光, 1019~1086)을 말한다. 편년체의 《자치통감(資治通鑑)》이 전한다.

29 《주역》 37번째 괘명이다.

30 송나라 때 서화가 미불(米芾, 1051~1107)을 말한다.

31 〈거항주십오년부유서호(去杭州十五年復游西湖)〉의 한 구절이다.(원문 我識南屛金鯽魚, 重來拊檻散齋餘. 還從舊社得心印, 似省前生覓手書. 葑合平湖久蕪漫, 人經豐歲尚凋疏. 誰憐寂寞高常侍, 老去狂歌憶孟諸.)

32 원소(袁韶)는 남송의 1187년(순희14)의 진사로, 금나라 사신의 오만함을 꺾었던 일화가 전한다. 원소가 항주를 다스릴 때 소송을 매우 간결하게 하고 백성들에게 선정을 베풀었다고 한다.

婦) 다섯 명 등 39명을 뽑아 일대기를 적고 세운 것이었다.

항주성 서쪽 용금문(湧金門) 밖에 서호 언덕에는 풍악루(豐樂樓)가 있고, 북쪽에는 환벽원(環碧園)이 있었다. 옥련당(玉蓮堂)은 용금문 북쪽에 있고, 문 안에는 또 용금지(湧金池)가 있었다. 옥호원(玉壺園)은 전당문 밖에 있었는데, 동파가 '남의당(南漪堂)의 두견화(杜鵑花)'라는 작품을 읊은 곳이었다.[34] 문 서쪽에는 선득루(先得樓)가 있었다.

운동원(雲洞園)은 소경사(昭慶寺) 북쪽에 있었는데, 꽃과 버들이 섞여 있었고 그 가운데 부인의 묘소가 있었다. 석함교(石函橋)는 수마두(水磨頭)에 있었다. 백낙천 호석기(湖石記)에 "전당은 상호(上湖)라고 하고, 북쪽에 석함이 있다."라고 한 곳이었다.[35] 총의원(摠宜園)은 덕생당(德生堂) 서쪽에 있는데, 동파 시의 "담담하고 짙은 것이 모두 서로 알맞구나(淡粧濃抹摠相宜)"의 두 글자를 취했고, 황제의 글씨로 편액을 했다.[36] 단교(斷橋)는 총의원 서쪽에 있는데, "단교에서 지는 해 오사모(烏紗帽) 언덕을 비춘다"[37]라고 했던 곳이었다. 서석두(西石頭)는 석함교 서쪽에 있는데, 진시황이 동쪽으로 순행하다가 배를 띄워 닻줄을 매었던 곳이었다. 고산(孤山)은 서호에 있고, 고산로(孤

---

33 장구성(張九成, 1092~1159)은 송나라 때의 학자로 경학과 불교에 밝았다.

34 동파 문집에 실린 〈보살남의당두견화(菩薩南漪堂杜鵑花)〉라는 작품을 지칭한다.

35 백낙천 문집에 실린 〈전당호석기(錢塘湖石記)〉의 한 구절이다.

36 소식 문집에 실린 〈음호상초청후우(飮湖上初晴後雨)〉 두 번째 시의 한 구절이다.(원문 水光瀲灩晴方好, 山色空濛雨亦奇. 欲把西湖比西子, 淡妝濃抹總相宜.)

37 원문은 "斷橋斜日岸烏紗"인데, 꼭 같은 글귀는 확인되지 않고, 고양대(高陽台)의 〈서호춘감(西湖春感)〉에 비슷한 구절이 확인된다.(원문 接葉巢鶯, 平波卷絮. 斷橋斜日歸船, 能幾番游? 看花又是明年. 東風且伴薔薇住, 到薔薇, 春已堪憐. 更淒然, 萬綠西泠, 一抹荒煙. 當年燕子知何處? 但苔深韋曲, 草暗斜川. 見說新愁, 如今也到鷗邊. 無心再續笙歌夢, 掩重門, 淺醉閑眠. 莫開簾. 怕見飛花, 怕聽啼鵑.)

문징명의 〈강남춘도(江南春圖)〉
최부는 따뜻한 강남 날씨에 별천지와 같은 느낌을
받는다. 타이완 국립고궁박물관 소장.

山路)는 서산(西山)의 동쪽에 있는데, 임화정(林和靖)[38]이 은거했던 초가와 옛터와 무덤이 있었다. 삼현사(三賢祠)는 소공제 제삼교(第三橋) 아래 있는데, 백문공(白文公)·임화정(林和靖)·소문충공(蘇文忠公)[39]의 사당이 있었다. 이상의 유적은 모두 고벽이 알려준 것이었다.

항주는 동남쪽 제일의 도회지였다. 집과 집이 연결되어 마치 행랑과 같았다. 사람들이 많아 옷깃으로 장막을 친 것 같고, 저잣거리에는 금과 은이 쌓여 있었으며 사람마다 비단 옷을 입고 있었다. 남쪽에서 온 배와 바다에서 온 배들이 즐비했고, 거리에는 주막과 술집들이 서로 이어져 있었다. 사철 꽃이 시들지 않고 일년 내내 늘 봄과 같은 경치였으니, 참으로 별천지라고 아니 할 수 없었다.

2월 13일, 무림역을 출발해 층으로 된 문 14개와 큰 다리를 지나 10여 리를 갔다. 북쪽 문은 3층짜리 겹으로 된 성이었고, 바깥문도 2층짜리였는데, 현판에는 "무림지문"이라고 씌어 있었다. 문 밖 10여 리는 시장으로 연결되어 있었다. 덕승패하(德勝壩河)에는 강변에 화려한 배들이 매우 많았다.

일행은 양왕(楊旺)·그 동생 양승(楊昇)·송문위천호(松門衛千戶) 부영(傅榮)·전당 사람 진훤(陳萱)·북경 사람 이절(李節) 등 모두 70명이었다.

부제교(溥濟橋)에는 세 개의 홍문이 있고, 위에는 화광사(華光寺)·강

---

38 송나라때 문인 임포(林逋, 697~1028)를 지칭한다. 평생 결혼하지 않고 매화와 학을 좋아하여 '매처학자(梅妻鶴子)'라고 일컬어졌다.

39 백거이·임포·소식을 지칭한다.

창교(江漲橋)가 있었다. 다리에는 네 개의 홍문이 있고, 그 위에는 강창포(江漲鋪)가 있었다. 향적사(香積寺)는 바로 동파가 놀았던 곳이었다.[40] 덕승패에서 절강 남쪽으로는 상선들이 모두 모이고, 돛대들이 조릿대처럼 많았다. 밤에 다리 세 개를 지났고 매우 높고 큰 다섯 개의 홍문이 있었다.

2월 14일, 사촌하(謝村河)를 거슬러 동쪽으로 갔다. 그 남쪽 언덕 제방은 30여 리이고, 도지휘사·포정사·안찰사 3사에서 새로 쌓은 것이라고 했다. 십이리양(十二里洋)·홍려하(鴻麗河)를 지나니, 물가에 당서진(塘西鎭)이 있었다. 숭덕현(崇德縣)을 다스리는 조희현(趙希賢)이 식량과 반찬을 넉넉하게 주었다.

2월 15일, 용연(龍淵)을 거슬러 올라 삼탑만(三塔灣)을 지나 서수역(西水驛)에 이르렀다. 역 앞에 돌기둥을 세우고 강 한가운데에 100여 채의 집을 행랑처럼 지었는데, 배를 행랑 그 아래 매어두었다.

역승(驛丞) 하영(何榮)이 절구 3수를 지어주었고, 최부 역시 이에 화답했다. 하영이 따로 나물 반찬과 말린 닭고기와 문어 등을 주며 말했다.

"우리 조정 낭중(郎中) 기순(祁順)[41], 행인(行人) 장근(張謹)이 일찍이 조선으로 사신을 가서 《황화집(皇華集)》을 지었습니다. 조선 사람

---

40 동파 문집에 〈유박라향적사(游博羅香積寺)〉·〈과향적사(過香積寺)〉등의 작품이 전한다.

41 기순(祁順, 1434~1497)은 자는 치화(致和) 호는 선천(巽川)이다. 1460년에 진사를 하고 출사하였다. 1475년(성화10)에 조선으로 사신으로 온 바 있다. 저서로 《손천집(巽川集)》 20권 등이 있다. 《손천집》은 《사고전서존목(四庫全書存目)》에 전한다.

서거정(徐居正)과 같은 이가 이에 화답했습니다. 서거정은 '황제께서 삼한(三韓)의 일을 물으시면, 문물·의관이 중국과 같다고 하리라.'라고 시를 지었습니다. 지금 당신을 만난 것은 진실로 천 년에 한 번 있는 기회인데, 버리지 않으시고 다시 화시(和詩)[42]까지 받았습니다. 변변치 않은 예물이지만 배에서 드시는 데 조금이나마 보태니, 마음에 들면 다행이겠습니다."

최부가 물었다.

"기낭중의 문장과 맑은 덕은 사람들이 흠모하는데 지금 어떤 관직을 지내시고, 장행인은 어떤 관직에 계십니까?"

하영이 말했다.

"낭중은 면직되어 귀주(貴州, 구이저우) 석천부지부(石阡府知府)로 계셨는데 지금은 이미 돌아가셨습니다. 행인은 죄를 받고 지금은 금의위(錦衣衛) 군인으로 계십니다."

그리고 이어서 물었다.

"서거정은 지금 어떤 관직을 지내십니까?"

최부가 대답했다.

"의정부좌찬성(議政府左贊成)을 지냈습니다."

하영이 말했다.

"서거정은 해동의 뛰어난 문장가입니다."

가흥부에 도착했는데, 부는 바로 옛날 휴리성(携李城)이었다. 강물은 성을 감싸며 동남쪽에서 남쪽·서쪽을 거쳐 북쪽으로 흘러갔다. 집들이 크고 웅장했고, 화려한 풍물은 영파부와 같았다. 성 서쪽은

42 한시의 한 가지로, 남의 시를 읽고 그 주제나 소재를 좇아서 새롭게 쓴 시.

당나라 재상 육지(陸贄)[43]의 고향이며, 정문(旌門)이 물가에 있었다.

2월 16일, 배를 끌고 거슬러 올라 원앙호(鴛鴦湖)에 이르렀다.

호수 언덕을 따라 10여 리의 석축이 있었다. 또 오강호(吳江湖)의 석당(石塘)을 지나 구리석당(九里石塘)에 도착했다. 석당은 태호(太湖, 타이 호)를 경계로 했다. 태호는 〈우공(禹貢)〉에서 말한 진택(震澤)이었다. 혹은 오호(五湖)라고도 하는데, 그 길이가 500리가 되었기에 그렇게 명명했다.

호수에는 동정(洞庭)의 동서로 산이 둘 있는데, 일명 포산(苞山)이었다. 천 리가 한눈에 들어오고, 높은 바위와 첩첩 계곡이 아스라이 흩어져 있었다. 호수의 동북쪽으로 영암산(靈岩山)이 내려다보이는데, 일명 연석산(硯石山)이었다. 오나라 관와궁(館娃宮)을 지었다는 곳이 바로 이곳이었다. 연석산은 고소산(姑蘇山)에서 10리 떨어져 있고, 산세가 이어져 태호를 감싸고 있었다. 호수 북쪽에 아스라이 보이는 산이 횡산(橫山)이었다.

태호의 패에 이르렀다. 패의 석축은 호수의 남북으로 50여 리를 쌓았으니, 바로 수홍교(垂虹橋)였다. 홍문이 무려 400여 개이고 이는 다리로 단단하게 이어져 있었다. 패를 따라 북쪽으로 가니 용왕묘(龍王廟)·태호묘(太湖廟)·축성문(祝聖門)이 있었고, 문 앞에 14층짜리 큰 탑이 있었다. 탑에는 층마다 덮개를 쌓았고 멀리서 보면 마치 하

43 육지(陸贄, 754~805)는 당대의 정치가이자 문인이다. 자는 경여(敬輿), 소주 가흥 출신이다. 18세에 진사에 급제하였고, 여러 관직을 지냈다. 그의 저택을 사찰로 하였고, 비각(碑刻)이 존재하는데 후에 폐하고 보화창(寶花倉)이 되었다. 저서로 《육선공진의(陸宣公奏議)》가 전한다.

늘로 이어진 사다리 같았다.

송릉역(松陵驛)에 이르니, 패는 역 앞 마을을 지나 오강현(吳江縣, 우장)으로 바로 이어져 있었다. 그 사이에 또 돌로 된 큰 다리가 있고, 홍문에는 무릇 70여 개의 다리가 있었다. 역과 현은 모두 태호에 있고, 주춧돌로 받쳐놓고 그 위에 돌기둥을 세워 지은 집들은 웅장하고 화려했다. 호수가 휘돌아가고 돛대가 여염집에 세워져 있으니, 이른바 "사면으로 어부의 집이 현성을 둘렀네."라는 것이 이것이었다.

윤산호(尹山湖)를 거슬러 오르니 서쪽으로 사자산(絲子山)이 바라다 보였다. 그 북쪽에 산이 있으니 바로 고소산이었다. 송강(松江)은 윤산호의 동쪽에 있었다. 보대교(寶帶橋)에 이르렀다. 다리 55개가 있는 홍문은 배와 수레가 왕래하는 요충지였다. 담대호(澹臺湖)를 건너 호수와 산의 경치를 바라다보면 허리띠를 두른 것과 같으니, 바로 추응박(鄒應博)이 다시 세운 것이었다.

밤에 소주성 동편에서 남쪽을 거쳐 서쪽으로 가서 고소역에 도착했다. 보대교에서 이 역에 이르기까지 양쪽 언덕에는 시장과 상점들이 이어져 있고 상선들이 몰려드니, 진실로 동남 제일의 도회지였다.

2월 17일, 고소역 앞에 머물렀다.

성의 서문(胥門)에 옛날에는 고소대가 있었는데 지금은 없어지고 역이 되었다. 물속에 나무를 세워 황주(滉柱, 제방을 방호하기 위한 목책)를 만들고 돌 제방으로 삼면을 쌓은 다음, 황화루(皇華樓)를 앞에 짓고 소양루(昭陽樓)를 뒤에 세웠다. 이 건물은 오왕(吳王) 합려(闔閭)[44]가 고소산에 세웠고, 부차(夫差)[45]가 크고 화려하게 크게 만들었는데, 그 유적이 아직도 남아 있는 것이었다. 소흥(紹興) 연간에 여기에 대를 쌓고 고소라 하면서 옛 일을 기억하고 있었는데, 지금은 다시 이를 없애고 역으로 만들었다. 그러다가 다시 성 안에 대를 쌓아 '고소'라고 이름하고 편액했다고 한다.

태호의 물은 석당(石塘)을 경유하여 운하로 들어가고, 성 동쪽을 경유하여 서쪽으로 갔다가 역에 이른다. 오자서(伍子胥)[46]가 살았었기에 서호(胥湖)라고도 한다. 호수의 넓이는 100여 보이며, 북쪽으로 서자와 거리를 껴안고, 풍광이 그 난간 사이를 물에 비추면서 흘렀다. 성 서쪽의 여러 산중에서 천평산(天平山)이 군(郡)의 진산이라고 하였다.

군에는 영암산·오오산(五塢山)·앙천산(仰天山)·진대산(秦臺山)이 아름답게 늘어서 있고, 사이사이 적당한 거리에 역이 있어 참으로 볼 만한 경치였다.

안찰어사 왕(王)씨·송(宋)씨 두 대인이 예빈관(禮賓館)에서 최부를 대접하며 물었다.

"당신은 어떤 품계입니까?"

---

44 합려(闔閭)는 춘추시대 오나라의 왕이다. 부차(夫差)의 아버지로 이름은 광(光)이다. 초를 무찌르고 위세를 떨쳤으나 월왕 구천(句踐)과 싸워 부상을 당하여 죽었다.

45 중국 춘추시대 말기 오나라의 왕이며 합려의 아들이다. 아버지의 원수를 갚기 위해 오자서의 보좌를 받아 구천을 물리치지만, 구천의 반격에 패배하고 자결하고 만다.

46 오자서(伍子胥)는 중국 춘추 시대 오나라의 정치가로, 자서(子胥)는 자이며 이름은 운(員)이다. 본래 초나라 출신이나 아버지와 형이 평왕(平王)에게 처형된 뒤 초나라를 떠났으며 오나라의 약진에 크게 공헌하였다. 하지만 후에 점점 오나라 왕 부차와 사이가 벌어져 목숨을 잃었다.

최부가 대답했다.

"5품관원입니다."

"시를 지을 수 있습니까?"

"우리나라 선비들은 모두 경학 연구를 업으로 삼고, 풍월을 읊으며 노는 것은 비루하게 여깁니다. 저 역시 시사(詩詞)는 배우지 않았습니다."

"기자(箕子)가 조선에 봉해졌는데, 지금 그 후손이 있습니까? 또 사당과 무덤의 제사는 폐하지 않았습니까?"

"기자의 후손 기준(箕準)이 위만(衛滿)에서 쫓겨 마한으로 달아나 도읍을 세웠는데, 후에 백제에게 멸망당하여 지금은 후사가 없습니다. 기자의 묘는 평양에 있고, 나라에서 봄과 가을이 되면 향과 축문과 제물을 주어 제사를 지내고 있습니다."

"당신 나라에서는 어떻게 수나라·당나라의 병력을 물리칠 수 있었습니까?"

"전략을 짜는 신하와 용맹스런 장수들이 군대를 잘 지휘하고, 병졸들이 윗사람을 어버이처럼 모시면서 윗사람들을 위해 목숨을 바쳤습니다. 그러므로 고구려가 한 구석의 작은 나라임에도 100만 군대를 두 번이나 물리칠 수 있었습니다. 지금은 신라·백제·고구려가 통일해 물산은 풍부하고 땅은 넓어졌으며 재물은 넉넉하고 군대도 강해졌습니다. 충성스럽고 지혜로운 신하들도 매우 많습니다."

두 대인이 먹을 것을 주었고, 최부는 시를 지어 사례했다.

달빛을 받으며 배를 타고 북쪽으로 이동했고, 창문(閶門, 창먼)을 지났다. 문 밖 호수에는 통파정(通波亭)이 있었다. 이 정자의 옛 이름은 고려정(高麗亭)인데, 송나라 원풍(元豐) 연간에 지어진 것으로 고려에서 조공하는 사신을 기다리는 곳이었다고 한다. 정자 앞에는 집과 담이 이어졌고, 배들은 빗살처럼 정박해 있었다. 배는 접관정(接官亭)에서 정박하였다. 정자의 서쪽에 큰 탑이 있었는데, 바로 한산선사(寒山禪寺)였고, 이른바 "고소성 밖 한산사"[47]라는 구절이 전해지는 곳이었다. 지명은 풍교(楓橋)이고, 물 이름은 사독하(射瀆河)였다.

소주는 옛날 오회(吳會)라고 불렀다. 동쪽으로 바다가 있고 삼강(三江)과 오호(五湖)가 있어 비옥한 들판이 천 리이며, 사대부들이 많이 모인 곳이었다. 엷은 비단, 금·은·옥, 바다와 육지의 보배들, 재주 있는 장인들, 큰 상인들이 모두 이곳으로 모였다. 예로부터 천하 사람들은 강남을 아름다운 곳이라 여겼는데, 강남 중에서도 소주·항주가 제일이며, 이 성이 가장 아름다웠다.

성은 본래 오왕 합려가 오자서에게 성을 쌓게 하고 도읍했다. 항주의 관청과 오현(吳縣)·장주현(長洲縣)이 모두 성 안에 있었다. 낙교(樂橋)는 두 현의 사이에 있었다. 상점들이 별처럼 펼쳐졌고, 강과 호수가 여러 방향으로 흐르며 이를 지났다. 사람들은 많고 물품은 화려하였고, 누대가 연결되어 있었다. 또 창문과 마두(馬頭)에는 초(楚)와 민(閩)의 상인과 선박이 구름처럼 모여들었다. 또 호수와 산은 맑고 고왔고 경치가 천태만상이었다.

하지만 최부 일행은 밤에 성 옆을 지났다. 백낙천이 일렀던 칠언(七堰)·팔문(八門)·육십방(六十坊)·삼백구십교(三百九十橋)는 최근에 예전의 것을 허물어 새로 만든 것이다. 빼어나고 기이한 경치는 이

---

47 장계(張繼)의 〈풍교야박(楓橋夜泊)〉의 한 구절이다.(원문 月落烏啼霜滿天, 江楓漁火對愁眠. 姑蘇城外寒山寺, 夜半鐘聲到客船.)

루 다 기록할 수 없었다.

2월 18일, 풍교에서 순풍을 받아 돛을 펴고 북쪽으로 갔다.

동쪽에는 호구사(虎丘寺), 서쪽에는 방산(方山)이 있는데, 모두 탑이 있고, 하늘로 솟은 기둥과도 같았다. 호서진(滸墅鎮)에 이르니, 진 앞에는 초관(鈔關)이 있었다. 남북으로 오가는 배들이 이곳에서 관리들의 점검을 받고나서야 운행했다.

원래 절강에서 베 염색을 관리하던 나(羅)씨 대감이 마침 소주를 지나 북쪽으로 향하고 있었다. 세 명의 어사 대인이 배 위에서 전송했는데, 일행 앞에 와서 예로 대해주고 문자로 서로 문답했고, 식량과 찬을 넉넉히 주었다. 밤에 석산역(錫山驛)에서 머물러 정박했다.

2월 19일, 아침에 무석현(無錫縣, 우시)을 맡은 관리가 반찬을 보내주었다. 무석현을 지났는데, 이곳은 옛날에 구오(句吳) 태백(太伯)[48]이 도읍했던 곳이었다.

서북쪽으로 석산 기슭을 지나 검정(劍井)에 도착하였다. 검정은 동쪽 언덕에 있고, 지붕을 만들어 덮었는데, 상서로운 기운이 올라오는 곳이라고 했다. 상주부(常州府, 창저우)에 도착하여 동수관(東水關)을 따라 성에 들어갔다. 성 가운데로 10여 리를 가서 비릉역(毗陵驛)을 지나니, 서수관(西水關)이 나왔다. 부는 연릉군(延陵郡)이며, 오나

48 태백(太伯)은 오나라의 시조이며 무석은 태백이 처음에 도읍했던 곳이다. 태백은 주나라 고공단보(古公亶父)의 큰 아들로, 아버지가 막내인 계력(季歷)의 아들에게 기대를 걸고 있음을 알고는 동생을 피해 이 지역으로 숨어들었다. 계력의 아들은 바로 주나라의 기초를 세운 문왕(文王) 희창(姬昌)이다. 문왕의 아들인 무왕대에 은나라를 정벌하고 주나라를 세웠다.

라 계자(季子)[49]의 채읍(采邑)이었다. 아름다운 호수와 산에 펼쳐진 정자와 누대는 예로부터 유명한 곳이었다.

2월 20일, 단양현(丹陽縣)에 이르렀다.

단양현은 하수(河水) 옆에 있었다. 밤에 만경호(萬景湖)·신풍진(新豐鎭)을 지났다. 큰 비가 내렸고, 밤새 움직여서 진강부(鎭江府, 전장) 신문(新門)에 도착하였다.

2월 21일, 남수관(南水關)에서부터 하수를 거슬러 올랐다. 그 옆 성으로 남쪽을 향하다가 서쪽으로 움직여서 경구역(京口驛)을 지나 통진체운소(通津遞運所)에 이르렀다. 배를 타고 조수를 기다렸다.

진강부는 바로 윤주성(閏州城)인데, 손권(孫權)[50]이 단도(丹徒, 단투)로 옮겨 철옹성을 쌓고 경성(京城)이라고 불렀다. 부의 관청과 단도현의 관청은 윤주성 안에 있었다. 성 동쪽에도 철옹성과 같은 곳이 있었으나 지금은 없다. 북고산(北固山)은 서북쪽에 있고, 대공산(戴公山)은 서남쪽에 있고, 감로사(甘露寺)·다경루(多景樓)는 성 동북쪽에 있고, 성 북쪽의 초산(焦山)·은산(銀山)에는 모두 거대한 사찰을 세웠다.

금산(金山)은 대강(大江) 가운데서 은산과 마주하고 있었다. 위에는 용연사(龍延寺)가 있고, 성의 동북쪽 모퉁이는 강의 언덕을 내려다

---

49 춘추시대 오나라의 현인인 계찰(季札)을 지칭하며, 연릉계자(延陵季子)라고도 불렸다.

50 손권(孫權)은 삼국시대 오나라 황제로, 적벽에서 유비의 군대와 연합하여 위나라의 조조를 격파하여 강남에서의 지위를 확고히 하였다.

보고 있는데 강은 바로 양자강(楊子江, 양쯔 강)이며 넓이는 20여 리이고, 민산(岷山)에서 발원하여 한수(漢水, 한수이 강)를 만나 남경을 지나 이 부에서 바다로 들어갔다. 동쪽으로 오회에 통하고 서쪽으로 한수·면수(沔水)와 접하고, 북쪽으로 회수(淮水, 화이수이 강)·사수(泗水, 쓰수이 강)에 도달하고, 남쪽으로 민(閩)·절(浙, 첸탄 강)에 이르니 진실로 사방이 밀려드는 도회지라 할 수 있었다.

2월 22일, 양자강에 도착했다. 강가의 5, 6리에는 육지에서 배를 끌고가는 사람들이 이어졌다. 일행은 돛을 펴고 금산 아래 도착했고, 강(江)돌고래들이 물결을 가르며 지나가는 것이 마치 전쟁터를 내달리는 말과 같았다.

서진도(西津渡)·마두석제(馬頭石堤)에 이르니 물속에 나무기둥을 세워 긴 다리를 만들었다. 오가는 사람들은 모두 다리에 배를 매어두고, 다리를 따라 제방에 올랐다. 가파르게 선 누각 아래로 강회(江淮)의 멋진 경치가 펼쳐져 있었다. 최부 일행은 그 누각 아래를 걸어서 과주진(瓜洲鎮)을 지났다. 시예하(是禮河)에서 다시 배를 타고 갔다. 밤에 광릉역(廣陵驛)에 도착했다.

2월 23일, 아침에 양주부를 지났다.

양주위(楊州衛)·강도현치(江都縣治)·양회운염사(兩淮運鹽司)는 모두 성 안에 있었다. 부는 수나라 때 강도(江都, 장두)이며 양자강 왼편에서는 가장 큰 진이었다. 주렴으로 된 10리 길, 24개의 다리, 36개의 비탈이 있는 경치는 여러 군에서도 제일이었다. 이른바 "봄바람 성곽을 흔들고 노래 소리는 귀에 가득"[51]이라는 곳이었다. 배 안에 있어서 직접 보지는 못했고, 보이는 것은 진회루(鎭淮樓)일 뿐이었다. 누각은 성의 남문이며 3층이었다.

물을 따라 동쪽에서 북쪽으로 움직여 소백역(邵伯驛)에 이르렀다. 항주성에서 지나온 위소(衛所)마다 백호(百戶)를 바꿔가며 호송해주었다.

2월 24일, 소백호(邵伯湖)의 제방을 따라 30여 리의 석축을 지났다. 또 신개호(新開湖, 한카 호)를 따라 이동하여 밤에 우성역(盂城驛)에 도착했다.

2월 25일, 새벽에 고우주(高郵州)를 지났다. 이곳은 옛날 한주(邗州) 지역이었다. 한구(邗溝)는 일명 한강(寒江)인데, 남북 물길의 요충지를 품고 있었다. 대개 하나라 우 임금 때에 양자강과 회수가 이어지지 않았던 까닭에 〈우공〉에서는 "강과 바다를 따라 회수와 사수에 도달한다."라고 했다.

오왕 부차 때에 비로소 한구를 열었고, 수나라 사람들이 이를 넓혀 배들이 오가게 되었다. 이 곳의 큰 호수가 바로 고우호(高郵湖)였다. 이곳은 강과 호수의 경치는 아름다웠고 강북 지역에서도 넉넉한 곳에 해당했다. 또 서하당(西河塘)에 이르렀는데, 제방(塘) 옆으로 호수가에 있었고, 목책길이 70여 리였다. 호수에 섬이 있었는데, 그 안

---

51 요합(姚合)이 지은 양주춘사(揚州春詞) 세 수 중 마지막 시구이다.(원문 廣陵寒食天, 無霧複無煙. 暖日凝花柳, 春風散管弦. 園林多是宅, 車馬少於船. 莫喚遊人住, 遊人困不眠. 滿郭是春光, 街衢土亦香. 竹風輕履舄, 花露膩衣裳. 穀鳥鳴還豔, 山夫到更狂. 可憐遊賞地, 煬帝國傾亡. 江北煙光裏, 淮南勝事多. 市鄽持燭入, 鄰裏漾船過. 有地惟栽竹, 無家不養鵝. 春風蕩城郭, 滿耳是笙歌.)

에 칠공묘(七公廟)가 있었고, 멀리 선관(仙觀)처럼 아스라이 보였다. 계수호(界首湖)를 따라갔는데 역시 긴 방죽이 있었다.

2월 26일, 큰 호수인 범광호(范光湖)·보응호(寶應湖)와 보응현치(寶應縣治)·백마호(白馬湖)를 지나 밤에 회음역(淮陰驛)에 정박하였다. 그 사이에는 긴 방죽이 있었다. 방죽은 100여 리로 돌이나 목책으로 만들었다.

2월 27일, 회음역을 지나니, 마두성문 밖 맞은편에 표모사(漂母祠)가 있었다. 그 북쪽 과하교(胯下橋)는 바로 한신(韓信)[52]이 음식을 얻어먹고 욕을 당했던 곳이었다.

역에서 배를 타고 회안부(淮安府, 화이안)[53] 옆을 지났다. 부는 바로 옛날 동초주(東楚州)이며 동남쪽의 중요한 진(鎭)이었다. 성은 동쪽 1리에 새로 쌓았고, 호수가 성의 안과 밖을 둘러싸고 있었다. 성과 사람이 사는 곳 모두 평도(平島) 안에 있었다. 대저 대강과 회하(淮河, 화이허 강)의 400~500리는 땅은 대부분 침식되었고, 소백호·고우호·계수호·백마호 등의 둘레는 끝이 없었다. 비를 무릅쓰고 회하를 지났다.

대개 예로부터 하수와 회수는 바다로 흘러가는 길이 일정치 않았다. 하수의 하류는 연주(兗州, 옌저우)로 흐르고, 회수의 하류는 서주

52 한신(韓信)은 한(漢)의 명장이다. 유방의 부하로서 수많은 전투에서 승리해 유방의 패권을 결정지었다.

53 회안은 한나라의 명장 한신이 빨래하는 아낙에게 밥을 얻어먹고 불량배들의 가랑이를 기어들어가는 수모를 겪었던 역사의 현장이다.

(徐州, 쉬저우)로 흘렀다. 영락(永樂)[54] 때 황하의 물을 회수로 유입시켜서 합류하여 바다로 흐르게 했다. 이에 하수의 옛 물길을 잃어버렸다고 했다. 회수와 하수는 실로 여러 물줄기가 모이는 곳이었다.

제수(濟水, 지수이 강)·누수(漯水, 뤄허 강)·문수(汶水, 원허 강)는 회수·사수와 합류하여 변수(汴水)로 모인다. 물줄기는 동쪽으로 기수(沂水, 이허 강)를 만나 동하(東河)가 되었다. 서하(西河)의 물빛이 황색인지라 황하(黃河)라고 했다. 동하(東河)의 물빛은 푸른색이어서 청하(淸河)라고 했다. 두 하수가 이곳에서 합류하고, 합쳐서 회하(淮河)라고 했다. 하수는 넓이가 10여 리이고, 깊이는 알 수 없고 물의 흐름이 사납고 급했다. 일행은 하수를 지나 동하를 거슬러 청하현(淸河縣, 칭허)을 지났다.

2월 28일, 배를 분리하여 청하구(淸河口)·백양하(白洋河)를 거슬러 갔다.

2월 29일, 도원현(桃源縣, 타오위안)을 지나 고성역(古城驛)에 도착했다.

2월 30일, 숙천현(宿遷縣, 쑤첸)을 지나 밤에 직하역(直河驛)에 도착했다.

3월 1일, 합기천(合沂淺)을 지났다.

---

54 명 성조(成祖)인 영락제(永樂帝, 재위 1360~1424)를 말한다.

기수가 동북쪽으로 흘러 이 물과 합쳐졌다. 하비(下邳, 피저우의 옛 이름)에 이르렀고, 하비성은 역의 북쪽에 있었다. 고을은 옛날 섬자국(剡子國)이며, 성 동쪽에 섬자묘(剡子廟)가 있었다. 서쪽에는 애산(艾山)이 있는데, 바로 노공(魯公)과 제후(齊侯)가 서로 만났던 곳[55]이었다. 또 석경산(石磬山)이 있는데, 강 언덕에서 6, 7리 떨어져 있었다. 〈우공〉의 "사수 물가의 뜬 경쇠"라는 구절의 주(註)에서 "하비에 석경산이 있는데, 아마 예전에 경쇠를 취했던 곳이다."라고 했지만 알 수는 없었다.

항주의 북쪽은 모두 평평한 들판이며, 가끔 멀리 보이는 산이 있었다. 양자강 북쪽은 구릉이 없었고, 이곳에 이르러서야 비로소 이 정도의 산을 보이는데, 우리나라 남산만한 높이였다. 지주(知州)와 지휘(指揮)가 와서 일행을 살펴보고는 먹을거리를 주었다.

비주성(邳州城, 피저우)에서 나루터 하나를 건너 신안역(新安驛)에 도착했다. 동하를 거슬러온 후 하수는 광활했지만, 양쪽 언덕이 높고 가팔라 틈틈이 경치를 살펴볼 수 없었다.

3월 2일, 여홍소홍(呂梁小洪)에서 배를 끌고 올라갔다. 방촌역(房村驛)을 지나 대홍(大洪)에 이르렀다.

홍(洪)은 여량산(呂梁山) 사이에 있었다. 양쪽 물밑으로 돌과 바위들이 흩어지고 가파르게 솟아 있었는데, 돌출되어 높이 오른 것도 있고 엎드려 쭉 늘어선 것도 있었다. 강은 구불거리며 흐르다가 이곳에서 시원하고 세차게 흐르는데, 거센 기세가 바람을 뿜어내니 그

---

55 중국 춘추시대 때 노나라 정공과 제나라 경공이 모여서 맹세한 일을 말한다.

소리는 우레가 치는 것 같았다. 지나가는 사람들은 두려워하며 배가 혹시 뒤집힐까 마음을 졸였다. 동쪽 언덕에는 돌 제방을 들쭉날쭉 쌓아 물길을 텄다. 비록 거룻배이지만 반드시 대나무와 새끼줄을 열 마리 소에 걸어야 배를 당겨야 올릴 수 있었다.

청산용신사(青山龍神祠) 앞에서 홍수(洪水)를 거슬러 형승루(形勝樓)를 지났다. 수수묘(水首廟) 앞에 이르렀는데, 홍에서는 급한 여울이 8, 9리나 되었다.

진선(陳萱)이 최부에게 말했다.

"우임금이 뚫은 이후로 진숙보(秦叔寶)[56]가 이 홍을 관리하고 수리했다고 합니다."

최부가 말했다.

"〈우공〉에서 '양(梁)과 기(岐)를 다스렸다.'는 주에서 '양은 여량산(呂梁山)이다.'라고 했습니다. 여도원(酈道元)[57]은 '여량(呂梁)의 돌은 뾰족하여 강물과 부딪치며 천지를 진동시킨다.'라고 하였으니, 이 홍이 그것 아니겠습니까?"

진훤이 말했다.

"그렇습니다. 다만 〈우공〉에 여량은 기주(冀州, 지저우)에 있다고 되어 있습니다. 이 홍은 서주에 있어 의심스러울 뿐입니다."

3월 3일, 비가 내렸다.

새벽에 구녀총(九女塚)·자방산(子方山)을 지나 운룡산(雲龍山, 윈룽

56 진숙보(秦叔寶, ?~638)는수말당초(隋末唐初)의 명장 진경(秦瓊)을 가리킨다.

57 여도원(酈道元)은 북위의 학자로 《수경주(水經注)》를 지었다.

산)에 이르렀다. 산 위에는 매우 화려한 석불사(石佛寺)가 있고 그 서쪽에는 희마대(戱馬臺)·발검천(拔劍泉)이 있었다. 또 광운창(廣運倉)·팽성역(彭城驛)을 지났다.

서주부성은 역 서북쪽 2, 3리에 있었다. 서주는 옛날 대팽씨국(大彭氏國)이었다. 항우(項羽)[58]가 이 성에 도읍을 정했다. 성 동쪽에 성을 보호하는 제방이 있었다. 또 황루(黃樓) 옛터가 있으니, 소식이 서주를 다스렸을 때 세운 것이었다. 백보홍(百步洪)에 이르러 사수·수수·제수·문수·패수가 합류하고, 동북쪽으로부터 변수·회수가 합쳐져 서북쪽에서 서주성 북쪽으로 흘렀다. 사수는 맑고 변수는 흐릿한데, 이 홍에서 합류하여 남쪽으로 흘렀다.

홍은 여량만큼은 아니어도 물살이 빨랐고, 여량보다는 험준했다. 어지러운 돌이 뒤섞여 마치 호랑이 대가리나 사슴의 뿔과 같아 배를 뒤집는 바위라고들 했다. 물의 기세는 달려가다가 꺾이고 구부러지거나 막히면서 부딪쳐 빠른 여울이 되었다. 솟구치면서도 급하게 떨어지니, 큰 소리로 진동하며 물보라를 뿜어대고 물이 맞부딪치면서 쏟아져서 배를 움직이기가 매우 어려웠다. 100여 명이 양쪽 언덕길을 따라 대나무로 배를 엮어 당겨 올렸다.

일행은 언덕에 올라 걸어갔다. 길에는 돌이 가지런히 깔려 있었다.

부영(傅榮)이 말했다.

"옛날 이 길은 좁아서 물이 불어나면 길을 찾을 길이 없었고, 물이 줄면 흙은 유실되고 돌은 튀어나와 걸어가기 힘들었습니다. 최근에

58 진나라 말기 숙부인 항량(項梁)과 함께 군사를 일으켜 잠시 패권을 잡았지만, 후에 유방(劉邦)에게 패배하여 자결한다.

곽승(郭昇)과 윤정용(尹庭用)이 이어서 보수하여 석판과 벽돌에 철정(鐵錠)으로 두드리고 석회를 부어 이처럼 단단하게 만들었습니다."

밤에 변수에 이르렀다. 사수와 교차하는 곳에서 머물렀다.

3월 4일, 대부교(大浮橋)에 이르렀다. 다리 위아래로 돛대와 장대가 묶여 있는 것 같았는데, 배 두 척을 빼내니 배가 통과할 수 있었다. 소현(蕭縣, 쑤현)의 수창(水倉) 앞에서 정박했다.

3월 5일, 구리산(九里山, 주리 산)을 지나 동산(洞山)과 협구역(夾溝驛)에 도착했다. 황가갑(黃家閘)에 이르니, 갑 위에 미산만익비(眉山萬翼碑)가 있었다. 그 비문의 간략한 내용은 다음과 같았다.

> 우리 태조고황제(太祖高皇帝)께서 회전(淮甸)에서 일어나 천하통일하고 남경에 도읍하여 천하를 다스리셨다. 우리 태종문황제(太宗文皇帝, 영락제)께서 큰 업적을 계승하여 북경으로 천도하셨다. 이에 각 지방과 사방 오랑캐들이 조회에 참석하였고, 공물과 세금이 모두 북경 주변으로 모여들었다.
>
> 진촉(滇蜀)·형초(荊楚)·구월(甌越)·민제(閩浙) 지방은 모두 양자강을 경유하고 동해를 거쳐, 천진(天津, 톈진)에서 노하(潞河)를 건너 경사(京師, 북경)에 이르렀다. 하지만 광활한 강과 바다, 험난한 풍파에 물자 수송이 어려웠다. 우리 태종문황제께서 동해바다를 통과하는 것이 어렵다고 여기시고, 좌우 대신들에게 서주·양주·회주(淮州, 화이허)·제주로 가서 지세를 살피고 물길을 따라 동쪽 과주(瓜洲, 과저우)에서 서쪽 의진(儀眞)까지 제방을 만들어 물길을

내게 하셨다. 이어 근세까지 전해지던 옛 방식에 따라 운하를 파고 물길을 내어 양주에 모이게 했다. 이 물길을 다시 양주에서 회주로, 회주에서 서주로, 서주에서 제주에 이르게 했다. 제주 이남의 물길은 남쪽에서 황하와 접하고 회수와 만나 바다로 들어가게 하였다. 제주 북쪽의 물길은 북쪽으로 위하(衛河, 웨이허 강)에 접해 흐르다가 백하(白河, 바이허 강)를 만나 역시 바다로 들어가게 했다. 황제께서 다시 남북의 지형 때문에 물길을 통제하는 것이 장기적으로는 좋은 방책이 아니라고 생각하셨고, 이에 관리들에게 갑(閘, 수문)을 설치하게 했다. 50리 또는 수십 리마다 갑을 설치하여 물을 가두고 배를 건너게 했는데, 지금도 물길을 사용하고 있다. 이로부터 방악(方嶽)과 번진(蕃鎭) 및 사방 오랑캐들의 조회·빙례·회동, 군민(軍民)의 공부(貢賦) 수송, 상인들의 무역이 모두 이곳에서 이루어졌다.

또 물길로 천하의 모든 곳을 갈 수 있었고, 만민을 구제하여 다시는 강과 바다의 풍파로 겪는 어려움이 없었다. 우리 태종의 공업은 실로 우임금의 공을 잇는 것으로, 하늘의 부족한 부분을 보태고, 만세태평을 연 성대한 일이었다. 하물며 서주는 옛날 팽성(彭城)으로 동쪽지방의 큰 고을이며, 회수를 끼고 제수를 안아 남경과 북경의 길목이 됨이랴.

서주 북쪽의 황가촌(黃家村) 동쪽에 산 개울 한 줄기가 남쪽으로 흘러 갑으로 들어간다. 이 물의 형세는 솟구쳐 돌아 흐르는 곳이 많고 모래가 밀려내려 쌓이다가 하천 폭이 좁아져서 배들이 지나기가 쉽지 않았다. 천순(天順) 무인년 봄, 관리들이 조정에 소를 올렸고, 우리 영종 예황제(英宗睿皇帝)께서 아름다운 공업을 넓히고

전대의 공훈을 더욱 돈독히 하여, 갑을 만들어 통과하도록 하고 관리를 두어 다스리게 하였다. 이로부터 오가는 배들은 예전 같은 걱정을 하지 않았다.

갑의 관리가 갑문을 열어, 배를 끌고 지나가게 하였다.

3월 6일, 고두(沽頭)의 세 갑과 조양호(刁陽湖)를 지나 패현(沛縣, 페이)에 이르렀다. 동북쪽에는 포하(泡河)가 있고, 언덕에 있는 높은 돈대(墩臺, 평지보다 두드러진 평평한 땅)를 넘었는데, 그 앞에 정문(旌門, 홍문)을 세워 가풍대(歌風臺)라 이름했다. 현의 동쪽에는 사정역(泗亭驛)이 있는데, 고조(高祖)[59]가 젊었을 때 사상정장(泗上亭長)을 지냈던 곳이었다. 포하의 서쪽 언덕에는 이교(圯橋)가 있는데, 장량(張良)이 신발을 주워온 곳[60]이라고 한다.

3월 7일, 연주부 경계에 도착하였는데, 연주는 옛날 노(魯)나라였다. 사하역(沙河驛)·맹양박(孟陽泊)을 지나 어대현(魚臺縣, 위타이)에 이르렀다. 현 앞에 있는 관어대(觀魚臺)가 있으니, 노은공(魯隱公)이 물고기를 구경했던 곳[61]이었다. 곡정갑(穀亭閘)에서 강 언덕에 올라 바라보니, 동쪽으로는 아스라이 보이는 산이 있었다. 그다지 높거나

59 고조(高祖)는 한고조 유방을 말한다.

60 장량(張良)은 한고조의 참모였다. 한고조와 만나기전에 장량이 진시황을 암살하려다 실패한 뒤 이교를 지나게 되었는데, 황석공(黃石公)이 신발을 다리 아래로 떨어뜨리고 집어오라고 하는 등 시험을 한 끝에 장량의 성의를 칭찬하고 병서를 주었다는 고사가 전한다.

61 노은공(魯隱公)은 춘추시대 노나라 군주이다. 물고기를 구경했다는 고사는 《춘추》 은공 5년에 확인된다.

험준하지는 않았는데, 부영이 그 산을 가리켜 "저 산이 바로 이구산(尼丘山)입니다."라고 했다. 그 아래 공자가 태어난 마을과 수수(洙水, 주수이 강)·사수·기수가 있었다. 또 동북쪽을 바라보니 높은 산이 수백 리 이어져 있어 마치 구름과 같았는데, 영이 그 산을 가리켜 "저것이 태산입니다."라고 했다.

3월 8일, 노교역(魯橋驛)에 이르렀다.

역 앞에는 갑이 있고, 동쪽에는 제나라와 노나라로 가는 길이 있었다. 서쪽으로는 거야(鉅野)로 이어지고, 남쪽으로 회초(淮楚)로 이어지며, 북쪽으로 북경으로 이르는 사통팔달의 길이었다. 갑 서쪽에 묵현지(墨硯池)가 있는데, 연못은 먹빛이었다. 유씨 대감이 왕에 봉해져 북경으로 가는데, 깃발과 갑옷, 투구, 종소리와 북소리, 관현악기의 소리가 요란하게 강하(江河)를 뒤흔들었다. 이 갑에 이르러서 유씨가 탄환으로 뱃사람을 함부로 쏘아대니 그 난폭함이 이와 같았다. 노나라 동쪽 지역 여러 물줄기는 오루교(五樓橋)에서 합쳐져 흘러갔다. 새 갑에 이르러 부영은 "갑은 도수감승(都水監丞) 야선불화(也先不華)[62]가 지은 것입니다."라고 했다.

회통하(會通河, 후이퉁 강)는 모래 섞인 흙이 물길에 밀려들어 배를 띄울 수 없어, 앞뒤로 빗장을 설치하였다. 신점(新店)에서부터 사씨장(師氏莊)까지는 오히려 물이 얕아 어려운 곳이 있었다. 물건을 실어나르는 배가 이곳을 지날 때마다 조금 전진했다가 한참 물러나니, 이 구역은 육지에서 수레를 이용했다. 구정(構亭) 동쪽으로는 추역산

62 야선불화(也先不華)는 원나라 때 정치가로, 치수에 밝았다. '也先不花'로 표기하기도 한다.

(鄒嶧山)과 마주했기에, 첨추(瞻鄒)라고 했다.

3월 9일, 하신갑(下新閘)에 이르렀다.

갑은 월하구(越河口)에 있는데, 월하(越河)와 회통하 두 물길은 십자로 교차했다. 갑의 서북쪽 20여 리쯤에 획린퇴(獲麟堆)가 있으니 “서쪽에서 사냥하여 기린을 잡았다”는 곳이며, 지금은 가상현(嘉祥縣, 자샹)의 땅이었다. 제녕주성(濟寧州城) 동북쪽으로 곡부(曲阜, 취푸)에서 사수가 흘러오고 조래(徂徠)에서 광하(洸河)가 흘러 노성(魯城) 동쪽에서 서로 합류했다. 이 물이 운하로 이어지고 회수에 도달하여 바다로 들어갔다.

회수를 넘어가면 남경이고, 서북쪽에는 거호(鉅湖)가 있었다. 거호의 물줄기는 동쪽으로 조하로 들어가고, 북쪽으로 임청(臨淸, 린칭)에서 나뉘어 흐르다가, 위하를 경유하여 바다에 도달했다. 바다를 건너면 북경이니, 남경에서 북경까지는 3000리의 거리였다. 바깥쪽 물은 모두 제녕(濟寧, 지닝)에서 나뉘었다. 성의 동쪽 두둑에는 광하(洸河), 서쪽 두둑에는 제하(濟河)인데, 두 하수는 성을 둘러 성 남쪽에서 합류했다. 두 하수 가운데 언덕이 있으니, 이는 동북쪽에서부터 거의 1000여 리나 완만하게 펼쳐져 있었다. 언덕 위에는 관란정(觀瀾亭)이 있었는데, 바로 손번(孫蕃)[63]이 지은 것이었다.

3월 10일, 남왕호(南旺湖)에 이르렀다.

호수는 가득차고 끝이 없어, 다만 서쪽 멀리 산이 바라다보일 뿐

---

63 명나라 홍치제(弘治帝) 때의 정치가로 강도(江都)의 인물이다.

이었다. 그 동쪽에는 푸른 풀이 우거진 평지가 있었다. 바로 〈우공〉에 "대야(大野)에 물이 고인다."는 곳이었는데, 지금은 메워져 있었다. 호수 가운데 돌로 긴 제방을 쌓아 관언(官堰)이라고 불렀는데, 100리가 넘는 길이였다.

거야·가상·문상(汶上, 원허의 지류) 등의 현의 경계를 지나 분수용왕묘(分水龍王廟)에 이르면, 큰물이 동북쪽에서 내려왔다. 사람들은 이곳이 제하의 발원지라고 했다. 묘(廟)에서 남북으로 물줄기가 나뉘는데, 남쪽 갈래는 이미 지나온 곳이며, 북쪽 물줄기는 앞으로 거슬러 올라갈 물길이었다. 밤에 개하역(開河驛)에 이르렀다.

3월 11일, 동평주(東平州, 둥핑) 경계에 이르렀다.

동평은 〈우공〉에서 "동원(東原)이 편안해졌다"는 곳으로, 모래 섞인 흙에 물기가 많은 습지였다.

3월 12일, 수장(壽長)·동하(東阿, 둥어)·양곡(陽穀, 양구) 3현을 지나, 숭무역(崇武驛)·동창부(東昌府)에 도착하였다.

성은 북하역(北河驛)의 언덕에 있었다.

3월 13일, 당읍(堂邑)·박평(博平)·청평(清平) 3현의 경계를 지났다.

3월 14일, 임청현 관음사(觀音寺) 앞에 이르렀다.

절은 두 강이 뒤섞여 흐르는 마지막 지점에 있고, 동서로 네 개의 갑을 만들어 물을 모았다. 절 동쪽에 부교(浮橋)를 만들어서 현성과 이어지게 하였다. 성은 강 언덕에 있는데, 남경과 북경의 요충지이며 상인들과 나그네가 모이는 장소였다.

성 안팎으로 수십 리는 누대(樓臺)가 빽빽하고 재화가 풍부했다. 시장이 큰 만큼 배들이 끝없이 밀려들었다. 비록 소주·항주에는 못 미쳐도 산동 지역에서는 과연 가장 번화한 곳이었다. 청천하(淸泉河)를 따라 북쪽으로 가서 누부관(漏浮關)을 지나 청원역(淸源驛)에 이르렀다.

3월 15일, 큰 우레가 치고 비가 왔다.

배를 끌고 하진창(下津廠)앞에 이르렀다.

3월 16일, 위하를 따라 북쪽으로 가서 하진(夏津, 샤진)·청하 두 현의 경계를 빠져나왔다. 밤새 이동하여 갑마영역(甲馬營驛)에 이르렀다.

3월 17일, 은현(恩縣) 경계·백마하(白馬河)를 지났다.

저녁에 고성현(故城縣) 앞에서 정박하였다. 밤새 이 지역을 지났는데, 흉년이 이어지고 있다고 했다.

앞으로 가야 할 길은 인가는 적고, 도적들이 횡행한다고 했다. 시체 3구가 강물에 떠가는데 모두 도적들의 시체라 하였다.

3월 18일, 밤에 덕주성(德州城, 더저우)에 이르렀다.

강물은 성을 감싸고 서쪽으로 흐르다 북쪽으로 흘렀다.

덕주성은 바로 옛날 평원군(平原郡) 지역이었다. 땅은 넓고 사람들이 많아, 상인들과 나그네들이 모이는 곳이었다.

3월 19일, 오교현(吳橋縣, 우차오) 경계와 제남부(濟南府, 지난)의 양점역(良店驛)을 거쳐 연와역(連窩驛)을 지났다.

3월 20일, 경주(景州) 경계·동광(東光, 둥광)·남피(南皮, 난피)·교하(交河) 등의 현을 지났다.

3월 21일, 창주성(滄州城, 창저우)을 지났다. 강변 동쪽 언덕은 바로 한나라 때의 발해군(渤海郡)이었다. 장로(長蘆)에서 정박했다.

최부가 부영에게 물었다.

"회하를 지난 뒤에 병부·형부·이부 등 각 사의 배들이 끊임없이 이어지는 이유는 무엇입니까?"

영이 말했다.

"지금 천자는 자질이 뛰어나십니다. 하지만 조정신하들에 대해서는 이전 관직에서 저지른 조그마한 실수라 해도 확인되면 모두 면직시켜버렸습니다. 하로(河路)에서 석패(錫牌)를 가지고 돌아가는 사람들은 모두 면직되어 고향으로 내려가는 조정의 신하들입니다. 지난번 소흥부에 있을 때 당신들이 어디에서 왔는지 심문했던 총병관 황종(黃宗) 역시 면직되어 물러난 신하입니다."

최부가 말했다.

"조정 신하들이 그렇게 많이 물러났는데, 어찌하여 환관들은 그대로 정치를 주무르고 있습니까?"

영이 말했다.

"환관 중에도 죽거나 면직당한 사람이 대단히 많습니다. 지금 강을 따라 경사로 올라가는 사람들 모두 선제께서 임명한 사람들입니다. 하지만 돌아올 때의 상황은 보장하기가 어려울 것입니다. 지난번 만났던 대감인 나공(羅公)·섭공(聶公)도 모두 늦게 돌아갔다고 해서 봉어(奉御, 궁 안의 실무를 맡은 관리)의 직분에서 면직되었습니다."

최부가 말했다.

"지금 세상은 요순과 같은 임금을 만나 원개(元凱)를 등용하고, 사흉(四凶)[64]을 몰아내어 조정이 맑아지고 사해(四海)가 편안해졌으니 축하할 일이 아니겠습니까?"

영이 말했다.

"옳은 말씀이십니다. 우리 황제께서는 소인과 환관 들을 멀리하십니다. 날마다 경연 자리에 몸소 각로학사(閣老學士)와 시서를 강론하고 정사를 논하십니다. 지난 3월 9일에는 몸소 국자감에 행차하시어 옛 성인들께 석전(釋奠)[65]을 지내셨으니, 유교를 숭상하고 도학을 중히 여기시는 뜻 역시 지극하십니다."

최부가 농담으로 말했다.

"제사 때 천자께서도 열국(列國)의 신하[66]에게 절을 합니까?"

영이 말했다.

"공자는 영원한 스승인데, 어떻게 신하로 대할 수 있겠습니까? 다만 천자께서 석전을 행하면 찬례관(贊禮官, 집례를 돕는 관리)이 '몸 숙여 절하시오.' 합니다. 천자가 절을 하려 하면, 옆에서 다른 찬례관이 '공자는 예전에 노나라 사구(司寇)[67]를 지냈습니다.'라고 합니다. 그

---

64 고양씨의 8명의 인재를 원개라고 했는데, 후에 황제를 보좌하는 대신이 되었다. '사흉'은 요순시대에 복종하지 않았던 4부족을 말한다.

65 음력 2월과 8월의 상정일(上丁日)에 문묘에서 공자 등 4성 10철 18현을 제사지내는 의식이다.

66 공자가 노나라에서 사구 벼슬을 했던 것을 말한다.

러면 찬례관이 다시 '몸을 바로 하시오.'라고 소리를 높입니다. 예의상 마땅히 절을 해야 하지만 실제로는 절을 하지 않았으니, 이는 옛 스승을 섬기면서도 천자를 높이는 예로 모두 합당한 것입니다."

최부가 말했다.

"공자의 도는 하늘과 땅보다 크고 해와 달보다 밝고 사계절보다 믿음직하여, 이 세상 영원히 남을 것입니다. 모든 관리에서 일반 백성에 이르기까지 그 도를 배워 몸을 수련하고, 제후들은 그 도를 배워 나라를 다스리고, 천자들은 그 도를 배워 천하를 다스렸습니다. 천자에서 백성에 이르기까지 모두 옛 성현과 스승에 대한 예법으로 공자를 섬깁니다. 그러니 의당 절을 해야 하거늘, 어찌 노나라 사구라 칭하면서 절을 하지 않는 것입니까? 만약 공자를 사구라 칭했다면 공자는 작은 나라의 신하일 뿐이니, 또 어찌 천자께서 존엄함을 굽혀서 제사지낼 수 있겠습니까?"

영은 이에 말을 잇지 못하였다.

밤사이에 영이 와서 최부에게 말했다.

"방금 북경에서 상서(尙書)와 학사(學士)가 왔습니다. 무슨 말을 했는지는 몰라도 교위(校尉)가 천자에게 보고하니 금의위감(錦衣衛監)에게 심문하라고 했다 합니다. 학사는 몸소 내각에 있으면서 천자께서 크고 작은 일을 모두 더불어 의논하십니다. 지금 상서와 대화하고 있으니 사사로운 부탁이 있을까 해서 묻습니다."

3월 22일, 건영역(乾寧驛)에 이르렀다.

---

67 고대 중국에서 형벌과 경찰을 맡아보던 관직 이름이다.

흥제현(興濟縣)의 관청은 역(驛) 뒤에 있었고, 역 앞에는 큰 집이 있었다. 진훤(陳萱)이 말했다.

"이 곳은 새로 황후가 된 장씨(張氏)의 사저(私邸)입니다. 예전에 황제께서 황태자였을 적에 흠천감(欽天監)[68]에서 '황후성이 동남방에 비칩니다.'라고 아뢰니, 선제께서 황하 동남쪽 양가 여인 300여 명을 모두 북경에 불러들였습니다. 선제와 황태후가 다시 선발하여 장씨가 뽑았고, 정후(正后)로 봉했습니다. 황후의 조부는 봉양부(鳳陽府, 펑양)를 맡게 되었습니다. 황후의 아버지는 관직 없이 국자감생(國子監生)을 지냈는데, 지금 특별히 도독(都督)에 임명되었다고 합니다." 노대(蘆臺)의 옛 성에 이르니 성 북쪽은 청현(青縣)이고, 모두 강 서북쪽 언덕에 있었다. 현 앞에는 통진(通眞)·보정(保定)·호타(滹沲) 세 강물이 모이는 곳이어서 삼차(三叉)라고 불린다. 하간부(河間府, 허젠) 경계에 이르렀는데, 부성은 하수에서 북쪽으로 7, 8리의 거리에 있었다.

3월 23일, 정해현(靜海縣, 징하이)·무청현(武清縣, 우칭) 경계를 지나, 밤에 양청역(楊青驛)에 이르렀다.

3월 24일, 직고성(直沽城, 톈진의 옛 이름)을 지났다. 강물 이름은 바로 고수(沽水)였다. 천진위성(天津衛城, 톈진)에 이르렀다. 위하는 남에서 북으로 흐르며, 백하는 북에서 남으로 흐르는데, 모두 최부가 지나왔거나 거슬러온 강들이었다. 두 강물은 천진위성 동쪽에서 합류

---

68 1370년 이래 설치된 천문대를 말한다.

하여 바다로 흘러갔다. 성 동쪽으로 10여 리 가면 바다였다.

옛날 강회(江淮, 장화이) 이남에서 물자를 싣고 오는 배들은 모두 큰 바다를 건너 이곳에 모였다가 북경으로 이동했다. 지금은 수로를 뚫고 갑문을 열고 닫으며 선박들이 편리하게 천하를 왕래하고 있었다. 성에는 위사(衛司)·좌위사(左衛司)·우위사(右衛司)가 있는데, 바닷길에서 들어오는 공물을 나누어 처리했다.

3월 26일, 큰 바람에 모래먼지가 하늘에 가득했다. 천진위 북쪽은 흰 모래가 끝없이 펼쳐져 있다. 광야에는 풀이 없고 곡식이 생산되지 않았다. 인가 역시 드물었다. 조조(曹操)가 장수를 보내어 오환(烏丸)을 정벌할 때에[69] 호타하(滹沱河, 후퉈 강)에서 노사(潞沙)로 들어갔는데, 노사가 바로 이 땅이었다.

3월 27일, 곽현(漷縣, 훠현)을 지났다.

이곳은 모래더미가 높고 큰 것이 구릉과 같았다. 화소둔(火燒屯)·대통관(大通關)·운하구(運河口)를 경유하여 장가만(張家灣)에 이르렀다. 이곳은 각종 세금과 조공을 바칠 때 지나는 길목이며, 상선들도 모여드는 장소였다.

3월 28일, 노하에는 통주(通州, 퉁저우) 옛 성이 있었다. 성 동남쪽에 통로정(通潞亭)이 있고, 동쪽으로 백하가 흐르고 있었다. 이곳은

---

69 조조(曹操)는 삼국시대 위나라의 기초를 잡은 장군이다. 오환은 오환(烏桓)으로 북방 유목민족 중 하나이다.

새로 쌓은 성과 옛 성이 이어져 있었다.

통주는 진(秦)나라 때 상곡군(上谷郡)이며, 지금은 순천부(順天府)에서 관리하고 있다. 숭문문(崇文門)을 걸어서 황성(皇城)에 들어갔고, 회동관(會同館)[70]에 머물렀다. 회동관은 옥하(玉河)의 남쪽에 있었기에 옥하관이라고도 했다.

다음 날 최부 일행은 병부(兵部)에 이르렀는데, 뜰의 느티나무를 가리켜 절구를 지으라 하고, 또 '바다를 건너며(渡海)'라는 제목으로 장율(長律)을 지으라고 했다. 문답이 끝나고 떡과 차를 받았다.

4월 1일, 통역 이상(李翔)[71]이 와서 말했다.

"조선의 사은사(謝恩使)가 열흘 정도면 이곳에 올 것입니다. 당신은 기다리며 머물다가 같이 가시오."

최부가 말했다.

"제가 초상을 당해 달려가다 순식간에 나그네가 되어 마치 3년을 지낸 것 같습니다. 청컨대 족하께서 빨리 돌려보내주셨으면 합니다."

이상은 고개를 끄덕였다. 최부는 오랜 시간 옥하관에 머물렀는데, 유구 사신인 정의대부(正議大夫) 정붕(程鵬) 등 25명이 공물을 바치기 위해 후관(後館)에 머물고 있었다. 따라온 진선·채새(蔡賽) 등이 떡과 반찬을 성대히 마련하여 최부와 종자들에게 주었다. 10여 일 후, 진

---

70 회동관(會同館)은 조선사신이 머물러 조선관(朝鮮館)이라고도 불렸다. 옥하관이란 이름은 회동관 남관에 옥하교가 곁에 있어 그렇게 부르게 된 것이다.

71 이상(李翔)은 명나라 때 정치가로, 최부 일행의 표류건으로 조선을 왕래했다.

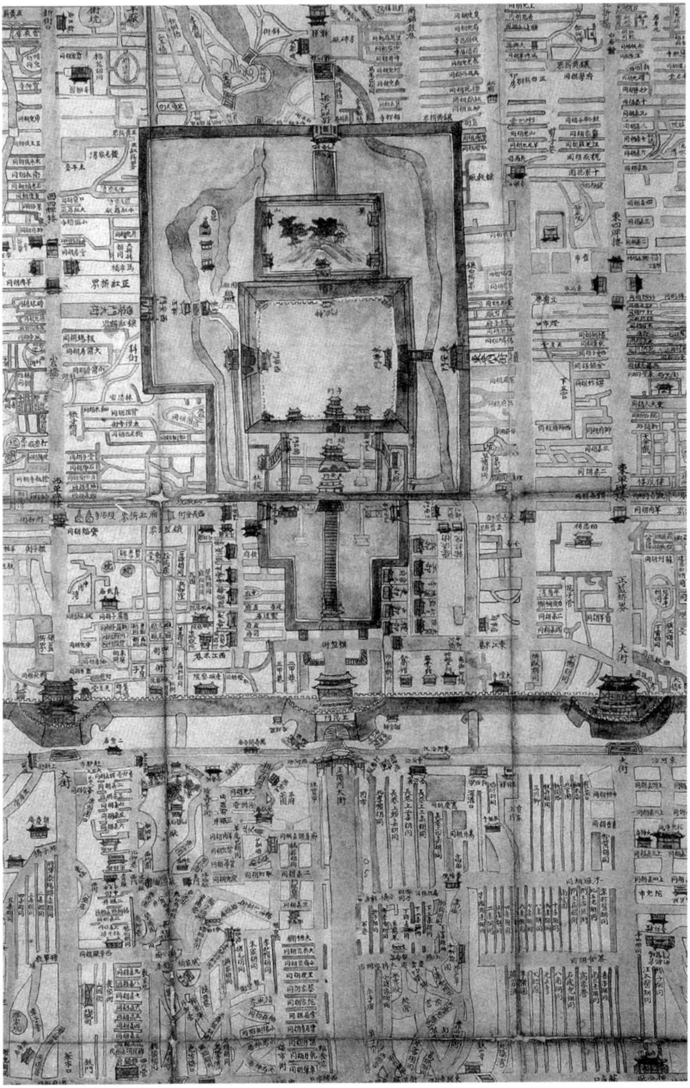

〈연경성시도(燕京城市圖)〉

연경은 북경의 별칭으로, 도성과 내부 궁궐, 도로와 건물 등을 상세히 담았다. 조선의 사신이 드나들던 조양문과 숙소인 회동관 등이 나타나 있다. 국립중앙도서관 소장.

선 등이 돌아간다고 하면서 일본 부채 2자루와 돗자리 2엽(葉)을 주었다.

진선이 말했다.

"저희 왕께서 21년 전에 제 아버지를 귀국에 다녀오게 했는데, 사람들에게 큰 사랑을 받아서 늘 고마웠습니다. 제가 또 대인과 사이좋게 지내게 되었으니 얼마나 다행입니까?"

국자감생원 양여림(楊汝霖) 등 세 명이 흑두건을 쓰고 청금단령(靑衿團領, 유생이 입는 푸른 도포)을 입고 왔기에 진선이 물었다.

"귀국에서도 학도들은 이런 옷을 입습니까?"

최부가 말했다.

"유학(幼學)들은 비록 궁벽진 촌과 거리에서도 모두 그렇게 입습니다."

"당신들 나라에서도 역시 경전을 전공하는지요?"

"우리나라 과거는 경서에 정통한 사람을 뽑기 때문에 학도들은 사서오경을 정밀하게 연구합니다. 한 가지 경서만을 전공한 사람들은 유학자의 반열에 설 수 없습니다."

1층과 2층의 문을 지나가니 또 2층으로 된 오문(午門)이 나왔다. 그곳의 군대는 위엄있고 엄정했다. 휘황찬란한 등불 아래 최부는 중정(中庭)에 앉았다. 잠시 후 오문 왼편에서 북을 치고 오른편에서 종을 울리자 세 개의 홍문이 열렸다. 문마다 두 마리의 큰 코끼리가 지키고 있었는데, 모습이 기이했다.

새벽녘에 조관(朝官)들이 문 앞에 차례로 섰다. 이상이 최부를 조정 반열에 나란히 세웠고, 정보 등은 국자감생원의 뒤에 한 줄로 세웠다. 다섯 번 절하고 세 번 머리를 조아리고 난 뒤, 단문(端門)을 지나 승천문(承天門)으로 나왔다. 문은 대명문(大明門) 안에 있었다. 최부는 동쪽 장안좌문(長安左門)으로 나와 다시 상복을 입고 관사로 돌아왔다.

북경은 원나라의 수도였으며 영락 연간에 구역을 늘이고 넓혀 쌓았다. 성문은 아홉 개로 남쪽은 정양문(正陽門)이며, 그 오른쪽에 선무문(宣武門), 왼쪽에 숭문문(崇文門)이 있었다. 동쪽에는 동직문(東直門)·조양문(朝陽門)이, 서쪽에는 서직문(西直門)·부성문(阜成門)이, 그 북쪽에는 안정문(安定門)·덕승문(德勝門)이 있었다. 경성에는 황성(皇城)이 있고, 그 안에는 서원(西苑)·태액지(太液池)·경화도(瓊華島)·만세산(萬歲山)·사직단(社稷壇)·태묘(太廟)가 있었다. 황성 장안좌문(長安左門) 남쪽으로 종인부(宗人府)·이부·호부·예부가 남쪽에 차례로 있으며, 종인부 뒤쪽으로 병부·공부·홍로시(鴻臚寺)·흠천감(欽天監)·대의원(大醫院)이 늘어서 있었다.

장안우문(長安右門) 남쪽으로 오군도독부(五軍都督府)의 중부·좌부·우부·전부가 차례로 있었다. 후부는 중부 뒤편에 있었다. 후부의 남쪽으로 행인사(行人司)·태상시(大常寺)·통정사사(通政使司)·금의위(錦衣衛)가 늘어서 있었다. 기수위(旗手衛)는 통정사사(通政使司)의 뒤편에 있었다. 형부(刑部)·도찰원(都察院)·대리시(大理寺)는 모두 관성방(貫城坊)의 남쪽에 차례로 있었다. 옥하의 서쪽에 한림원(翰林院)이 있고, 옥하의 동쪽에는 첨사부(詹事府)가 있었다. 국자감은 안정문(安定門) 안에, 광록시(光祿寺)는 동안문(東安門) 안에 있고, 태복시(大僕寺)는 만보방(萬寶坊)에 있었다. 오병마사(五兵馬司)·부군사위(府軍四衛)·우림삼위(羽林三衛)·금오사위(金吾四衛)·호분좌위(虎賁左衛)·연산삼위(燕山三衛)·대흥좌위(大興左衛)·무양이위(武驤二衛)·등양이위(騰

驤二衛)·영청이위(永淸二衛)·무공삼위(武功三衛)·제주위(濟州衛)·팽성위(彭城衛)·사이회동지관(四夷會同之館)·순천부(順天府), 대흥(大興)·완평(宛平) 두 현의 관소, 원세조(元世祖)[72]·문천상(文天祥)[73]·옥황(玉皇) 등의 묘(廟)도 모두 성 안에 있었다.

경성 북쪽 100리에 천수산(天壽山, 톈수이 산)이 바로 황도(皇都, 북경)의 진산이었다. 산 아래는 영안성(永安城)이 있었다. 영안성 안에는 장릉(長陵)·헌릉(獻陵)·경릉(景陵)이 있었고, 지금은 대행성화황제(大行成化皇帝)가 이곳에 묻혀 있었다. 성 서북쪽 30여 리에는 서산(西山)·금산(金山)·각산(覺山)·천산(泉山)·앙산(仰山)·향산(香山)·노사산(盧師)·평파(平坡)·한가(韓家)·쌍천(雙泉)·기반(棋盤)·취봉(翠鳳)·담자(潭柘)·옥천(玉泉)·오화(五華) 등이 있고, 모두 높고 우뚝하게 황도를 껴안으면서 억만 년 터전을 든든히 지키고 있었다.

옥하는 옥천산(玉泉山, 위치안 산)에서 나와 황성으로 들어와 도성 동남쪽을 경유하고 대통하(大通河, 다퉁 강)로 흐르다가, 고려장(高麗莊)에 이르러 상건하(桑乾河, 쌍간 강)와 함께 백하로 흘러갔다. 해자(海子, 적의 침입을 막기 위해 성 주변에 파놓은 물)는 두 개가 있었다. 하나는 황성 서쪽 3, 4리에 있는데, 모두 산에서 흘러들어 모인 물이었다. 다른 하나는 성 남쪽에 있는데, 바로 짐승과 새들을 가두어 기르고 있었다. 기타 누각으로는 피운각(披雲閣)이 있고, 중심관(中心館)·영평정(永平亭)·포과(匏瓜)·옥천(玉泉)·남야(南野)와 같은 것은 하나하

72 원나라 제5대 칸인 쿠빌라이를 지칭한다.

73 문천상(文天祥)은 남송대의 문인으로 원나라에 저항하다 죽었다. 조선에서는 충절의 상징적인 인물로 여겨졌다.

나 셀 수 없을 정도였다.

북경은 바로 우(虞)의 유주(幽州) 지역이었다. 주나라 때는 연(燕)·계(薊)를 나누는 곳이었고, 후위(後魏) 이래로 오랑캐 풍습에 익숙한 지역이었다. 요나라 때는 남경(南京)이 되었고, 금나라 때는 중도(中都)가 되었다가 원나라 때에는 대도(大都)가 되었다. 오랑캐의 군주들이 계속해서 도읍지를 삼아 풍속은 모두 오랑캐의 것이었다. 지금 명나라는 예전에 물들었던 비루함을 한 번에 씻고 있었다. 오랑캐 옷을 입던 곳을 의관(衣冠)의 풍습으로 바꾸었으니, 성대한 조정문물이 볼 만하였다.

하지만 민간에서는 도교와 불교를 숭상하고, 유교를 숭상하지 않았다. 장사를 주업으로 삼고 농사를 짓지 않았으며, 의복은 짧고 좁으며 남자와 여자가 같은 옷차림이었다. 음식에는 누린내가 나고, 신분에 관계없이 같은 그릇을 썼다. 오랑캐 풍속이 사라지지 않은 점이 아쉬웠다. 산은 민둥산이고 하천은 더러웠으며, 모래흙이 날려 하늘에 먼지가 가득하니 곡식이 풍성하게 자라지 않았다. 이곳이 인물도 많고 누대가 화려하며 시장이 풍족하다고 해도 소주·항주에 미치지 못할 듯했다. 성에서 필요로 하는 것은 모두 남경과 소주·항주에서 온 것들이었다.

4월 24일, 회동관을 출발했는데, 좌군도독부에서 백호 장술조(張述祖)에게 호송하게 하였다. 통주를 지나 노하역(潞河驛)에 이르렀다.

4월 25일, 백하·화소둔(火燒屯)·하점역(夏店驛)을 지나 삼하현(三河縣, 싼허)에 이르렀다. 현은 칠도(七渡)·포구(鮑丘)·임순(臨洵)이 있어 삼하라고 하였다. 현 북쪽 15리에는 영산(靈山)·고성(古城)이 있고, 서쪽에는 토아산(兔兒山)·타산(駝山)이 있었다.

4월 26일, 임순하(臨洵河)를 건너 공락역(公樂驛)에 이르렀다.

4월 27일, 밤에 큰 비가 내렸다.

어양역(漁陽驛)에 이르렀다. 역은 계주성(薊州城) 남쪽에 있었다. 계주는 진·한대에는 어양군(漁陽郡)이었고, 후에 계문관(薊門關)으로 이름이 바뀌었다. 서북쪽에 반룡산(盤龍山)이 있고, 동북쪽에는 공동산(崆峒山, 쿵둥 산)이 있있다. 서녁에 우리나라 사은사 지중추(知中樞) 성건(成健)과 서장관(書狀官) 윤장(尹璋)을 만나고서야 비로소 고국의 소식을 들었다. 사신 일행은 양식과 반찬 등을 최부 일행에게 주었다.

4월 28일, 영제교(永濟橋)를 지났다.

다리는 용지하(龍池河)에 걸쳐 있었고, 일명 어수(漁水)라 하며 백용항(白龍港)으로 흘러갔다. 민간에서는 이 다리가 안록산이 지은 것이라고 했다.

4월 29일, 채정교(采亭橋)를 지났는데, 다리는 남수하(藍水河)에 걸쳐 있었다. 옥전현(玉田縣, 위톈)에 도착하였다.

연산은 서북쪽 20여 리에 있었는데, 장술조(張述祖)는 이곳에서 동북쪽 30리에 무종산(無終山, 우중 산)이 있다고 하였다. 산 아래 무종국(無終國) 옛터와 북평성(北平城) 터가 남아 있고, 북평성은 이광(李

廣)이 사냥을 갔다가 돌을 쏜 곳[74]이라고 했다. 산 위에는 연소왕(燕昭王)[75]의 무덤이 있다고 했다. 길에서 명나라 사신 한림학사(翰林學士) 동월(董越)[76], 급사중(給事中)[77] 왕창(王敞)을 만났다. 말에서 내리니, 명나라 사신이 최부를 불렀다. 그들은 최부에게 "당신 나라 사람들이 이미 당신이 살아 중국에 도착한 것을 알고 있네."라고 하였다. 영제역(永濟驛)에 이르렀다.

4월 30일, 경수(涇水)를 건넜다.

환향하(還鄕河)라고도 하는데, 양하(梁河)로 흘러가는 강이었다. 민간에서는 당태종(唐太宗)[78]이 요동을 정벌하고 돌아올 때 명명한 곳이라고 전한다. 풍윤현성(豐潤縣城) 서북문에 도착하였다. 아골산(鴉鶻山)·영응산(靈應山)이 있었다.

5월 1일, 난주(灤州, 롼저우)를 지나 천안현(遷安縣, 첸안) 칠가령역(七家嶺驛)에 이르렀다. 역의 동북쪽에는 멀리 높고 빼어난 도산(都山, 두산)이 있었다.

---

74 이광(李廣)은 한무제 때의 명장이다. 그가 사냥을 나가 돌을 호랑이로 생각하여 활을 쏘았는데, 화살촉이 돌에 박혔다는 고사이다.

75 전국시대 연나라 군주로 악의 등을 등용하여 세력을 넓혔다.

76 동월은 당시 조선을 다녀와 〈조선부(朝鮮賦)〉를 지었는데, 문헌과 소중화의 면모를 부각시켰다.

77 명나라 때 정치가이자 문인. 한림학사로 조선에 사신으로 온 바 있고, 그 때 지은 〈조선부〉가 지금도 전하고 있다.

78 당나라 황제 이세민(李世民)을 말한다. 즉위하고 주변 이민족을 정벌하여 세계제국을 이루었다. 정치적 안정을 이루어, 그의 정치를 "정관지치(貞觀之治)"라고 칭송한다.

5월 2일, 배로 난하(灤河, 롼허 강)를 건넜다. 난하는 고북구(古北口) 개평(開平, 카이핑)에서 발원했다. 북방 여러 산에서 내려온 물들이 합류하여 하류의 정류하(定流河)에서 바다로 흘러갔다. 또 칠하(漆河)를 건넜다. 칠하는 비여하(肥如河)와 합류해 영평부(永平府, 융핑)의 서남쪽을 감싸며 난하로 흘러들기 때문에 호성하(護城河)라고도 했다. 백이(伯夷)·숙제(叔齊)[79]의 사당이 강 언덕에 있었다.

영평부는 금나라의 남경이었다. 여러 산들이 길게 이어져 둘러싸고 있으니 경치가 멋진 곳이었다. 성 남쪽에 난하역(灤河驛)이 있고, 개원사(開元寺)는 그 남쪽 언덕 위에 있었다. 경치가 좋아 하루를 머물렀다.

5월 4일, 양하(陽河, 양허 강)를 건너 무녕현(撫寧懸, 푸닝)에 이르렀다. 토이(兎耳)·화자(鏵子)·대숭(大崇)·연봉(連峰) 등 여러 산이 성을 앞뒤로 두르고 있었다.

5월 5일, 유하(渝河)를 건너 유관역(揄關驛)에 이르렀다. 역 서북쪽에 해양고성(海陽古城)이 있었다. 성 북쪽의 열타산(列陀山)은 높이 솟아 여러 산 가운데 으뜸이었다.

5월 6일, 석하(石河)에 이르렀다.

---

79 은(殷) 나라때 고죽국(孤竹國)의 왕자로, 둘 다 왕위를 사양하다가 나라를 떠났다. 주나라 무왕(武王)의 은나라 정벌을 만류했고, 주나라가 세워진 뒤에 수양산에 고사리를 캐먹고 지내다 굶어죽었다.

그 남쪽에 오화성(五花城)이 있는데 설인귀(薛仁貴)[80]가 쌓은 것이었다. 천안역(遷安驛)에 이르렀다. 역은 산해위성(山海衛城) 서문 밖에 있는데 동남쪽으로 고산(孤山)이 바다에 임해 있고, 북쪽으로 각산(角山, 자오 산)이 솟아 있었다. 산해관[81]이 그 가운데에 있어 산을 등지고 바다를 끼고 있으니 오랑캐와 중국 모두에게 요충지라 할 수 있었다. 몽염(蒙恬)[82]이 쌓은 장성은 각산을 가로지르고 구불거리며 산해위 동쪽 성을 이루니, 이는 바다로 이어져 있었다.

5월 7일, 산해관을 지났다. 병부주사관(兵部主事官)이 군졸들을 거느리고 늘 지키고 앉아 행인들의 출입을 살펴보았다. 산해관 밖에 망부대(望夫臺)가 있는데 진나라가 장성을 쌓을 때 맹강녀(孟姜女)가 남편을 찾던 곳[83]이라 전한다. 또 중전소(中前所)를 지나 고령역(高嶺驛)에 이르렀다.

5월 8일, 사하역(沙河驛)에 이르렀다.

---

80 설인귀(薛仁貴)는 당나라 때 장수로 백제와 고구려를 멸망시켰다.

81 산해관은 만리장성 동쪽 끝에 있는 관문이며, 군사 요충지이다. 예전에는 임유관이라고 칭했지만, 명나라때 산해위를 설치하면서 산해관으로 불렸다. 명말 장수 오삼계가 누르하치등의 침입을 잘 방어한 난공불락의 요새였다. 조선연행사들이 북경을 가기위해서는 반드시 이 관문을 지나가야만 했다.

82 몽염(蒙恬)은 진나라 때 장수로, 임조(臨洮)에서 요동(遼東)까지 만리장성을 쌓았고 모필(毛筆)을 발명한 인물로 세상에 전해온다.

83 진나라 때 범기량(范杞梁)이 만리장성을 쌓다가 죽었다. 이를 모르고 남편을 찾아갔던 그의 아내 맹강녀가 남편이 죽었다는 소식에 성 밑에서 울기 시작했는데, 10일 만에 성이 무너지고 남편의 유골이 나타났다고 한다.

산해관의 입구 천하제일문의 전경

산해관은 만리장성 동쪽 끝 관문으로 전략적 요충지였다. 명나라 때 산해우를 설치하면서 산해관으로 불리기 시작했다.

5월 9일, 동관역(東關驛)에 이르렀다.

5월 10일, 곡천하(曲尺河) · 대사하(大沙河) · 중우소(中右所)를 지나 조장역(曹莊驛)에 이르렀다.

5월 11일, 영원위성(寧遠衛城, 닝위안)을 지났다. 성 서쪽에 철모산(鐵冒山)이 있고, 북쪽에 입산(立山)과 홍라산(虹螺山)이 있고, 남쪽에 청랑산(靑粮山)이 있었다. 가운데 홍라산은 세 겹산으로 홀로 우뚝 솟아 있었다. 성 동쪽 4리에 성당온천(聖塘溫泉)이 있었다.

5월 12일, 행산역(杏山驛)에 이르렀다.

5월 13일, 요하역(遼河驛)에 이르렀다.

5월 14일, 소릉하(小凌河)와 대릉하(大凌河)를 건너 사와포(沙窩鋪)를 지나 십삼산역(十三山驛)에 이르렀다. 십삼산역은 산에 13개의 봉우리가 있어 지어진 이름이다.

5월 15일, 여양역(閭陽驛)에 이르렀다. 북쪽에 의무려산(醫巫閭山, 이우뤼 산)이 있었다. 일찍이 '유관(楡關)을 나오면 동남쪽으로는 바다와 이어지고, 북쪽으로 큰 산과 경계를 이룬다. 모두 조악한 불모지인데, 하늘높이 우뚝 솟아 푸르른 주산이 바로 의무려산이다'[83]라고

83 이는 송나라 허항종(許亢宗)의 《선화봉사행정록(宣和奉使行程錄)》에 수록된 내용이다.

했는데, 그곳이 바로 이곳이다.

5월 16일, 광녕위(廣寧衛, 광닝)에서 성절사(聖節使) 참판 채수(蔡壽)·질정관(質正官) 김학기(金學起)·서장관(書狀官) 정이득(鄭而得)을 만났다.[84] 이들은 일행에게 쌀과 콩을 주었다.

사흘 동안 광녕역에 머물렀는데, 진수대감(鎭守大監) 위랑(韋郎)·도어사(都御史) 서확(徐鑊)·도사대인(都司大人) 호충(胡忠)·총병관(總兵官) 구겸(緱謙)·참장(參將) 최승(崔勝) 등이 함께 의논하여 쌀과 고기와 술을 넉넉히 보내주었다. 생복청원령(生福靑圓領)·백하포파(白夏布擺)·백삼사포삼(白三梭布衫)·소의(小衣) 각 한 선(件)·대전모(大氈帽) 한 정(頂)·백록피화(白鹿皮鞾)·전말(氈襪) 각 한 쌍도 내어 주었다. 정보 이하 사람들에게는 백삼사포삼·소의·전모·가죽신·버선 각 하나씩을 주었다. 그리고는 조선에 돌아가면 받은 물건의 물목을 국왕께 아뢰라고 하였다.

5월 20일, 반산역(盤山驛)에 이르렀다. 북쪽으로 흑산(黑山)·기산(岐山)·사산(蛇山)이 보였다. 모두 의무려산의 동쪽 줄기였다.

5월 21일 고평역(高平驛)을 지나 사령역(沙嶺驛)에 이르렀다.

---

84 이들은 1488년 명나라 孝宗 황제의 만수절을 축하하기 위해 중국에 떠났던 사절단이다. 이 가운데 성절사 채수(1449~1515)는 문장에 능했던 인물인데 《설공찬전(薛公贊傳)》이란 패관소설을 지어 필화사건을 일으키기도 했다.

5월 22일, 신관역(新關門)에 이르렀다. 긴 토성은 북쪽으로 만리장성과 이어지고, 남쪽 관문은 그 한가운데에 자리하고 있었다. 이곳은 성화 연간에 쌓은 것이다. 삼차하(三叉河)를 건넜는데, 삼차하는 곧 요하(遼河, 랴오허 강)였다. 요하는 개원(開原)에서 발원하여 동북쪽으로 철령(鐵嶺)을 지나 이곳에 이르러 혼하(渾河, 훈허 강)·진자하(泰子河)와 합류했다. 그래서 '삼차(세 갈래)'라는 이름이 붙은 것이었다.

대개 요하 지역은 바다와 가깝지만, 지형이 높아서 지류들이 모두 역류한다. 그래서 진자하·혼하도 모두 동쪽에서 서쪽으로 흐른다. 또 이 지역 밖의 지류들은 모두 북쪽에서 남쪽으로 구불구불 흐르면서 이곳에 모인다. 강을 가로질러 부교를 만들고는 배를 당겨서 물을 건넜다. 관원 한 명이 건너편 작은 청사에 앉아 왕래하는 행인들을 살폈다. 우가장역(牛家莊驛)을 지나 해주위(海州衛, 하이청의 옛 이름)에 이르렀는데, 또한 거대한 진(鎭)이었다. 동쪽으로 서모성산(西牟城山)이 있었다.

5월 23일, 안산역(鞍山驛)을 지나 사하포(沙河鋪)에 이르렀다.

사하포의 동쪽과 서쪽에 물줄기에는 모두 '사하'라는 이름이 붙어 있었다. 대개 통주부터는 대부분 모래땅이어서 '사하'라고 불리는 물줄기가 많기 때문이었다. 요양역(遼陽驛)에 이르니 요양역은 요동성 서쪽에 있었다.

5일을 머물렀는데, 백호 오새(吾璽)가 정보 등을 이끌고서 '삼당(三堂) 대인' 앞으로 데리고 가서 표류의 시말을 고하도록 했다. '삼당'은 곧 도지휘사(都指揮使) 등옥(鄧玉)·분수총병관(分守摠兵官) 한빈(韓斌)·포정사부사(布政司副使) 오옥(吳玉)·순안감찰어사(巡按監察

御史) 진리(陳琳) 등이었다. 지휘사가 쌀·돼지고기·황주(黃酒)를 보내 주었다.

요동은 곧 옛날 우리 고구려의 도읍으로, 당나라 고종(高宗) 때 빼앗겨 중국에 편입되었다. 오대 때, 발해 대씨(大氏)가 점령했다가 후에 다시 요(遼)·금(金)·원(元)에 속했다.

성 안에는 도사(都司)·찰원(察院)·포정사·태복분사(太僕分司)·열마사(閱馬司) 등의 관원이 있고 또 좌위·우위·중위·전위·후위의 군대가 있었다. 성 서쪽의 승평교(昇平橋)에서 고려시(高麗市)까지는 8개의 문이 있고, 민가가 매우 많았다. 강남의 가흥부와 규모가 비슷했다. 가흥은 성 밖으로 저잣거리가 접해 있다. 요동성 밖은 인가가 없고 해자로(海子路) 가에는 무덤이 총총히 있었다. 성의 동쪽으로는 별도로 동녕위 성을 쌓았다. 수산(首山)·천산(天山)·목장(牧場)·낙타(駱駝)·태자(太子)·행화(杏花) 등 여러 산이 성의 동·서·남쪽을 에워싸고 있으며 그 북쪽은 끝없이 광활한 들판이었다.

5월 29일, 대석문령(大石門嶺)과 소석문령(小石門嶺)을 지나 낭자산(狼子山)에 이르렀다.

6월 1일, 일식이 있었다. 현득령(顯得嶺)과 청석령(靑石嶺)을 넘고 첨수하(甛水河)를 건너 서남쪽을 바라보니 높고 험준한 흑산(黑山, 헤이 산)이 있었다. 동남쪽의 높은 고개를 넘으니 바위가 가파르면서도 널찍하게 펼쳐져 있었다. 태자하(太子河, 타이쯔 강)를 건너 연산관(連山關)을 지나 저녁에는 백가장(白家莊)에 묵었다.

6월 2일, 분수령(分水嶺)에 이르렀다. 분수령 북쪽은 계곡의 여러 물줄기는 모두 태자하에 모이고, 분수령 남쪽의 물은 팔도하(八渡河)에 모였다. 분수령이란 이름은 이 때문에 붙여졌다. 통원보(通遠堡)를 지나 이승둔(李勝屯)에 이르렀다.

6월 3일, 초대령(哨大嶺)과 팔도하를 지나 봉황산(鳳凰山) 동녕위에 이르렀다.

이때 막 군인을 동원하여 여기에 성을 쌓고 있었다. 오새(吳璽)가 말하기를 "이 성은 귀국의 사신이 왕래할 적에 길이 막히는 것을 방지하기 위해 쌓는 것이다."라고 하였다. 개주성(開州城)을 지나 송골산(松鶻山) 서쪽에서 노숙을 했다. 송골산은 해청산(海靑山)이라고도 불렀다.

6월 4일 새벽에 탕산참(湯山站)을 지나 구련성(九連城, 주롄청)에 이르렀다. 구련성은 퇴락하여 흙으로 쌓은 옛 터만 남았는데, 파사보(婆娑堡)라고도 했다. 보 앞에 강이 있으니 곧 풍포(楓浦)였다. 또 배로 오야강(吾夜江)을 건넜다. 풍포와 오야강은 같은 물줄기인데 나뉘고 다시 합쳐진다. 이들 물줄기를 모두 합해 적강(狄江)이라고 했다. 또 압록강(鴨綠江)과 난자강(難子江)을 건넜는데, 두 강 또한 나뉘었다가 다 합하였다. 삼경이 되어서야 의주성에 들어왔다.

3

여정을 정리하다

이제 최부는 총괄하여 논한다. 우두외양(牛頭外洋)으로부터 도저소를 지나 영해현의 560여 리는 모두 연해의 벽지여서 관이나 역이 없었다. 월계(越溪) 순검사(巡檢司)에 가서야 비로소 포(鋪)가 있고, 영해현에 가야 비로소 백교역(白嶠驛)이 있었다. 그곳에서부터 항주 무림역까지는 무릇 12개의 역이 있고 1100여 리의 거리였다.

또 진강부 경구역까지는 모두 11개의 역이 있고 1000여 리였다. 또 강을 건너 양주 광릉에 이르면 역로(驛路)는 수로와 육로로 나뉘었다. 수로는 양주에서부터 통주 노하 수마역(水馬驛)까지 무릇 41개 역에 3300여 리였고, 육로는 양주에서부터 고절역(固節驛)까지 모두 34개 역에 2500여 리였다.

수로에는 홍선(紅船)이 있고 육로에는 포마(鋪馬)가 있었다. 무릇 오고가는 사신이나 공물을 헌납하는 장사치들은 모두 수로를 이용했다. 그러나 만약 가뭄으로 갑문과 하천의 수위가 얕아져 배를 통행시킬 수 없거나 급히 달려 보고해야 하는 일이 있을 때는 육로를 이용했다.

대개 양주는 남경과 가까워 그 사이에는 역이 세 개뿐이었다. 그리고 복건과 절강 이남은 모든 길이 이곳을 경유하여 황도로 가기 때문에 길이 매우 넓었다. 육로의 역과 역 사이는 60~80리의 거리였다. 수로에 있는 역의 경우, 무림역에서 오산역까지가 30리이고 노하에서 회동관까지 40리였다. 이는 수로 가운데에 육로가 있어 거리가 가까웠다. 나머지의 경우는 60~70리나 80~90리이며 100리를 넘는 경우도 있어 매우 먼 거리였다.

포 사이의 거리는 혹은 10~30리 정도였다. 양주를 지나니 6,7리 혹은 10리마다 물가에 또 천(淺, 얕은 포구)을 설치하여, 그 거리를 표시해 놓았다. 최부가 지나온 우두외양으로부터 북경까지는 모두 6000여 리였으며, 북경에서 요양역까지는 무릇 28역이었다. 역 사이가 30~40리 혹은 50~60리이니 합하면 1700여 리가 되었다.

산해관 안쪽으로는 10리마다 연대(煙臺)를 설치하여 봉화를 피울 수 있게 하였다. 산해관을 지난 뒤로는 5리 간격으로 작은 돈대를 설치하고 표식을 세워 거리를 기록해 놓았다. 요동으로부터 두관(頭官)·첨수(甛水)·통원보·사리(斜里)·개주·탕참을 지나 압록강에 이르는 거리가 또한 300여 리였다. 산해관 동쪽으로는 다시 긴 담을 쌓고 보를 설치해 야인을 방비하였고, 역참에는 모두 성이 있어 방위소(防禦所)와 같은 역할을 했다. 그리고 부·주·현에 상관없이 위소를 설치했다. 비록 역참의 관원이라도 모두 군직(軍職)을 가지고 있었다.

최부가 또한 전해 들으니 삼차하로부터 오는 다른 길이 있다고 했다. 해주위(海州衛)·서목성(西木城)·수안성(綉岸城)·앵나하둔(鶯拿河屯)·뇌방림자둔(牢房林子屯)·독탑리둔(獨塔里屯)·임강하둔(林江河屯)·포로호둔(蒲蘆葫屯)을 지나면 압록강에 닿는데, 200여 리밖에 되지 않지만 큰 길이었다. 길 왼편에 황폐한 옛 성터가 안시리(安市里)다. 사람들은 고구려가 당나라 군대를 막았던 곳이라 전했다.

명나라 홍무(洪武) 연간에 또 긴 담을 쌓아서 오랑캐를 방비했다.

그 시작은 진나라 장성과 접하며 동쪽으로 이어졌다. 삼차하 서쪽은 상세히 알지 못하겠다. 그 동쪽과 북쪽으로는 장정(長靜)·장녕(長寧)·장안(長安)·장승(長勝)·장용(長勇)·장영(長營)·정원(靜遠)·장유림(上榆林)·시방사(十方寺) 등의 보(堡)를 경유하고 다시 동으로 평락박보(平洛泊堡)를 지나면 심양에 이르게 된다.

또 북쪽으로 과포하(過蒲河)·의로현(懿路縣)·범하(凡河)·철령위(鐵嶺衛)·요참(腰站) 등의 성을 지나면 개원성(開原城)에 이른다. 또 동쪽으로 무순소(撫順所) 성을 지나, 남쪽으로 동주(東州)·마근단(馬跟單)·청하·함장(鹹場)·애양(靉陽)·십차구(十叉口) 등의 보를 지나면, 압록강에 도달하니 수천 리의 거리였다. 정료좌(定遼左) 등 23위(衛)를 껴안으며 성을 따라 또 길이 있다고 했지만, 확실히 알 수는 없었다.

봉화현 남쪽은 모두 바닷가였다. 이곳은 높은 산과 가파른 고개가 많고 기암괴석이 계곡을 두르고 있으며, 꽃과 풀이 아름다웠다.

장강 남쪽으로는 진흙땅이 많아 웅덩이가 움푹움푹 파여 있었다. 천태·사명·회계·천목(天目)·천평 등의 여러 산이 그 사이로 얼기설기 연결되어 있었다.

회하 남쪽은 호수가 범람하는 땅이 많아 진창과 습지였다. 북쪽은 솟아오른 땅이 많아도 운하의 둑이 평지보다 높기에, 터지게 되면 물길과 지형이 변해버렸다.

제녕주의 북쪽에 분수묘(分水廟)가 있었다. 분수묘 남쪽은 물길이 모두 남쪽으로 흐르고, 북쪽의 물길은 모두 북쪽으로 흘렀다. 무성현 북쪽은 진흙이 많고 장로 같은 곳은 소금기가 많았다. 이는 곧 〈우공〉 편의 '바닷가가 넓고 소금이 난다(海濱廣斥).'라는 것이었다. 천진위 북쪽은 물길의 형세가 모두 남쪽으로 흘러 장가만까지 통했다. 펀펀한 모래톱이 끝이 없어 바람에 따라 변했다.

북경은 천수산 등 여러 산이 북쪽을 감싸고 있었다. 그 서쪽 줄기가 태항(太行, 타이항 산)·왕옥(王屋, 왕우 산) 등의 여러 산에 연결되어 하남의 경계에까지 이어졌다. 그 동쪽 줄기는 동으로 달려 삼하·계주를 지나 옥전현의 북쪽에 이르러 연산이 되었다. 다시 동쪽으로 풍윤현을 지나 진자진(榛子鎮)에 이르러 두 줄기로 나뉘었다. 남쪽 줄기는 동쪽으로 난주 창려현(昌黎縣, 창허)을 지나 갈석산(碣石山, 제스 산)에 이르러 곧바로 바다에 닿았다. 북쪽 줄기는 연산의 산맥에 연결되어 동쪽으로 천안·영평을 경유하고 무녕 동쪽에 이르러 바로 산해관에 닿았다. 산해관 너머로 또 구불구불 이어져 동쪽으로는 광녕위 서북쪽 의무려산이 되었다.

북경에서부터 여기까지는 모두 벌거숭이 산이었다. 그 사이로 대강(大江)[1] 북쪽, 태항산 동쪽, 연산과 의무려산 남쪽 수천리는 사방이 평평하고, 동쪽으로는 넓은 바다와 통했다. 광녕의 동쪽, 해주위의 서쪽, 요동의 북쪽으로 깊숙이 들어가면 트인 벌판이 있는데, 이곳이 이른바 학야(鶴野)였다. 해주위 동쪽에 가서야 비로소 안산(鞍山)이 있고 구불구불 이어져 남쪽으로 천산(千山, 첸 산)이 되었다.

여기서부터는 여러 봉우리와 겹겹의 절벽이 마치 창을 늘어놓고 병풍을 두른 것 같았다. 동남쪽으로 압록강에 닿으며 동쪽으로는 야인의 지경에 들어가게 되었다. 요동 남쪽에 분수령이 있는데, 그 북

1 일반적으로 '대강'은 '長江(양쯔강)'을 지칭하며, 기존의 번역본들도 '대강'을 양쯔강으로 번역하였으나, 장강 하류는 상해로 연결되므로 여기서 말하는 '대강'이 양쯔강을 지칭하는 것으로 볼 수는 없을 듯하다.

쪽은 물길이 모두 북쪽으로 흐르고 그 남쪽은 모두 남쪽으로 흘렀다. 석문령 남쪽으로는 산이 많고 나무가 우거지며 계곡물이 맑고도 푸르렀다.

북경에서 압록강에 이르는 사이에 하(河)라고 이름 붙은 것은 실상 모두 작은 내여서 비가 오면 물이 흐르고 가물면 말라 버렸다. 큰 강은 난하와 삼차하이고, 다음으로는 백하·대소릉하나 태자·팔도와 같은 강을 들 수 있다. 장강 남쪽 땅에는 무른 돌이 많았다. 그래서 육로는 모두 돌을 깎아 길에 깔아놓았다. 그 길은 진창을 가로지르기도 하고 산등성이를 타고 오르기도 했다. 영해현이나 봉화현 같은 고장에 이런 길이 많았다. 오강현처럼 수로에도 모두 돌을 다듬어 홍문교를 세우고 제방을 쌓아 물을 막은 곳도 많았다.

회하 북쪽으로는 한 군데도 돌로 다리를 만든 곳이 없었다. 배를 만들어 부교를 세우기도 하고 혹은 간단하게 나무로 다리를 만들었다. 육로에는 모래먼지가 하늘에 가득했다.

연산관을 지나면 아스라한 길이 끈처럼 이어지고 시든 풀이 사방에 가득하며 모기와 벌레가 덤벼들어 다니는 자들이 몹시 괴로워했다. 회하 남쪽 땅에는 비옥한 논이 많아 벼와 곡식이 흔했다. 서주 북쪽은 논이 없고, 요동 동쪽으로는 기후가 늦게 더워지고 일찍 추워져 곡식이 잘 되지 않고 기장만 잘 자랐다.

과거에는 강소·절강·복건 남쪽의 조운은 모두 장강으로 모이게 하고, 장강에서 바다에 배를 띄워 노하를 통해 북경에 당도하게 하였다. 호원(胡元) 순제(順帝) 때에 비로소 운하를 파고 제방을 쌓으며 갑문을 설치하여 물길을 이었다. 명나라 영락 연간에 이르러 황하를 터서 회하로 흐르게 하고, 위하(衛河)[2]를 끌어와 백하(白河)로 통하게 하여 크게 운하를 지었다. 물이 새는 것은 보와 방죽을 설치하여 막고, 물이 진흙으로 막히는 것은 제당을 설치하여 방지했다. 수위가 얕은 곳은 갑문을 설치하여 물을 저장하고, 물이 급한 곳은 홍(洪)을 설치하여 물길을 되돌리고, 여러 물길이 모이는 곳에는 취(嘴)를 설치하여 나누었다.[3]

패(壩)는 두 물을 막아 안과 밖에 돌을 쌓아 보를 만들어 배를 지나게 한 것이다. 보 위에 두 개의 돌기둥을 세우고 기둥 위에 가로로 나무를 끼워 문처럼 만들고, 그 나무에 큰 구멍 하나를 뚫었다. 나무 기둥 하나를 세워 그 가로나무의 구멍에 넣으면 바퀴처럼 회전하게 된다. 나무 기둥에 여러 개의 구멍을 뚫고 대나무를 쪼개 만든 밧줄로 배를 매어 나무 기둥에 묶고 짧은 나무를 여러 구멍에 단단히 꽂아 돌리면 배를 당겨 올라오게 했다. 패로 끌어올리는 것은 물길을 거스르는 것이므로 어렵고, 패에서 내리는 것은 물길을 따르는 것이므로 쉬웠다.

갑문의 구조는 양쪽에 돌을 쌓고 가운데로 배 한 척이 지날 수 있게 했다. 또 넓은 판자로 흐름을 막아 물을 저장하는데 판자 크기는 수심에 따라 정했다. 또 나무다리를 둑 위에 설치하여 사람이 왕래할 수 있게 하였다. 또 두 기둥을 나무다리 양쪽에 세우는 것은 패의 구조와 같았다. 배가 오면 다리를 철거하고서 밧줄을 기둥에 묶어

---

2 중국의 강들은 대개 서쪽에서 동쪽으로 흐르는데 비해, 위하는 남북으로 흘러 대운하를 건설할 때 중요한 뱃길로 활용되었다.

3 이 시설들은 물이 넘치지 않도록 하는 '제방'과 지금의 '댐'과 같이 강을 가로 질러 쌓았던 둑을 지칭하고 있다. 각각 구체적 규모나 용도에 따라 명칭을 달리했던 것으로 보이는데, 자세한 사항을 알기는 어렵다. 다만 '패'와 '홍'은 강물을 가로 질러 쌓았던 둑이 분명하고, '취'는 그 모양이 물고기의 입과 같다 하여 '어취(魚嘴)'라고도 하며 강의 한가운데에 설치하였다고 한다.

판자를 들어 올려 물길을 통하게 한 연후에 배를 끌어 지나가게 했다. 배가 지나고 나면 다시 막았다.

홍의 제도 또한 양쪽에 돌둑을 쌓아 둑 위로 배를 끌어당기는 길이 있는데, 역시 대나무 밧줄을 써서 배를 끌어당겼다. 한 척을 당기려면 인부 100여 명과 소 10여 마리가 필요했다. 패나 갑문이나 홍에는 모두 관원이 있어 인부와 소를 모아 놓고 배를 기다렸다. 제당과 취 등도 모두 돌로 쌓는데, 목책으로 된 것도 있었다.

절강진수(浙江鎭守)가 양왕(楊旺)을 보내면서 4월초 하루까지 최부 일행을 황도로 보내준다고 했다. 그래서 양왕은 밤낮으로 일행의 일정을 독촉했다. 순풍이 불면 돛을 올리고, 역풍이 불면 배를 끌고, 물이 얕으면 삿대로 배를 젓고, 물이 깊으면 노로 배를 저었다. 역에서는 식량을 지급받고 체운소(遞運所)에서 배를 바꿔주었다. 관원과 공물이 오고갈 때도 모두 그렇게 했다.

대저 백리만 떨어져도 숭상하는 것과 풍속이 달라진다. 하물며 천하의 풍속을 일률적으로 논할 수 있겠는가?

대략적으로 논하자면 양자강 물줄기로 남북이 나뉜다. 번성한 마을로 치자면 강남의 여러 부·성·현·위가 이루 다할 수 없이 번화하고 화려하다. 진·순검사·천호소·채·역·포·리·패 등이 있는 곳에는 그 부근으로 3, 4리나 7, 8리 또는 10여 리 멀게는 20여 리에 걸쳐 여염집이 가득하고, 길 양쪽에 상점이 있다. 또한 누대가 이어지고, 배들은 머리와 꼬리를 밧줄로 묶었다. 주옥·금은·보패가 산출되고, 도량(稻粱)·소금·철·물고기·게가 풍부하게 나오며, 염소·양·거위·오리·닭·돼지·나귀·소 등을 키우며, 소나무·대나무·등나무·종려나무·용안·여주·귤·유자가 나온다. 이곳이 천하에 으뜸이니 옛 사람들이 강남을 아름다운 땅이라고 한 것은 이 때문이다.

양자강 북쪽의 양주·회안 및 회안 이북의 서주·제녕·임청 등지는 번화하고 물산의 풍부하여 강남이나 마찬가지였다. 임청이 가장 번성하며 기타 관부가 관청을 둔 성들도 간간히 번화하고 풍성한 곳들이 있었다. 진·채·역·포·리·집·취·창·만·오·갑·패·천 등의 사이는 인가가 많지 않고 마을도 적적했다.

통주 동쪽은 인가가 점점 적어졌다. 산해관을 지나면 100리를 가야 겨우 마을이 나오지만, 초가집 두세 채에 불과했다. 그저 양·닭·돼지·나귀·낙타·소·말 등 가축이 들판을 덮고, 버드나무·뽕나무·대추나무가 무성했다. 팔도하 남쪽은 황량하고 넓어 인가도 없었다.

민가에 대해 말하자면, 강남은 기와를 얹고 벽돌을 깔며 계단은 모두 다듬은 돌을 썼으며 간혹 돌기둥을 세운 것도 있는데, 모두 굉장히 화려했다. 강북은 태반이 자그마한 초가집이었다.

복식에 대해 말하자면, 강남 사람들은 모두 넓고 검은 저고리와 바지를 입는데, 능라(綾羅)·견초(絹綃)로 지은 것이 많고, 양모모(羊毛帽)·흑필단모(黑匹段帽)·마미모(馬尾帽)를 쓰기도 했다. 이 천으로 수건과 띠로 머리를 싸매고 혹은 무각흑건(無角黑巾)·유각흑건(有角黑巾)을 썼다. 관원은 사모(紗帽)를 쓰고, 상을 당한 자는 백포건(白布巾)이나 추포건(麤布巾)을 썼다. 신발은 장화를 신기도 하고 피혜(皮鞋, 가죽신), 옹혜(鞝鞵, 생가죽신), 짚신을 신기도 했다. 또 수건으로 다리를 감싸서 버선을 대신하는 사람도 있었다. 부녀자들이 입은 옷은 모두 좌임(左衽)[4]이었다. 머리 장식은 영파부 남쪽은 둥글면서 길어 그 끝은 큰데 가운데 화려한 장식을 달았다. 영파부 북쪽은 둥글며 뾰족해 마치 소뿔 같았다. 관음관(觀音冠)을 쓰기도 하는데 금과 옥으로 장식해 사람들 눈을 현란케 했다. 비록 백발의 할멈이라 해도 모두 귀고리를 달았다.

강북의 복식도 대략 강남과 같았다. 다만 강북은 짧고 좁은 흰옷을 즐겨 입고, 가난하여 누더기를 입은 자가 열에 서넛이었다. 부녀자들의 머리 꾸밈 또한 둥글고 뾰족하여 마치 닭의 부리와 같았다. 창주로부터 북쪽 지방은 여자 옷의 여밈을 왼쪽으로도 하고 오른쪽으로도 하는데, 통주를 지난 뒤로는 모두 우임(右衽)이었다. 산해관 동쪽 사람들은 모두 거칠고 비루하며 의관도 남루했다. 해주와 요동 등지는 반은 중국 사람, 반은 우리나라 사람, 반은 여진 사람인데, 석문령 남쪽에서 압록강에 이르는 지역은 모두 우리나라에서 이주한 사람들이었다. 그 의관이나 말씨 및 여자들의 머리 꾸밈도 우리나라와 같은 부류였다.

인심과 풍속은 다음과 같다. 강남은 화순하여 형제·당형제·재종형제가 한 집에 동거하기도 한다. 오강현 북쪽으로는 간혹 부자가 따로 사는 경우도 있지만 사람들은 모두 이를 비난한다. 남녀노소를 막론하고 모두 승상(繩床, 접이식 의자)과 교의(交椅, 등받이가 있는 접이

4 '우임(右衽)'의 오기가 아닌가 생각된다. 일반적으로 '좌임'은 북방 기마민족 복장의 특징으로 이야기 된다. 말을 탈 때 말의 왼편에서 오르기 때문에 옷 또한 왼쪽으로 여미는 것이 편리하기 때문이다. 이에 비해 '우임'은 한족 복장의 특징으로 이야기 된다.

식 의자)에 걸터앉아 일을 보았다. 강북은 인심이 사나웠다. 산동 이북은 일가가 서로 지켜주기는커녕 다투는 소리가 시끄럽게 끊이지 않으며, 빼앗고 죽이는 일도 많이 일어났다. 산해관 동쪽은 사람들 성품과 행동이 더욱 사나워 거의 오랑캐의 기풍이었다.

또 강남 사람들은 늘 책을 읽고 비록 마을의 어린아이나 나루터와 배의 일꾼들이라 해도 모두 글자를 알았다. 최부가 그곳에 이르러 글자를 써서 물어 보면 무릇 산천·고적·토지·연혁을 훤히 알고 있고, 상세히 알려주었다. 강북에는 못 배운 자가 많아서 물어보면 모두 "나는 글자를 모르오."라고 했다. 그리고 강남 사람은 늘 물고기 잡는데, 작은 배를 타고 어구를 싣고서 그물과 통발로 물고기를 잡는 자들이 수천 명의 무리에 이르렀다. 그렇지만 강북에서는 오직 제녕부 남왕호(南旺湖) 등지를 제외하곤 물고기 잡는 도구를 보지 못했다.

또 강남 부녀자들은 모두 문밖을 나서지 않았다. 주루(朱樓)에 올라 주렴을 걷어 멀리 바라볼 뿐, 밖으로 길을 다니며 일을 하는 경우도 없었다. 그러나 강북의 부녀자들은 밭일이나 배를 부리는 등의 일을 모두 스스로 감당했다. 서주나 임청 같은 곳에서는 몸을 치장하고 몸을 팔아 값을 흥정하며 살아가는 것이 습속이 되었다. 또 강남 사람은 관원이 혹 스스로 일을 하기도 하고, 하인들이 호상(胡床)에 걸터앉아 있기도 했다. 관대(冠帶)에 표시도 없고 존비(尊卑)의 구분도 없어 흡사 아무 예절이 없는 것 같기도 했다.

그러나 관아의 위의는 엄숙하고, 군령은 엄정하여 대오가 정연하고 감히 떠들지 못했다. 일단 영이 내리면 격쟁 소리를 한번 듣고서 여기저기서 구름처럼 모여들어 뒤처지는 자가 없었다. 강북도 역시 그렇기는 하지만, 산동 이북은 명령을 내리고도 채찍으로 때리지 않으면 정돈할 수 없었다. 강남의 무기는 창·검·모(矛)·극(戟) 등이 있고, 갑옷과 방패 등에는 모두 크게 '용(勇)'이라 썼다. 그러나 활·화살·전마(戰馬)는 없었다. 강북에 와서야 비로소 활과 화살을 지닌 자가 있었다. 통주 동쪽과 요동 등지는 사람들이 모두 활쏘기와 말 타기를 업으로 삼았고, 화살대는 나무로 만든 것이었다.

또 강남은 용모를 꾸미기 좋아하여 남녀 모두 거울 달린 화장함·빗·칫솔 등의 물건을 지니고 다녔다. 강북 역시 그러했지만 가지고 다니는 자를 보지는 못했다. 강남의 저자에서는 금·은을 사용하고, 강북에서는 동전을 썼다. 강남의 장사꾼들은 주석(朱錫)을 팔뚝에 매고, 강북은 납으로 코를 뚫었다. 강남 사람은 농업·공업·상업에 힘을 기울였는데, 강북에는 놀고먹는 무리가 많았다. 강남은 육로를 갈 때 가마를 타고, 강북은 말이나 나귀를 탔다. 강남에는 좋은 말이 없으나 강북은 말은 용처럼 컸다.

강남에서 사람이 죽으면 큰집안에서는 혹 사당이나 정문을 세운다. 보통 사람은 대개 관을 쓰지만, 묻지는 않고 물가에 버린다. 소흥부 같은 곳은 성 근처에 백골이 더미를 이루고 있었다. 강북의 양주 같은 곳은 봉분을 만드는데, 강가에 만들기도 하고 밭두둑이나 마을 한가운데에 쓰기도 하였다. 강남의 상주와 승려는 고기를 먹는 일은 있어도 훈채(葷菜, 파·마늘 등)를 먹지는 않았다. 강북에서는 모두 고기도 먹고 훈채도 먹었다. 이는 강남과 강북이 다른 점이었다.

강남과 강북이 같은 점도 있다. 귀신이나 도교나 불교를 높이고 숭상한다. 말할 때 반드시 손을 흔들고, 화가 나면 반드시 입을 오므려 침을 뱉는다. 음식은 거칠고 탁자와 그릇을 함께 쓰며 젓가락을 움직여 먹는데, 기슬을 꼭 씹어 먹는다. 다듬잇돌과 공이는 모두 돌로 만들고, 방아를 움직일 때는 나귀나 소를 쓴다. 시장의 상점은 깃발로 표시를 한다. 나그네는 짐을 어깨에 멜 뿐 등에 지거나 머리에 이지 않는다. 사람들은 모두 장사로 업을 삼아, 비록 현달한 관리나 부자라 해도 친히 소매에 저울과 추를 가지고 다니며 작은 이익을 분별한다. 관부의 형벌은 대나무쪽으로 매질하기, 손가락 찢어 돌 매달기 등과 같은 것이었다.

기타 산천의 좋은 경치나 누대와 정자 같은 고적으로 사람들의 입에 회자되는 것들은 비록 붓이 다 닳더라도 다 기록할 수 없다. 최부가 지나며 본 것은 천년에 다시 없는 기회였지만, 상중이었기에 감히 멀리 다니며 유람하듯 좋은 곳들 찾아다닐 수 없었었다. 다만 따르는 네 명의 아전에게 날마다 이정표를 살피고 어느 곳인지 묻게 했다. 한 가지를 말하다가 만 가지가 누락되는 격이니, 소략하게나마 그 대강을 기술할 뿐이다.

원문

1. 別刀剿倭

萬曆三十九年辛亥八月, 倭船一隻, 經濟州, 向火脫而去. 牧使李箕賓令判官文希賢等, 領兵船, 追及, 使譯問之, 答曰, "以日本薩摩州大將沈安道標下將官, 差往安南國, 新通和好者也." 投示一幅書, 略曰.

安南國布政州右奇副將北軍都督府華郡公, 復書日本貴國薩隅日三州太守藤原家大將軍口, 凡欲成隣國通好, 當以信義爲先, 且貴國人豪産厚, 貨異物珍, 有聲於天下久矣. 我未嘗不欣然欽慕, 欲與交通, 曩因日本商人戒忽衣衲, 心甚可悶, 恭稟布政尙父平安王, 整治船艘, 使人送還, 此特交隣一事耳, 曷足以爲惠乎?

不意, 大將軍, 量廣度弘, 人容物接, 珍重異國, 金玉遠賓, 逮使人回, 厚贈以珍, 餘波, 宏大且貴, 官書中, 具述大將軍寄言, 正合我意. 共守盟誓, 磨而不磷, 販商徠往, 年歲財貨, 浩若丘泉, 寔兩國萬世之利也.

我有方物, 麝香一秤, 薰香一秤, 大香味五十枝, 小香味二封, 沈香二十斤, 上生香二十斤, 中生香三十斤, 上老香十斤, 下老香六十斤, 白松一片, 麝蠟一秤, 金裏匣一座, 圖匣一口, 絹各色五疋, 熟絹三疋, 金枕一座, 籠飯一座, 銃一口, 花繍三疋, 花帳二幅, 絇絲二幅, 紵絲一疋, 黃蠟一百斤, 白蜜四十埕, 桂皮二百斤, 兩帕盖一柄, 兩帕扇一把. 仰答厚恩, 寓敬於薄物之中, 通誠於萬里之外, 勿以爲哂. 又贈生漆十埕, 評鉢十口.

又附書‘都督夫人, 今有方物, 奇南一斤, 枕香一斤, 寄來太守夫人.’ 盖安南通好日本之書, 而日本今又報聘也.

觀其船制, 高大異常, 船上簇立者, 無慮百餘, 其中一人, 年可六十者, 着綠袍, 張黑傘, 坐船頭, 號令一船. 我軍慮其失捕, 卽以好語誘致於別刀浦口, 環列諸船, 攔阻去路, 伏精兵千餘於岸後, 約翌朝聞號砲, 水陸軍一時挾擊.

彼亦放砲拒戰, 船板兩重, 極其牢緻. 故我軍放將軍箭, 而僅穿外板. 良久, 酣戰而不能破, 軍官魏公濬·格軍彦千等, 逢丸而死. 乃以火箭亂射彼船, 多擲乾草, 煙焰漲起, 倭始大窮, 或自殺, 或燒死, 勇者或揮劍泳出, 而亦被岸上人射殺. 凡斬三十九級, 燒死八十三人, 收其兵器, 入武庫. 論功啓聞, 臺諫論其劫掠載貨, 牧使判官, 竝被拿推, 停其軍賞.

2. 琉球使者

萬曆四十年壬子七月, 琉球船二隻, 漂到大靜之毛瑟浦, 其中八人, 乘小船, 下陸求薪水. 其時判官李廷臣與大靜縣監韓繼咸, 馳至岸上, 招進問情之際, 戰船二隻, 聞警而至, 彼船見之, 倉皇擧碇而走.

落留八人中, 有馬喜富者, 頗解漢語. 言吾等俱在琉球國都城內, 以中原進貢, 萬曆三十八年, 受表文, 通船七十人內, 長吏三通事六同載. 九月二十日發船, 二十八日到福建, 翌年五月從陸路, 九月到北京, 納貢. 今年二月, 還到福建, 六月卄九日, 開船, 還向琉球, 遇逆風, 至此.

出示票帖, 帖云表箋各一道, 坐駕小船二隻, 分載貢儀馬四匹硫黃一萬觔. 喜富又言, "在北京時, 與朝鮮使臣李尙毅·李晬光·黃敬中等, 累日同處於玉河館." 事聞於朝, 給與衣鞋, 順付賀至使趙存性押解, 聞奏, 仍具咨硫球國知會.

3. 西洋漂蠻

順治十年癸巳七月, 西洋蠻舶, 漂敗於大靜遮歸鎭之大也浦. 一船共六十四人, 而得上岸者, 僅三十六人. 其人皆碧眼赤顴, 高鼻長身, 斷髮垂肩, 或髡頭剪須. 戴羊毛之毡笠, 履高後之皮鞵, 衣襟色長及髀, 襟袖俱爲連紐, 一引縮而衆紐齊脫. 長韈至膝, 結於袴內. 拜則去冠履, 兩手據地, 長跪而垂頭. 歌類漢調, 泣而無哭. 不知喫飯, 惟食酒肉麪糕, 尤嗜油煎餠, 亦能食蛇.

其諺字, 略似胡書, 而橫寫爲行, 從左而起. 凡數目字, 如數畫之, 但十字作X, 五字作V, 自六以上, 則又於V字之下, 隨數加畫.

初來時, 語音文字, 俱不可通, 以身手口眼, 爲之形狀, 相示爲喩, 而莫知爲何國人. 見其書册地圖, 意其來自西洋. 又聞其語音中, 乍有倭語之稱長崎郞可朔其之名, 試以倭語, 擧西洋吉利是段而呼之, 則衆皆歡喜曰邪邪, 邪邪者, 猶是是也. 使之各書名字年歲, 而譯以諺文, 爲首者, 曰白雞也, 音斯伊隱, 餘人名下, 亦多斯伊隱之稱, 斯伊隱者, 盖如中國之有姓氏也.

牧使李公元鎭, 以聞於朝, 備局遣譯人朴延來審. 朴延者, 亦西洋人也. 十餘年前, 漂來隷於訓局, 本名胡呑萬, 改稱朴延. 延之見漂蠻也, 戒勿先言以觀其爲, 漂蠻熟視延曰, "是與我輩, 如兄弟者也." 始與敍話, 相對垂淚, 中有舊隣, 言延之叔父已亡, 族屬猶存, 而延家遺墟草沒矣. 延嗚咽不自勝.

復問, "某地某人無恙乎?" 一人答曰, "我在其里, 而其人某年出商, 已過五六年而不還, 莫知其死生矣."

又問, "汝輩服飾[1], 何以異前?" 答曰, "君去後, 歲月多矣, 凡事漸變於舊矣."

又問, "何年開船, 欲販何物於何地?" 答曰, "道完島最饒麞鹿, 買鹿皮於此, 欲轉鬻於中原. 又持沙糖胡椒木香, 往販於日本, 遭風至此. 離家已五年矣, 我國商船, 多集於日本, 若送我於日本, 則可以因便得歸矣."

延曰, "日本獨郎可朔其開市, 而商船之聚集者, 例不得下陸, 皆於舶上交易而去. 且日本之法, 雖其國人, 從他國漂還者, 輒殺之. 況頃年, 因邪蘇宗門之雜入於朝鮮, 解送中, 對馬島主, 盡殺奪貨. 今送日本則必無全理. 且我來此國, 隷於都監, 身安而食足. 汝輩從我至京, 屬都監, 可得爲人矣." 漂蠻聞此, 遂有服屬之意. 翌年押送, 分隷於京外諸營.

西洋人多技術, 而精醫善曆. 巧匠良冶有才力之類, 多死於敗船救護之際, 餘存中, 星曆一人, 拳法二人, 善鳥銃者一人, 解大礮者十餘人.

其火礮之法, 必安礮車上而放之, 不但低仰周旋之爲便, 礮之發也, 輪自退轉, 殺其後蹙之勢, 免致筒裂. 粧藥則大礮八斤, 中礮六斤, 次中礮四斤, 鳥銃九錢. 鳥銃則鉛丸重八錢, 以鐵絲連綴二三丸而發之, 中輒同穴.

---

1 저본에는 '食'으로 되어 있다. 문맥을 고려하여 고쳤다.

敗船處撈出之物, 五十餘種, 而頗有寶物奇器, 龍腦數十斤, 倭銀六百兩. 琉璃漏一架, 兩甁接口, 中流沙. 測晷圓器, 制以熟銅, 懸環之樞, 活動游移, 能左右前後, 其刻度之數, 準中國之法, 略有差異. 又有測晷尺.千里鏡.琉璃鏡.雲母窓等物, 器皿多銅錫白鐵.

兵器皆輸本營武庫, 其中鳥銃, 以周尺長五尺七寸, 圍本六寸梢四寸, 口徑一寸, 耳廣一寸五分, 長二寸, 耳有盖有障, 共爲一樞, 皆可離合, 火機向內, 而點標鐵之在梢者, 小如菉豆, 在本者中割橫鐵, 從割痕而闕之. 其巧妙多出人意, 而今存者, 皆無粧筒, 不可詳其制矣.

長劍頗似倭制, 槍幹輕於桐枝, 韌而不折, 庫藏五十餘年, 而亦不蠹損, 不知何木也.

船已破碎, 而收其粧鐵, 多至萬餘斤. 布帆闊過四十六尋, 可想其船之絶大矣.

漂蠻年皆丁壯, 亦有十餘歲兒數人, 而自言行商往來之數, 至中國者三, 至日本者七. 夫西洋之於日本, 極天兩隅, 窮日出沒, 而此輩視若隣井, 不憚頻繁, 才離襁褓, 便涉滄溟. 穹壤間土風人習, 有如是者, 吁亦異哉.

4. 順治以後 漂商問答

順治九年壬辰二月, 蘇州人苗珍實等二百十三人, 漂敗於旋義川尾浦, 登岸獲全者, 僅二十八人. 書告云. 以大明南京商人, 弘光元年三月, 奉旨過洋, 往日本生理. 因淸朝爭奪天下, 殺敗李闖, 又下南京, 洪光被害, 俺等不敢回國, 仍往交趾生理, 往來七年. 今聞淸朝仁政愛民, 欲回本國. 正月廾二離日本, 二月初八五島逢風, 初九船敗於此. 若送俺等於日本, 則不過月餘, 可以得還南京.

問南方消息, 答曰, "弘光之後, 又有魯王, 先在漳福之地, 避清兵, 今駐廣東, 年號永曆, 以山西曲[2]沃縣人路鎮飛爲相, 郝姓人爲將. 又大明總兵姜祥姜瓖[3], 在大同據山西六府, 數破清兵數十萬. 後因糧匱, 爲其下所殺, 降于清朝. 陜西山東等地, 亦入於清朝矣."

問日本消息, 答曰, "聞去年四月, 國王死, 而其子代立. 又大琉球國紅毛國, 皆服屬於日本, 而南京福建等處商船, 往來日本時, 或漂至二國, 則大琉球見漢船, 要米送米, 要水送水, 紅毛船則海中逢着, 劫奪貨物. 俺等去歲見紅毛船六隻, 來在日本矣."

又問渠等生理, 則答以夥內山西陜西山東等地人, 則各以土産如藥材棗蠟氊毯等物, 賣於蘇州市, 貿紬綾銀子, 轉販於交趾, 得胡椒蘇木檀香牛皮糖藤之屬, 往日本長崎, 貿人參銅鐵海參黃鼠赤狐㺚皮香芃烟草等物, 還鬻於蘇州. 其自蘇州直往日本者, 多以繭絲紬段爲本. 可見蘇州長崎爲東西都會, 而天下之物湊於二處矣.

所謂㺚皮不知何物也. 五島亦日本所屬, 自日本至耽羅, 必經由於此. 所謂紅毛國, 疑古之毛人國也. 麗史云, "顯宗二十年己巳, 耽羅人貞一等二十一人, 漂到東南極遠島, 島人身長大遍體生毛. 劫留七朔, 貞一等七人, 窃小船, 逃至日本那沙府, 得生還." 今紅毛近日本, 貞一所見者, 豈此國歟. 本州押送珍實等, 轉觧燕京.

康熙丁未, 福建林寅觀等九十五人, 漂至大靜猊來浦. 其人皆以青黑

---

2 저본에는 '屈'로 되어 있으나 산서성에 '굴옥'이란 지명이 보이지 않고 중국어로 '屈'과 '曲'은 발음이 유사하므로 오자로 판단하여 고쳤다.

3 저본에는 '祥'으로 되어 있으나, '姜瓖'이란 인물이 확실하므로 고쳤다.

布裹頭, 結於額上, 間有剃髮者. 書告云, "以大明福建官商船, 載白糖鹿皮蘇木紬段藥材等貨, 往販於日本, 五月十一, 自東寧開駕, 廿三夜遇颶風, 漂到貴國. 觸碘船碎, 貨物多付波神, 願奉餘物, 蒙好生之德, 遣船載送於日本籠仔沙箕, 見長岐王, 請料造船, 得還本國."

其中林寅觀陣得曾勝三人, 則着騣帽黑紬道袍, 言貌文筆皆類儒士. 問以中原消息, 則答曰 "天下版圖, 擧歸清朝, 而惟永曆君保有四省之地, 時在廣西, 戢兵以待." 問 '單弱如此, 而可抗清朝邪? 永曆君才德如何? 於崇禎爲誰? 將相之任國事者何人也?' 答曰 "永曆卽崇禎皇帝之孫也. 昔西伯以百里而王天下, 我永曆君恢廓大度, 中興指日可待. 將相則孫可榮丁國公數人爲輔, 出將入相矣."

問今天下已歸清朝, 而百姓安堵, 則中原幾盡削髮否? 答曰 "獨四省之人, 不曾削髮, 山東等地, 亦有義士間出, 而未聞其成事爾." 問伱輩亦有削髮者何也? 曰 "削髮而後, 可入清界, 爲其往來貿易也." 其所賚中, 有青華一筒, 盌藥十六斤. 造甆器時, 擣此藥, 和青華, 畫而燔之, 則畫彩鮮明云. 事聞於朝, 押送北京.

其後庚戌五月, 沈三等六十五人, 漂到旋義未等浦. 剃髮者三之一, 黑布裹頭, 衣服則漢清倭三制相雜, 盖清制剃髮, 亦爲出商清界也. 自言 "本以大明廣東福建浙江等地人, 清兵旣下諸省, 俺等逃入香山島, 興販資生. 以今年五月初一, 開船于香澳, 將向日本長崎, 廿三遭風, 漂到於此. 所謂香澳, 乃廣東海外之大山, 清黎國之隣界, 本南蠻地也. 蠻人甲必丹來主其地, 後蠻人衰弱, 僅存三十餘人, 明人之避世者, 多入其中, 自大樊國遣游擊何貴者, 主管納稅."

問大樊國在何處而其君爲誰? 答曰 "隆武登位四箇月, 有鄭成功者, 名將也, 賜國姓, 封鎭國大將軍, 與清戰, 數敗之. 不幸天運將盡, 鎭國又死, 其子錦舍繼封仁德將軍, 逃入于大樊. 目今有數十萬人馬. 大樊在福建海外, 而地方千餘里. 香島人行販者, 皆受大樊國牌, 納船稅而無朝貢之事." 且言 "俺等貨本已失, 願往日本兄弟故舊處, 籍其救濟, 徐圖還鄕." 牧使盧錠, 曾稟廟堂, 故啓請直送回籍. 粧船垂畢之際, 漂人等, 夜刃守者, 乘空船而走. 其一半留在州城者, 自州買船, 送于日本.

其後丁卯二月, 蘇州顧如尙等七十人, 漂到旋義兎山海邊, 皆淸服漢語, 自言 "康熙二十四年, 因天下太平, 六府議奏, 沿海諸國, 始許通商, 海口每處, 置官收稅. 故俺等納稅銀六十餘兩, 受印票, 載紬段·白絲·花毯·藥材, 欲販於日本, 今月十四, 出吳松口, 卄二遭風, 漂敗於貴境, 死者四人. 願得一船, 因往長崎, 以其餘貨興販還歸."

使之書納姓名居住, 則福建·湖廣·浙江·江西·山東·江南六省之人相雜而來. 問其各居遠地何能同船. 答曰, "蘇州乃開市處, 故因其聚市, 相約爲伴矣." 問吳三桂等事, 答曰, "康熙甲寅八月, 雲南吳三桂·福建耿精忠·廣東尙之[4]信, 同時被徵, 三王自疑, 一齊謀叛. 連年發兵征勦, 三桂病死, 己未始平雲南, 盡滅三桂子孫. 壬戌鄭金舍銀舍兄弟, 與元帥劉[5]國軒來降, 幷獻所據臺灣島. 島在福建海中, 淸朝置一府二縣於其地, 封金舍等爲國公, 留置北京."

問曰, "今天下更無橫叛者耶?" 答曰, "兩京十三省, 皆已歸服, 天下太平一統矣." 又言, "甲申之難, 崇禎皇帝之子, 所謂三太子, 脫身逃去, 至今不知下落. 崇禎之弟弘光皇帝, 卽位於南京, 僅一年而被禽,

---

4 저본에는 '自'로 되어 있으나 오자가 명백하므로 바로잡았다.

5 저본에는 '有'로 되어 있으나 오자가 명백하므로 바로잡았다.

送北京絞死, 弘光則無子孫云矣." 所言鄭事, 與沈三略同, 而人名地名差異者, 似是音譌語轉之致也.

其後乙酉夏, 臺灣商船漂來大靜摹瑟洋, 其言臺灣事, 亦同此. 且言臺灣正在貴國之南, 十[6]四日可至, 福建省十五日可至, 日本一日一夜可至此島. 又云中國之行商於日本者, 悉江南·浙江·福建·廣東等省之人也. 日本人則元不往販於中國, 自大淸通商之後, 亦無侵犯之情矣.

丙子六月, 倭船一隻, 漂到濟州北浦. 自稱以日本南邊九老島人, 載琉球長史所送稅山米六百俵·及楊梅一千斤, 將納于北郡江口島主處, 遇風折桅, 漂流十二日到此, 因示琉球公文, 琉球服屬日本之說, 信然矣. 所謂俵, 卽十五斗一石之稱云. 留浦口候風數旬而去. 前後漢倭之漂到者多矣, 或覔柴水, 或理船具而過去, 其所問答, 無可聞者, 不錄於此.

自康熙廿八年, 朱漢源等解送北京時, 禮部回咨以貿易海禁已經停止. 嗣後內地漂船至朝鮮者, 停其解京, 除原禁貨物外, 聽從發賣, 令其回籍, 仍將名籍貨物, 俟貢便, 彙開報部. 故是後, 非本船破壞者, 則皆自本州直送回籍, 漂倭之船破者, 則押送於全羅左水營, 水營替送於釜山, 轉達其國云爾.

5. 記安南漂還人事

康熙二十七年戊辰, 濟州漂人金泰璜等二十一人, 還自安南. 具言上

---

6 원문에는 없는 글자이나 앞뒤 내용을 참작하여 첨가했다.

年丁卯, 泰璜以鎭撫, 押本州獻馬, 與舵工李德仁等二十四人, 九月初三日, 朝發別刀浦, 暮抵楸子島. 忽遇東北風大作, 柁折檣倒, 任風隨流, 凡經三旬, 漂至一處. 乞水於釣船, 釣者引至一官府, 而言語不相通, 乃以文字問答. 問所居及來由, 泰璜答曰, "我等朝鮮國全羅道興德縣人也. 以貿穀出海, 逢風到此, 不知貴國是何地耶." 答曰, "是安南國會安府也."

又至一處, 官員以書問答如初, 饋食拘留. 夜聞喧噪之聲, 有一將領兵而來, 盛陳軍威, 書示曰, "我奉丞相命來, 斬你奸細海賊." 泰璜書告曰, "我等非海賊, 明是朝鮮商人也. 檢審船中, 則可以立驗, 奈何欲斬無罪之人乎." 聚首號哭之際, 忽有一婦人, 從老官人自內而出, 對將軍語, 似有勸解之狀, 俄而將軍罷去. 老官人卽會安知府, 婦人其妻也云. 漂人之詭稱興德人者, 盖聞異國人以耽羅爲外高麗, 而往來商舶之漂過外高麗者, 多不得全, 昔有何國太子, 見殺於此, 諸國皆怨之故也.

翌曉, 又將泰璜德仁, 約行十餘里, 至一大衙門, 卽彼國所謂明德侯所居也. 又歷二官府, 皆如前取供. 是夜大風, 以小舟移載漂人而來, 本船遂覆, 所載盡沒. 國馬則當初已斃於舟中矣. 明日移置漂人於待變廳, 供給糧料. 未幾押赴王都, 晝夜倂行, 三日而至, 値王水嬉, 望見漆舫畫閣. 王在閣中, 左右楫櫂之士百餘人, 皆騣帽朱衣.

旣還宮, 命漂人, 以本國禮入見. 漂人等再拜於庭, 王被髮衣黑錦坐床上, 左右數十人帶劍侍立, 階下兵衛甚設. 宮殿不甚高壯, 陶土爲砌, 種竹爲城, 緣其地無石也. 竹城周可二十里, 外設軍鋪, 每數步, 安一砲, 又其外, 環以大塹, 引江爲池, 撤橋則儼成一島, 人馬不通, 明德侯城亦如此.

翌日又召見, 賜錢二十貫, 米八包, 魚醢八缸, 還送會安. 米以十斗爲包, 錢以六十文爲陌, 十陌爲貫. 錢如我國小錢, 升斗差大, 每錢一陌直米四斗. 米包則藤簞爲之. 還至會安, 留接關王廟, 自此不禁出入, 任便乞食.

凡住十朔, 備歷四時, 天氣常熱, 大冬之侯如我國八月, 夏多雨, 冬無雪, 草木長靑, 鳥獸稀毛. 地卑濕多, 大川自會安至王都, 四百餘里之間, 凡有七江. 田皆灌漑, 反耕移秧而無鉏耘之功, 割穗牛踏而無枷打之勞.

有稻三種, 白稻米黏者爲上, 黃稻黑稻次之. 一年再穫, 十一二月種者, 四五月熟, 四五月種者, 九十月熟, 此外無他穀. 俗善養蠶, 十月刈桑枝曝乾, 積置近水處, 待立春浸水埋畝間, 則旋生暴長, 葉大於手, 以此飼蠶. 連續不絶, 始自仲春, 迄于秋季, 其間收繭, 不知爲幾番矣. 無麻布苧布, 苧則生於近山不濕之地, 一年六取. 船夫爲索, 而但土人不知績治之法, 中國商人, 以苧布一疋, 來換花段二疋, 其貴如此.

胡椒蔓生, 葉似薯蕷而堅厚. 二月開花, 三四月結子, 八月熟, 如野蒲萄. 九十月收采晒乾用之. 其蔓喜託於檳榔樹, 老者大如股. 椰子樹高四五丈, 空心蹙節, 幹竦無枝. 枝葉攢生於樹頭, 童童如盖, 大類椶櫚之形. 枝間結子, 子大如斗. 削去外皮, 則有殼如匏, 中有白肉白汁, 味微甛. 檳榔樹高二三丈, 皮白葉厚, 頗似冬柏. 子如彌猴桃, 四時長存. 地無活泉, 皆飮江河溪澗, 水中多蟲毒, 飮者必以胡椒葉, 裹檳榔肉, 點蜃灰, 常咀嚼以解之. 以此人皆齒黑.

甘蔗狀如蜀黍而節促, 割而啖之, 如蜜. 正月以後, 刈梢埋之, 四五月笋盛則刈之, 用木磑碾取汁, 筧承鍋注, 初煑去滓, 爲烏糖, 再煉爲白糖, 三煉凝而成芒者, 謂之氷糖. 如沙糖雪糖五花糖之類, 皆粉調變成者也.

芭蕉最多, 大者圍可一抱, 高數丈, 其絲可織布, 或爲索或織屨, 貴人往往着之. 竹大者如棟, 小者如椽, 人家作屋, 皆用竹, 盖以茅, 或以木葉, 唯王侯盖以甎. 有丹木烏木黃木, 丹木卽蘇木也, 黃木卽耽羅之黃山木也, 皆可染色, 烏木堅可作器. 茄子樹高丈餘, 有紫白青三種, 至冬結子, 尤繁. 甛瓜西瓜胡瓜冬瓜之屬, 皆正月種, 三四月熟, 而至五六月, 則瓜瓤熱爛, 不可食矣.

孔雀大如鸛, 色綠翠, 頭有戴勝如傘, 尾長半丈餘, 羽端有暈者雄也. 棲於叢篁, 先作託尾之所, 隣境荷蘭國多産云. 象大如屋, 鼻長丈餘, 喜食芭蕉. 官家別作巨屋而養之, 鞍制如轎, 騎而涉江. 騎象者, 持鐵鞭, 鞭有鉤尖, 欲行則尖之, 欲止則鉤之. 鍊兵時則以象爲前驅, 象能自作天鵝聲, 隨金鼓進退. 其鍊兵, 每月間三日爲之, 士皆戴木冑, 弓無弰, 皮弦木箭, 或用土丸彈之, 有劒銃, 無哱囉喇叭之屬.

牛有兩種, 常牛則不耕不馱, 只堪充庖, 水牛則任耕田, 大於常牛, 背平毛麤, 色如鹿, 角長半丈, 世所稱黑角者也. 此牛性畏熱, 夏月則喜臥於水中. 馬則官員軍士得騎, 而其餘私家禁勿畜. 牛馬皆不馱載, 故以丈許之竹兩頭懸物, 肩擔而行. 魚塩甚饒, 凡百水族, 不可殫記, 所無者, 燕鵲鳶雉狐狸松柏桃李柿栗也.

人皆被髮跣足, 唯婦人及貴人或着鞋, 貴人則又以布纏脛. 女多美髮, 行則曳地, 故中結而剪其餘, 下齊於踝, 常漬膏蠟, 黏着於背. 貴人不冠, 侍臣着駿帽, 其制文官直, 武官摺. 賤者着簑笠, 尊前則脫去. 男女皆着長衣, 襟不交掩, 紐皆用純, 而一被則上下衆純齊脫. 衣之長短, 以辨貴賤, 尊者至踝, 其次至脛, 賤者至膝. 袖則男短狹女長闊.

下着短褌, 才及髀, 女則又有裳. 大抵服色, 多用皂.

中國商賈至安南皆蓄妻, 爲中國人妻者, 服飾皆如中國之制. 其拜皆叉手摅地而頭至地, 一拜三叩頭, 女人則無拜. 又婦女喜相聚圍棊. 行則乘杠輿, 其制以丈餘單杠兩頭橫杙, 織繩爲藉, 長廣容身, 兩端貫木, 如箴持經, 貫餘之繩, 上繫於橫杙, 杠頭雕龍而添之. 兩人肩行, 懸乘深穩, 坐臥俱便, 雨則覆席於杠上. 貴人皆乘此.

遭喪者分其髮爲左右, 父喪則左前右後, 母喪則右前左後. 有罪者以大竹爲枷而不繫獄, 使之行乞而食, 夜則聚於一處. 酒用燒酒, 以糯米爲麴, 餻以米粉和糖, 裹以蕉葉而蒸食之. 凡飯湌飦粥, 皆以筯, 器用畫瓷, 酒器皆用琉璃. 十錢可換一盃, 鍋釜之屬, 或銅或瓦, 絶無水鐵鑄者.

船用藤條, 貫版縛成, 形如我國之蠻裝船, 絞藤爲纜, 織藤爲帆. 凡行船多用櫓, 大船左右各十五櫓, 最小者亦不下三四櫓. 獵則以皮網禽虎而獻諸王, 獵夫跣蹈荊棘而足不傷. 此其風土之大略也.

翌年戊辰三月, 漂人等呈文國王, 願得賜船生還, 賜三貫錢一包米, 而不許給船. 其後再三呈文於明德侯, 轉奏國王, 王命賃載商船, 送于日本, 轉致朝鮮. 商船厭其同載, 托辭圖免. 會安府請以福建順歸五船, 分載漂人, 送于本省, 轉解燕京而歸之, 至六月議猶未決. 時漂人不伏水土, 前後下血而死者三人, 人皆失魂喪膽, 莫保朝夕. 又行資衣物, 夜被穿偸, 以此飢困日甚, 益無生還之望矣.

適有福建人陳乾·浙江人朱漢源等, 以商販到安南, 焚香於關王廟, 見漂人而憐之. 自願載送本土, 而就索雇銀, 泰璜等請以三百石米, 待既還相償. 乾等曰, 自安南至南京, 日本朝鮮, 水路略同, 皆可萬有五千里, 每千里水. 手價銀一兩, 三百之米不能當其半, 奈何? 乃以六百包米, 相議立券, 告知官家, 國王定送差官, 點檢舟檝人.

卒七月十八日, 船人二十八同載漂人, 移泊一港, 會安府送米十五包, 魚醢十缸, 酒一缸, 油一缸, 大魚脯三片, 冬苽十五枚, 蠟燭十五柄, 金牋紙二束, 香三束, 載船, 別以錢一貫五陌, 米半包, 付朱漢源買柴. 又差官三員來檢, 以明德侯咨文授船主.

咨曰, 安南明德侯吳, 爲奉令調載回籍事據. 丁卯年十月間, 有漂風, 小船一隻, 到安南本國, 計二十四人. 詢稱朝鮮人, 緣出海貿易, 不意風波大作, 破船貨歿等語, 查係貴國商民. 俯憐同體, 荷蒙本國王體好生之德, 施格外之恩, 安挿會安地方以給錢米, 不意業已病沒三人, 現存二十一人, 俟南風調載送歸. 但各船歸帆, 俱屬廣東福建等處, 卽有往日本洋船, 泒送回國, 奈海洋遼闊, 前後不齊, 難期必至, 恐漂人等, 終不遂回籍之願也.

晝計不全, 籌度再三. 玆有大淸寧波府商船, 於本年三月間, 載貨來至安南生理, 原在招添客貨貿易之船, 今爲漂人等二十一人, 懇求回貫甚切, 幸船主陳有履財副朱漢源等, 憐憫衆苦, 流落他鄕, 慨發義擧, 特將本船客商等, 辭送別船, 抛棄生理, 允將本船載至朝鮮, 送回本籍, 以使漂人等遂願等語, 前來合行咨啓, 爲此欽奉安南國王令, 准寧波府商船, 任聽船主等料理, 送歸本籍.

今船主陳有履等, 捐資整理船隻, 幷請識路夥長舵工及招集駕船人等, 一應料理外, 本國協助糧蔬食物, 以資難人等日食備用. 船主等率領于本月二十二日, 揚帆開駕. 但恐關津條例森嚴, 准此備文移送朝鮮貴國, 希査實驗明. 敢望回文卽交船主收集, 俟帶至本國, 以慰懸念也. 祈將本船整理, 俾其速早以回大淸, 不勝幸幸, 須至文者. 正和九年七月二十二日.

下有圖書無印信, 所謂陳有履, 卽乾之一名也.

二十八日, 得南風, 八月初六日, 至廣東界, 過金門衛. 九月初三日, 到福建泉州崇武衛, 阻風本衛, 點檢所過縣衛, 皆如此.

又過漬海平海兩衛, 船損於暗礁, 還泊修裝. 十六日, 到福州福淸縣, 陳乾家在此縣, 往留數日, 取米而回. 到千戶所, 阻風絶糧, 買番薯以救飢, 番薯者, 番中薯蕷也, 肥大異常, 土人家家種之以充糧. 晦日到磁澳, 阻風半月. 有得西國米而來者, 狀如磨粦, 作粥有臊臭, 不可食也.

陳乾又自其家, 載米十二包而來, 人有生意. 十月望後, 連値逆風, 或般舟紆行, 而乍退乍進, 過北郊衛. 十一月初三日, 到浙江溫州, 聞前有海賊, 不可獨行, 要得伴船, 依岸停待. 初十日, 到台州盃山, 有賊船截路, 夜回溫州. 十六日, 陳乾以安南票文, 往告於溫州府, 卽命千摠沈國輔等五員, 領巡哨六船護行. 又於乾船, 添載射砲手, 盛張旗幟以備之.

二十四日, 至寧波府金齒門前洋, 沈千摠分贈米一包·鷄三首·醢一器, 與漂人書曰, "天涯地角之人, 偶此相逢, 同行多日, 情意已孚, 今旋爲別, 不勝缺然. 君等莫言再不相逢. 男兒行色, 本無定蹤, 他日再見, 不是好朋友麽, 好去珎重." 相與揮淚而別.

過象山縣, 到石坡衛, 停船樵汲, 有一士人, 以小舟載米六包.乾白魚二包, 送書漂人曰, "聞朝鮮人漂至安南, 而浙江商船載回本貫, 誠可幸也. 玆以些物奉餉, 萬里滄海, 免飢利涉."

二十九日, 至定海縣補陀山下, 補陀臨海孤秀, 越中名山也, 其高大奇峭, 髣髴於靈巖月出山. 中有大伽藍, 其前鍊石築路可數里, 又跨澗爲虹橋, 有一首僧坐榻上, 儀皃殊尊嚴, 欵接泰璜等, 贈以詩一絶,及普陁勝境圖. 留泊半月, 理船聚糧, 十二月十四日, 發船, 十五日, 過江南松江府界, 乘西風, 截海而行.

舵工每於船頭, 以木片投水, 走到船尾, 觀其木片之遠近, 以驗舟行之遲疾曰 '今日行得幾里' 是夕呼謂德仁曰, "明朝伱當見伱國之山." 朝而無所見, 舵工曰, "今日風轉於北, 舟行不利故也." 遂般紆而進, 向夕始見一山在雲際, 而不知何地. 朝望山頭, 白雪皚皚. 漂人咸出船頭, 諦視則乃漢拏也. 莫不悲喜踊躍, 併力棹, 入於塞達(漢拏山南村名)前洋.

盖自安南歷廣東福建浙江江南四省, 數千萬里之間. 山之高大, 未見如漢拏比矣. 自補陀抵濟州, 較濟州之抵海南差遠云.

泰璜德仁, 先以小舠登岸, 來告官家如此, 卽令移船於西歸浦, 遣譯官接待陳乾等. 且問其何不自安南直來本國, 而從補陀開洋之故. 乾等答曰

"由安南至朝鮮之路, 先由尖筆羅開洋, 而至海南大州頭山, 沿西而行, 先歷廣東各府, 經福建漳泉興福四府, 浙江溫台寧波等地, 從補陀山開洋, 向東北而行, 以至貴國也. 始意南風之令, 七月開船, 不過二旬, 可到朝鮮, 不料開帆之後, 恒遇北風洶浪, 處處艱阻, 延至半年. 其間修船辦糧, 種種勞費, 俱出債貸. 願得六百包米如約, 仍換鮑魚海參, 以爲資本."

事聞朝廷, 不許貿易, 折銀償米, 以旱路解送北京, 安南回咨, 亦順付以送.

又以安南之僭稱年號爲問, 則陳乾對以安南本以交趾故地, 明朝得雲南而棄交趾, 任其貢獻, 往來而已, 不加正朔久矣. 今我皇上, 且循古例, 不與較量, 任彼自爲, 正如日本之稱貞享年號也.

乾等以己巳五月還去，後三年辛未九月，福州長樂縣人陳坤薛子千等三十三人，又自南洋，挐舟而來，泊西歸浦，稱以謝恩，奉表進禮物，陳坤卽乾之弟也，薛子千亦前同來者也．坤言其兄乾，往安南復命，故使渠替來．申謝兼請貿市海參鮑魚，其禮物數十種，有奇錦·異香·荔枝·龍眼·明薑·徽墨之屬，本州拒而不納，坤等懇求不已，至欲自入內地．不得已具由啓聞，謄上表文，朝廷以上表僭禮，潛商有禁，辭而却之．

後三年癸酉十二月，江南商船，漂敗於濟州，夥長莊文煌，卽戊辰年與金泰璜同來者也．本州買舟送還．

甲申秋，余至耽羅，泰璜已死，招問德仁等，參以泰璜遺記及本州故實，備述其始末焉．

6. 唐船制

唐船之體，首尖低而尾開擧，張脅隆脊，狹底闊中．其造法，凡木之相接處，皆以鐵釘淬魚油，表裏交椓之．本版用單葉，廣四五尺，厚二三尺者，長不足則連木爲之，必令腹廣梢殺，勢如仰弓．每一尋，夾立一柱如偃月形者，別以大釘釘着柱根於本版．以杉版厚四五寸者，從柱外連附於船首 及兩脅．鑿左右柱之內面，橫納以版，間間隔塞，自首至尾，皆然．其上空處，以木爲脊，鋪版爲屋，每間脊傍，作一穴，用蓋版開閉，以通人之出入．

正中一間，隔其半，爲水函，從上汲用．其傍一間，上作土室，安爨具，又於中間，別架一版，周以防牌，凸出船外，爲更衣之所．船尾一間，別起層閣，尊者居之．柁工坐處，安定南針，以辨四方．

又於船屋上, 兩傍周作版樓, 樓下屋上, 任風濤之出入. 蓋渾船上下表裏縫罅, 悉以魚油石灰塗, 雜袖網之類鐵籤塡入, 復以油灰彌其上. 船之外面, 則又以油灰渾漆之, 所以體船常沈於水中, 而水不能滲入, 版樓高出於屋上, 而波不能激越者也.

船無橫駕之木, 而但於豎桅兩處, 以連抱大木, 橫着脅版(俗稱杉板)之上, 夾椿以持桅. 桅長倍船, 大者在腰, 小者在首. 小桅之長, 得三之一. 帆廣加船長十之二, 其制皆用藤, 踈簟複粧, 葉絮條縫, 俾不漏風, 片片橫連, 捲若屏摺, 其懸落用轆轤.

柁櫓碇皆如我制, 而但柁尾爲二穴, 貫以雙索, 從船底而引繫於船首之轆轤, 風波之所不能動. 櫓用椧木, 或櫨木(俗稱籠木), 而尾設一櫓, 所以制船, 首置丈木, 所以旋船, 此外無它楫櫂. 碇枝冒以鐵, 常載賸碇七八, 以備損失. 帆索雜用棕(俗稱於烏花)藤, 碇索則用南椶, 椶纜沈水不濕, 數十年不朽, 藤索亦支五六年云.

船上小舠, 謂之三版, 其制略同本船. 凡抛碇樵汲, 皆用三版, 蓋本船喫水丈餘, 未易近岸故也.

濟州舵工李德仁, 漂到安南而還, 熟諳浙福海船之制. 唐船之前後漂來者, 濟人亦多見之. 故參詢其法, 附錄于此, 以備任事者伐柯之則焉.

7. 山東漂商

康熙丙戌正月, 山東人車琯等十三人, 漂至大靜西林浦. 自言以登州萊陽縣人, 與客商.水手三十四人同船, 載黃豆·紫草·防風·杏仁·白蠟·繭紬·塩·猪等物, 要往蘇州興販, 正月初四, 遇風漂流, 凡八日而到此. 俺等先以汲水船下陸之際, 大船忽被東北風, 漂去云.

其所乘小舠, 不可駕海, 留三月, 以旱路解送北京.

琯等農商之外, 無所聞識, 故就問所居山東田賦之法, 則以爲山東皆是旱田, 而分爲三品, 城郭村居爲上地, 近村肥壤爲中地, 山坡瘠薄爲下地. 其耕墾荒地則用四牛, 熟田則或二或三, 竝糞田. 二月晦三月初下種, 鉏七八遭, 至七月下旬, 始穫. 每畝, 上田種粟二椀, 中一椀半, 下一椀. 二椀可當高麗之一升有半. 中年所收, 上田粟十石, 中六七石, 下四五石, 皆以高麗斗言之也. 田租則每畝, 上田銀三分二釐, 中二分八釐, 下二分二釐. 歲歉則半減, 大凶則全免.

身庸則每丁歲收銀一錢六分, 十歲爲丁, 六十而免. 每五年, 審戶造丁籍, 無論貧富, 一例收之.

船稅則每於四季朔, 海船一隻納銀三兩, 商稅則隨貨多少而定額, 戶調則無之. 凡稅悉以錢銀, 不用穀布, 故自天子.王侯.百官.吏胥, 皆以俸錢, 貿易衣食.

又民年八十者, 官家歲給銀三兩·絹一疋·錦衣一套. 年饑賑救則每月農夫米七十椀, 兒童二十四椀, 皆以乾粮計給矣. 琯等凡量粟, 以椀計者, 盖以山東之升太大, 與高麗斗一樣云.

又令唱謳, 髣髴於國俗之所謂太郎謳, 又似濟州之杵歌, 而但聲不高促爲異矣.

8. 記日本漂還人語

康熙四十五年六月, 濟州書員李繼敏等七人, 還自日本, 言渠等於今年二月初, 以小船載運茅草, 洋中遇風, 漂向東南, 凡三晝夜, 望見天際有三峰, 夜泊其下. 翌早下陸求水, 遇島人, 呼之告急, 而語音不通, 但相叫噪. 俄有一官人, 領軍而來, 以文字書問來由, 繼敏書對曰. "我等以朝鮮國全羅道康津縣人, 貿粟於青山島, 遇風漂到, 而絶食飲, 已六日矣." 官人卽以粥飲與之, 押至官舍, 索戶牌戶籍, 盤詰甚苦.

問其地名, 云五九島, 或稱五島, 乃日本肥前州所屬也. 謂之五九者, 以大島五小島九也. 地廣倍於濟州, 多山林, 時二月初旬, 而麥已穗矣, 橘方黃熟, 大如柚子, 味微苦, 家家有之.

留三日, 以船五隻押我船, 別載繼敏於他船. 東南行四十餘里, 至一島浦名土人. 又北行三日, 至奉行浦, 浦近島主所居, 島主乘大馬銀鞍, 兩人執轡, 前後呵擁而來, 儀威頗盛.

有一僧, 服袈裟嬰水晶念珠, 騎馬而隨, 下坐浦村, 進漂人問情, 仍命漂人歌舞而觀之大喜, 饋以酒肴. 男女聚觀如堵, 男髠頭女北髻. 衣則皆穿長襖無袴. 留三日, 日一宴, 人給衣一領紙一卷, 病者則湯藥救療.

自土人浦, 循島而北行, 可八十里, 又候風二日, 越一海, 可三百餘里, 至長崎之西島. 又行四十里, 入泊長崎. 長崎倭言稱南加沙伊, 中國商船之來泊者, 簇檣如痲, 不知其數.

引至島主殿, 及門而去鞋. 又歷四重門, 入伏於庭, 仰見五層臺上有二層殿, 殿上設絳紗帳, 島主坐於帳內, 左右列侍者, 皆佩雙劍, 膝席而坐. 自殿至階, 數十百人, 使譯者傳言問情, 旣畢, 出送漂人等, 坐於門外, 未知吉凶, 聚首而泣, 譯者來言, "汝等安心, 今當移咨對痲, 送還汝國矣." 仍安置層閣, 使人守視, 人給斑褥一具, 胡椒一合, 煙草二斤.

自二月二十五, 至四月初七, 留長崎. 一日登高, 觀覽形勝, 浦東西四十里, 南北三十里. 山勢四圍, 西開一口, 口闊堇一里許. 其內自成太湖, 湖水不深不淺, 澄碧徹底, 四邊皆泊步, 藏船甚穩. 湖中饒魚藿鰒魚, 大者其甲可容三升. 緣湖周回百餘里, 人家相連, 而西南北多漁戶, 唯東一面, 繁富爲最. 有三峯中峙, 島主殿當其下, 江南館在其左. 循岸築砌, 爲內外二層, 內高一丈, 外高可四丈, 長如湖廣. 潮滿則外砌之不沒者數尺, 兩砌之間, 闊可二里, 當殿與館之前並開, 大渠抵內砌而止. 跨渠爲虹橋八所, 橋闊數十步, 其下通船, 左右有欄, 砌與橋悉鍊石爲之. 橋之兩頭, 各作里門, 八條大路通貫南北, 夾路列肆, 緝緝如魚鱗. 地無寸隙, 皆爲二三層閣, 如是者三十里, 但殿前渠, 則爲六橋, 以其地差狹也.

江南館凡九十屋, 屋長數百步, 周以大城, 城上交排鐵戟, 如鹿角狀, 前有一門, 倭人設軍舖把守, 門外豎八尋鐵竿, 開市則懸旗於竿上, 潛商者斬之. 江南寺在館右, 商船多集, 館不能容, 則或分處寺中. 安南館在北岸, 亦三十屋.

所謂西島, 當浦口, 有百餘家. 譯者云去壬戌年, 漢人多挈家逃來者, 日本使居此島, 自成一村. 西島直南高峯, 有烽燧, 置別將候望, 凡有來船, 輒擧火相報, 月廩十兩銀, 或失瞭則斬之云.

江南館傍多倡家, 漢商之買歡者, 隨其才色而定價多少, 其俗謂之銀娃, 以此長崎多漢人子孫.

其地銀賤, 凡買賣皆用銀, 亦有銅錢文, 曰通天之寶, 八十文直銀一錢. 米一包, 可當我國之七斗, 直銀六兩. 薪貴如桂, 以銀六兩換百斤, 五島之人, 多販柴於此.

四月初, 對馬島主回咨始至, 且送官人譯者, 迎漂人而去. 自長崎修葺船具, 宴饗而送之. 初九日, 離長崎, 宿西島, 曉發北行, 可五百里, 夜至時我島, 留三日. 十四日, 又北行七十餘里, 至五時馬島, 留十二日. 此島民貧俗薄, 又好食蝨.

一日鯨魚入浦, 倭船二十五隻截浦捕鯨, 人持逆鋩槍, 繩繫而刺之. 鯨魚怒奮鰭鬣, 曳繩而奔, 水面坼開數百步. 船圍四面, 迎其所向而交刺之. 半日被數百創, 猶不死, 時時屈强, 蹴波噴沫. 待其氣力摧殘, 衆乃齊力呼噪, 糾槍繩而曳出之, 長十二尋. 漂人觀之, 吐舌, 倭人曰, "我輩常捕此, 脯其肉而然其脂, 或一擧而潤九縣矣, 今之所獲, 特其雛耳."

二十六日發船, 東北行可八十里, 至可坐毛島. 以上三島, 皆非巨鎭, 幅員堇比我國之珍島. 留五日, 五月初二日, 又西北行可四百里, 而至對馬島. 島比五島半之, 多山磽瘠, 略似濟州. 見家家張彩旗, 架雜象於門前, 問於譯者, 答以國俗端午設此, 凡五日而撤云. 問情饋酒, 各給蘇木一斤, 煙草十匣.

留半月, 循島之東角, 回至北面沙史乃浦, 自此陸距島主所居山南五十里云. 又留半月, 六月初七日發船, 北行可九十里而至釜山, 受公文於萊府而還.

盖自長崎抵釜山, 水路除其迂回, 則不過千里. 又繼敏在長崎, 聞通事輩與漢商, 論水程之語, 自江南浙江濱海抵長崎, 堇三千里, 而濟州居半云.

又所歷諸島, 並無水田, 人食非粥非飯, 每時不過三四合. 墓而不封, 只有標石. 馬着草屨而行, 多巨竹, 有眞珠木, 葉如芭蕉, 凌冬不凋, 幹直上, 至末有枝, 如張傘. 大者十餘丈, 宜於船檣. 其他雜樹之冬青, 石色之灰黑, 獸之多鹿, 禽之無鵲, 人家之無溫突, 皆如濟州云.

9. 記琉球漂還人語

康熙二年癸卯, 海南縣士人金麗輝等二十八人, 漂到琉球, 由日本而還. 麗輝有日錄, 記其始末, 其略曰.

歲在辛丑, 湖南大飢, 麗輝與其子處西, 弟子李世峻, 同縣士人李挺時, 良人朴禮元等男女並廿九人, 流入濟州.

明年壬寅九月, 得商人李加叱金船, 與濟州人南麟等合三十二人同載, 二十四日朝發別刀浦, 中流遇西北風, 漂流南洋, 六日而到黑海, 水色如墨, 掬而視之, 則無異凡水, 試浸白物, 亦不染色. 又行四日, 而海色還白. 過黑海時, 望見有物如島嶼, 漸近而諦視之, 乃大鰲也. 其色微黃間青, 擧首開眼, 乍沈乍浮, 舟人散擲米粒, 祈禱而過.

十月初一以後, 船中水盡, 乃煮海取露而飮. 其法釜盛海水, 中置空器, 反盖釜冠, 又盛水其上而煮之, 則露滴器中, 味如泉水, 而一番所得, 不過半椀. 人多水少, 不能遍霑, 渴死者四人, 而處西亦在其中. 當初, 儲水不爲不多, 而舟人濫用, 以至於此.

初三, 忽見海中有禽, 背翠胸白, 小如鳩鷂, 繞船飛鳴, 人皆怪之. 午後望見, 東方有山微露於雲靄間. 明日始得一島下碇, 乃琉球國大島地界云.

初五, 將下陸, 有小艇六隻, 搖櫓而來, 其疾如飛, 導我船, 入泊岸下. 麗輝等相與扶將下陸, 琉球人多來救護, 先與白粥, 繼以粘酒, 有一菜, 名曰牛毛, 皮赤肉白, 蒸食之, 味如薯蕷, 此物最宜於久飢, 雖過食而不傷人云.

留置我人於浦村, 圍籬守直. 初七, 彼人書示小紙曰, "爾國人四死者, 輸至前山, 將埋之, 以爾國禮乎? 以吾國禮乎?" 麗輝書於紙尾曰,

"遠人等脫風濤萬死之患, 荷貴邦款遇之恩, 碎首糜骨, 報答無路, 況此死者埋葬, 尤出望外, 德洽生死, 感結幽明. 兩國葬禮, 雖或不同, 入鄉循俗, 古語有之, 今日之事, 唯命是從." 又書曰, "爾等皆來見之."

我人隨往, 則堀地丈許, 盡解小殮衣衾, 坐屍坎中, 周以衣衾, 覆以長桶, 令我人擧哀, 我人放聲痛哭, 彼卽止之, 塡土旣平, 又令擧哀. 不封土, 但立一石. 墓各異色, 又樹緇帶草於前, 其草葉長, 背有刺, 色正翠, 嫋嫋如孔雀尾.

初八, 船載我人, 移往大島, 卽長吏所在處也. 浦上新造館舍, 樹柵圍籬, 置卒守直. 籬外竪柱揭版, 列書七條事目, 字類眞草而不可解識. 自長吏以下, 至幕屬, 及遠近男女來觀者, 逐日如市.

我人供饋, 則一日人給米一升, 五日一給饌物, 而都計醬七升, 鹽四升, 乾魚一斤, 菜物二斤, 燒酒一椀, 煙草一斤, 酒肉則間間別饋. 所謂升, 大於我升, 較之四倍.

麗輝等, 凡住六朔, 經冬閱春, 氣候常暖, 冬無霜雪, 草木不凋. 十月以後種穀, 稻則秋種夏收, 而每於正二月, 移秧矣. 牛馬鷄犬, 鳥雀之類, 皆如我國所産. 嚴禁屠牛, 雖宴享, 止用鷄猪.

風俗淳厚, 絶無爭競, 待人以誠, 不爲表襮, 貴賤相見, 禮無拜跪. 服飾則頂心翦髮, 斂其餘髮, 作髻於右, 揷以銀簪, 貧者用竹. 以長巾裹頭, 鬢毛頷須皆翦去, 而獨留頤顪. 衣長袂帶兩重, 左佩大小環刀, 不袴不襪, 但以緜布數尺, 從股間互纏於腰. 女人則頂上作髻, 不施朱鉛, 着袂衣, 襲單長衣, 以十餘幅單裳, 環裹於腰, 上引邊幅, 從脛間前掩而上扱於裳帶. 嫁則黥其手背以表之. 男女皆着草鞋.

舞則叢立一處, 蹈而不旋, 垂手反復, 各弄十指, 微聲細語, 自相注目, 一人拍手, 百人應之. 歌則類禪誦食經之狀, 無琴瑟鼓笛, 只有三絃琵琶二絃嵇琴.

局戲有圍棊雙陸. 遭喪則一哭而止, 無變服之禮. 人居皆版屋而無煙突. 俗尙釋敎而無寺刹, 書籍有佛經而已. 刑罰無笞杖, 有罪者使箕坐, 而以長木壓其兩脚, 五犯以後, 斬之. 此外如婚姻祭祀之禮, 拘於防禁, 不可得知.

始至, 長吏書送一紙曰 "此島毒蛇喰人則十死一生, 藪中草中, 皆戒之. 今爾等敬保身, 夜行必以炬也." 麗輝答曰 "敬受敎誨, 感拜感拜." 長吏又持酒饌來餉, 因以文字相與問答. 長吏問所居何地, 因何漂流. 麗輝具以實對. 又問本國之事, 答曰, "貴賤有別, 長幼有序. 文士讀四書五經, 武人習三略六韜, 禮用朱文公家禮, 律用大明律. 至於朝廷制度地幅遠近, 鄙人等俱以鄕曲賤士僻在王都數千里之外, 未得其詳."

語次, 麗輝請見曆書, 長吏曰, "我曆雖與之, 不可知也." 麗輝曰, "知不知在我, 大人盍許之乎?" 長吏微哂, 使從人取單張曆日遞與之, 自此每以書札問訊往復. 一日麗輝請寬法遊覽, 長吏許令步往前浦, 任意徘徊, 且贈二貼紙.

十月廿九, 長吏來見曰, "長崎日本之地, 唐人之所來往也, 且近對馬島. 今送老生等, 從長崎抵對馬, 轉歸本國. 老生等曾聞對馬島乎?" 答曰, "聞之矣. 誠如所敎, 恩德難報. 自此至對馬爲幾許里耶?" 長吏曰, "海路遼闊, 何可的知." 麗輝問, "此地有橘柚梨栗棗柿等果乎?" 答曰, "無之." 又問, "瓜薑胡椒西瓜東瓜有之乎?" 答曰, "有之. 欲食則當覓餉也." 又使從者送一鳥, 其形類鶡鷩. 長吏曰, "鳥名里鷺也. 子也食之不疑, 爾等食之不食, 可任意也."

其後, 麗輝等, 上書長吏, 稱述恩德以謝之. 報書曰, "吾子去國, 萬里漂流, 至于此島矣. 異鄕異言, 不可通心, 宜哉宜哉, 鳴不平之懷, 而有感愴之心也. 然而君子處危難之道, 吾子平生所守矣. 語云, 孔子厄於陳蔡, 古聖人尙如此, 吾子安心保養老身也."

癸卯二月, 長吏書問, 賜木緜二段. 麗輝等, 爲長吏立木碑於戟門前路, 長吏婢之, 以書辭焉. 三月初二, 長吏邀麗輝挺時及船頭李加叱金於府中, 設宴以餞之. 以五層畵函, 盛各色饌品, 鑞甁盛酒, 具盃臺, 各置於三人之前, 使之隨量行酌. 令我人唱歌, 麗輝辭以子喪, 挺時加叱金, 迭唱數闋, 長吏以下, 拍手稱喜.

十四, 分載我人於兩船, 使種田市兵衛(官名也)古見與人浦與人(船人之稱號也), 領船護行. 候風浦上, 廿九, 將發船, 長吏又來餞, 遂擧帆辭別.

向昏風雨大作, 同行一船, 漂散相失. 四月初一, 泊屋九島, 地狹人少, 乃日本薩摩州所屬云. 待風六日, 過種子島, 洋中望見, 西有屈曲如臥龍者, 口[7]永良部島也, 北有突起如笠帽者, 硫矼島也. 東南間, 又有小島, 名曰竹島云.

初八, 夕泊薩摩州山川着津, 護行者, 往報本州. 數日與州大夫官及通事李國, 俱至船所, 問以來由, 麗輝備陳首末. 大夫官問曰, "爾國所尊尙何事?" 麗輝答曰, "所尊孔子, 所尙儒敎." 曰, "不知佛事乎?" 答曰, "山間, 或有寺刹, 而有識之人, 不爲供佛之事矣." 大夫官勃然有怒色, 挺時附耳語, 令詭辭對之. 大夫官復問曰, "爾國則然矣, 南蠻國天竺國尊佛乎否乎?" 答曰, "南蠻隔海萬里, 不可知也. 天竺, 西

---

7 저본에는 '口'가 빠져 있으나 문맥과 지명을 고려하여 첨가했다.

域也, 釋迦氏出於西域, 宜其尊尙之也.” 有解文僧在坐, 見之, 有喜色, 顧與大夫官相語. 李國云, ‘爾等稱以釋迦氏, 故大夫解怒矣.’

大夫官, 令我人歌. 又問我國釀密作蠟之法, 書以記之, 留李國護送, 回船而去. 李國言, “我父李連弘, 本朝鮮人, 居京城, 我母晋州人也. 丁酉之難, 竝被虜而來. 我雖生於此地, 實朝鮮人也. 今見爾等, 如逢故人.”

麗輝, 因從容問曰, “日本與何國爲鄰? 有征伐之事乎?” 國曰, “往在壬辰間, 七年動兵, 終無所利, 國人至今悔之. 其時不利於朝鮮, 旋卽移兵擊降琉球, 世受朝貢. 今則國內太平, 無征伐之役. 南蠻最近而失和, 已久不相通信云.”

留薩摩, 以待漂失船, 五月初一, 漂船始來. 盖漂流八晝夜, 堇泊於日本戶之浦, 待風二旬而回船云. 初三, 大夫官又來點檢, 各給細苧半匹, 移載一船而去. 有平盛純者, 以四書疑義, 日來叩問. 麗輝以文字論答, 其人甚喜, 稱謝不已.

初九發船, 至片浦遇風留滯. 十八, 擧碇過六沙加浦, 翌日到長崎. 此地乃日本大都會也, 人物繁富, 室屋壯麗, 唐船二艘方留泊云. 翌日倭人以屋艇載我人, 引至官府, 跪於庭下, 左右兵衛甚設, 點閱行裝, 還送船所.

卄一, 移載於對馬島船, 李國及琉球護行人, 皆辭去. 麗輝寄書大島長吏, 略曰, “海上一別, 怳如瑤臺之夢, 引領瞻望, 能不依依. 鄙人等, 九死十生, 始達長崎. 閤下之恩, 銘在心肝. 每於東海上月出之時, 宛接閤下淸儀也. 伏未知近間閤下體履若何? 黃河不斷, 白首相思.”

卄五, 發長崎, 明日宿雪島, 又明日至對馬島. 島主盛說酒饌以待之, 許令隨意遊觀. 六月初三, 分饋禮物各細布二匹·煙草三匣·煙竹四枚. 十五離發, 行六日而到院浦待風, 七月初五夜, 泊釜山浦, 卄五還海南故居. 去時生妻, 已抱恨而死, 依然有令威化鶴之感矣.

按麗輝本錄, 略於山川物產, 可恨也. 其所謂牛毛萊, 恐亦番薯之類. 嵇含南方草木狀曰, 甘藷薯蕷之類, 或曰芋之類, 根葉亦如芋, 皮紫而肉白, 蒸煮食之, 味如薯蕷. 海中之人, 壽百餘歲者, 由不食五穀而食甘藷故爾. 麗輝所食者, 豈此物歟.

官吏漂海

濟州往來使命及官吏漂海者, 前朝則無聞焉. 國朝成化甲辰, 旌義前縣監李暹, 漂至中國南京楊州府. 邊將始疑海寇, 拘囚. 經月, 見暹作詩有"布帆十幅不遮風"之句, 知其好人, 待以客禮. 轉送北京, 順付本國使臣朴楗以來.

萬曆 丁未 正月, 大靜前縣監, 李瑞龍渡海, 全船四十餘人漂死.

康熙 乙巳, 牧使軍官金元祥,許定等, 漂至日本萬馬島, 倭人送還.

辛未十月, 大靜縣監張後[8]載, 倭譯卞爾球遞去, 洋中船敗, 六十五人溺死.

使命則崔溥一人而已. 惟牧使判官, 自設邑以來, 無一人漂沒者云.

記壬乙倭變

嘉靖三十一年壬子五月十八日, 倭船一艘, 漂破於旌義川尾浦. 三百

---

8 저본에는 '後'가 '后'로 되어 있으나 오자가 분명하므로 바로잡았다.

餘人同載而來, 漢商蠻人, 雜於其中, 登岸殺掠人物, 島中大駭. 牧使金忠烈, 使判官金孝良, 旌義縣監金仁領兵勦捕. 卄六日, 始破倭陳, 賊走入漢拏山林藪中, 出沒寇剽. 官軍經月屯守, 民皆廢農待變. 時勅三邑, 折破大小舟船, 盡去楫物, 而旌義浦口, 適有一船未破者, 賊奪乘而走. 前後捕斬堇百餘人.

事聞, 金忠烈, 金仁坐失捕拿處, 金孝良以乘勝妄進, 致牌手四人見殺, 杖贖. 旌義色吏柁工, 減死杖流, 流倭俘于成川. 以武臣李玎代忠烈, 玎携妾緩行, 臺啓請斬, 命減死杖百, 充軍旌義. 牧使南致勤以六月卄八渡海而來, 抄選土兵才武者, 啓設別侍衛甲士合七十餘人, 授遞兒祿, 勸習弓馬. 朝家亦別遣軍官, 分防要害.

及乙卯, 金秀文代致勤. 六月倭八十艘, 自湖南轉寇濟州, 入泊別刀浦, 圍州州城三日, 不能下, 賊將退. 秀文率輕銳追躡, 多有斬獲. 論功增秩嘉義, 賜表裏一襲, 遣弘文官校理尹毅中宣勞將士. 是後濟州無復倭警云.

吉雲節

吉雲節, 本善山, 校生也. 狀貌魁梧, 自以有奇相, 當爲人君, 常懷異圖. 與益山庶孼蘇德裕, 海南僧惠修等, 結黨入濟州, 潛誘土豪別監文忠基, 洪敬源等十餘人. 又結營軍官崔弘, 儉都訓導姜應賢等, 聚謀於沖菴廟. 欲乘陸來載馬船多集之日, 會兵馬蹯川, 馳入城中, 殺牧使以下守令, 因據一島, 治兵北渡. 刻日擧事, 而德裕以三邑軍卒疲弱, 雖得之無益, 雲節, 亦恐事成之後, 權歸忠基等, 先自首告. 時萬曆辛丑六月初四日也.

牧使成允文收捕德裕忠基等二十輩, 械送京城, 咸施典刑. 雲節亦以首謀幷誅, 餘赦不問. 遣御使金尙憲宣布德音, 以安反側.
或云, 雲節卽汝立謀主, 所謂吉三峰者也. 以其頭有鼎角類三峰. 故以此爲號也. 己丑之後, 亡入濟州, 復出死中求生之計, 誑誘島民, 有此告變. 州之古老傳說如此, 事或然也. 趙徹[9]南穓錄亦如此. 又云德裕汝立之甥也, 己丑安置濟州.

金萬鎰 牧馬

濟俗尙畜馬群牛屯, 無家無之. 然而一人所畜多不過數百匹. 萬曆間有金萬鎰者, 本旌義正兵也. 少時貧甚, 得一牝馬, 寄牧他群, 而先作草勒, 充滿一室, 人皆笑之. 馬漸蕃息, 積數十年, 漢拏東面百餘里之地, 馬群彌滿, 以谷量之, 猶孶孶焉, 不解益勤, 聞人有善馬, 則不計其直而買, 作種馬, 搜訪采入, 歲以爲常, 以此多產駿良, 世稱金家入山馬.
三邑歲貢御乘, 多出於此. 前後獻馬, 千餘匹. 朝家輒以官爵酬之, 官至知中樞府事, 年過八十而終, 有五子, 或出身爲守令, 或以軍功秩嘉善. 至于曾玄, 皆傳其業, 富豪累世不絶.
順治己亥, 朝家收其餘馬之散在子孫者, 以國馬相換, 別設山馬牧場, 以萬鎰子孫, 世襲監牧之職. 夫萬鎰無他功能, 特以善牧, 起於卒伍, 致位崇秩, 流澤後裔, 古未有也. 雖猗頓烏倮, 方斯蔑如云.

---

9 저본에는 '徹'가 '敬'이라 되어 있으나 인명 오류가 분명하므로 바로잡았다.

徐判官斬蛇

徐判官憐, 成宗朝右相鄭文炯之外孫也. 善弓馬, 十六魁武科, 十九爲濟州判官. 州俗不能陶瓦, 公私皆草屋. 人言漢拏山有神物, 惡火氣, 若陶瓦, 不利於事, 且有殃咎. 徐不聽, 遂燔造, 數月, 官舍茅盖, 悉易以瓦.

所謂神物, 乃大蟒也. 處巖穴中, 能興妖作孼, 島民以爲神. 每歲春秋擇民女年十五, 未經人者, 洗置盤上, 進之穴前, 使巫覡作樂禱之, 則蟒噬之以入. 不然則終歲風雨大作, 田野如曳木處, 百穀損傷. 故官籍村女, 計年以次用之.

徐慨然有除害之志, 造大斧長槍, 與牧伯及兩縣宰, 約於春祀日, 齊往戮之. 至期皆稱疾不出. 徐奮身獨往, 手槍, 當蛇穴, 使力士二人操斧立左右. 依前樂作, 蟒果出頭. 徐槍拄其口, 力士斫其頸, 其害乃絶. 徐亦是夜遘疾, 逾旬而卒. 時正德乙亥四月初十日也. 邑人莫不悲痛云.

按連山徐譜所記如此, 而濟州先生案判官徐憐, 到任三年而卒, 牧使成秀才, 是年三月十八日先卒於任所, 與此記略有參差. 且徐君卒後六年而冲菴謫來, 備述土風, 不遺微細. 若有異事偉迹, 果如此錄, 則耳目所逮, 不翅赫赫, 而其文字間, 不少槪見, 何歟? 是可疑耳.

洪爐宮基

古洪爐縣, 在漢拏南麓下, 地勢平敞, 泉甘土肥, 背山面海, 左右淸流, 實島內之勝區也. 今有大村, 聚居其地. 村中有平田方可數百步,古老相傳號爲大闕基, 久遠文券, 亦以大闕基稱之.

旌義一境, 自古無瓦屋, 而獨此田多瓦片, 又有礎石. 今入人家, 可證其宮室遺址, 而未知何代所作. 耽羅則都於山北, 卽今之州城. 此外未聞以宮闕名其居者. 按高麗史, 元順帝欲避亂於濟州, 遣使輸御府金帛, 且營宮室, 工匠皆挈家而來, 功未訖而元亡. 又島中皆惡石, 惟山房石品差勝, 其下多有伐石未運而積置海邊者,

洪爐南五十里有西歸浦, 地志俗傳朝元時候風處. 據此數端, 疑順帝所營, 卽此地也. 夫一人失道, 四海鼎沸, 以天下之大, 無地置身, 乃欲自竄於南溟萬里之外, 哀哉.

弘治元年, 戊申正月, 敬差官崔溥在濟州, 聞父喪.

閏正月, 初三日, 與陪吏程保等四十二人, 開船於別刀浦, 夕至草蘭島, 依西岸下矴. 夜遇風矴破, 舟漂過黑山島而西, 四無島嶼.

初七日, 至白海. 又因北風, 退向東南而行.

初九日, 海色愈白. 南望, 山形在有無中. 且有人煙之氣, 意謂琉球國界, 將往泊, 東風又作, 舟復向西.

初十日, 雨, 海色還淸. 發濟州時, 載陸水于鼻居舠以隨, 自漂風後相失. 船中, 絶食絶飮, 嚼乾米, 飮溲尿. 至是因雨下, 以衣漬之, 取汁分飮. 舟人始能掉舌噓氣.

十一日, 至一大島, 覓溪流, 抔甘水而飮. 不食凡八日, 始煎粥而啜. 島無避風處, 又縱舟而去.

十二日, 海色還白. 到寧波府下山, 遇海賊, 持兵來劫, 盡奪衣糧, 截去矴艣, 而放之大洋. 因復漂流.

十五日, 海色赤濁.

十六日, 到于牛頭外洋. 西望連峯疊嶂, 撑天包海. 多有烽臺列峙, 山上乃台州府臨海縣界云. 是行所歷雖曰一海, 水性水色, 隨處有異. 濟州之海, 色深靑, 性暴急, 雖少風, 濤上駕濤, 激洄瀊泂, 無甚於此. 至黑山島之西猶然. 行過四晝夜, 海色白, 自白而還靑. 以後, 風力雖勁, 濤不甚高. 至還白以後, 始有島碞, 皆岩壁, 谺礧砢, 上載土, 有雜卉香草, 蓊蔚長靑. 水性悠弱, 若不遇大風, 罕見驚波駭浪之患矣.

十七日, 有唐船六船擁來, 包圍我船, 爭入攘敓. 從者或欲擊却之, 溥止之, 權辭觀勢. 乘其避雨入船倉之時, 雖相率下陸, 穿林踰嶺而遁. 後聞之, 則守寨官, 欲獻馘圖功, 誣報倭船十四隻犯邊. 將往捕斬之際, 溥等先自捨舟, 投入人多之里, 故不得逞其謀云矣. 是日被里人遆驅過五十餘里 冒夜衝雨 艱楚萬狀.

十八日, 路遇海門衛千戶二員領兵而來, 押至桃渚所訊問.

卄二日, 把總劉澤又來, 前後盤詰甚苦. 溥辨對詳明, 且以所賫印信馬牌文書爲證. 把總曰: "汝邦累世朝貢, 無侵逆之, 請當遇以禮, 轉送本土", 卽饋以茶果.

台州, 古東甌國之地, 在閩之東越之南, 臨海縣又其東南絶徼. 風氣溫暖, 恒雨少日. 溥當正月而到, 氣候與三四月同, 麰麥欲穗, 笋芽方盛, 桃杏滿開. 又山川高大, 林藪屛翳, 人物繁夥, 第宅壯麗, 別是一區天地也.

桃渚所屬海門衛城, 有重門鐵局, 列建戍樓. 城中市店聯絡, 人物繁富.

卄三日, 發桃渚. 把摠差千戶翟勇, 護送于總兵官.(謂指揮僉使也.)溥及陪吏俱乘轎以行.

卄四日, 至健跳所. 城臨海岸, 人物第宅, 盛於桃渚. 有張輔者, 以其登科錄來示 曰, 我國制, 草茅士登第者, 皆官給俸祿, 旋表門閭, 刺衙亦書賜進士及第某科某等人. 引至其家, 前街, 果以雕龍石柱, 作二層門, 金碧眩曜, 其上大書丙午科張輔之家. 其意欲誇示之. 曰我再中科第, 歲受米二百石, 旌門三層, 因試重試小錄輔見之, 下跪曰, 我殆不及矣.

卄五日, 乘舟過海, 夕至越溪巡檢司. 城在山顚.

卄六日, 舍舟從溪岸, 而溪之通海口, 甚廣闊. 復乘轎, 過寧海縣, 宿西店驛. 驛有甲兵警戍, 如防禦所.

廿七日, 在西店驛. 是日大風, 大雨溪漲, 仍留.

廿八日, 冒雨踰嶺, 宿連山驛. 驛東二里有奉化縣.

廿九日, 至北渡江. 自牛頭外洋, 西北至連山驛, 群峯列岫, 糾紛繚繞, 溪澗巖壁, 縈紆錯亂. 至此江則平郊廣野, 一望豁如, 但見遠山如眉耳. 江之北岸, 築一壩, 壩卽挽舟上過之處. 壩之北, 築堤鑿江. 乘小舠, 過石橋十三, 行二十餘里. 江之東堤, 閭閻撲地. 其西南望有四門山, 連天台·會稽·秦望等山. 棹至寧波府, 截流築重城, 城皆重門. 層樓水口, 皆設虹門, 門有鐵扃, 可容一船. 棹入城中, 江廣百餘步. 高宮巨室, 夾岸聯絡, 紫石爲柱者, 殆居其半. 奇觀勝景, 不可殫錄. 棹出北門, 門亦與南門同.

二月初一日, 過宋石將軍廟. 自府城至此十餘里間, 江之兩岸, 市肆舸艦, 坌集如雲. 過此後, 松篁橙橘, 夾岸成林. 至西壩廳, 壩之兩岸, 築石, 斷流以隔外江, 傍設機械, 以竹綯, 輓舟而過. 至西璵鄉之新堰, 外捍江湖, 輓濟官船, 槩與西壩同. 棹入慈溪縣, 過臨淸亭, 夜泝江而北.

初二日, 早發, 遡西北而上. 江山高大, 郊野平鋪, 人煙稠密, 景物萬千. 過餘姚縣, 夜至下新壩, 有大樹數十株, 列立江中. 晨到中壩.

初三日, 泝上虞江, 而上虞縣在南岸. 至曹娥驛, 舍舟過壩. 步至曹娥江, 亂流而渡. 至東關驛, 復乘船, 夜宿江岸.

初四日, 到紹興府. 日出, 撑鑑水而上. 水自鏡湖一派, 來繞城中, 自城南泝鑑水而東而北. 棹入城, 城有虹門當水口, 凡四重, 皆設鐵扃. 過五大橋·祐聖觀, 可十餘里有官府, 闤闠之繁, 人物之盛, 三倍於寧波府矣. 摠督備倭都指揮僉事黃宗, 巡視海道副使吳文元, 布政司分守右參議陳潭, 連坐于澂清堂, 兵甲笞杖, 森列於前. 引溥等供後, 又本國歷代沿革·都邑·山川·人物·俗尙·祀典·喪制·戶口·兵制·田賦·冠裳之制爲問, 使之仔細, 來將質之諸史, 以考是非. 溥悉條對而惟戶口·兵制·田賦, 則以儒臣, 未知其詳爲辭. 三使相問畢, 卽饋以茶果, 以單子送禮物, 又賜從者糧饌有差. 溥卽做謝詩, 再拜, 三使相亦起答禮致恭, 退復沿湖, 棹出城外, 留泊於蓬萊驛前. 夕, 知府及會稽·山陰兩縣官, 皆優送糧饌.

初五日, 曉, 三使相並轎而來, 點檢行裝. 點畢, 又饋茶果.

紹興府, 卽越王舊都, 秦漢爲會稽郡, 居浙東下流. 府治及紹興會稽, 山陰二縣衛之治, 臥龍山, 俱在城中. 會稽山, 在城東十餘里, 其他若秦望等高山, 重疊崒嵂, 千巖萬壑, 競秀爭流于東西南三方. 北濱大海, 平衍無丘陵. 蘭亭在婁公埠上, 卽羲之修禊處. 賀家湖, 在城西南十餘里, 有賀知章千秋觀舊基. 剡溪, 在秦望山之南, 距府百餘里. 江流有四條, 一出天台山, 西過新昌縣, 至嵊縣, 北經會稽, 上虞而入海, 是爲東小江. 一出山陰西北, 經蕭山縣東, 復山陰抵會稽而入海, 是爲西小江. 一出上虞縣東, 經餘姚, 慈溪, 至定海而入海, 是爲餘姚江. 一出金華之東, 陽浦江義烏合流, 至諸暨縣, 經山陰, 至蕭山, 入浙江, 是爲諸暨江. 其間泉源支派滙溺, 堤障會屬從入者, 如脈絡藤蔓之不絶.

又遡鑑水而西, 至梅津橋. 距岸五里許, 有山隆起, 東有石壁削成, 前有二大石人立. 其一天作, 人形逼眞. 又過融光橋, 鋪, 南有小山, 山脊有古亭基, 人以謂蔡邕見椽竹, 取爲笛之柯亭之遺也. 又一錢江, 蕭山縣界. 至西興驛, 驛之西北平衍廣闊. 卽錢塘江, 水潮壯則爲湖, 潮退則爲陸. 杭人每於八月十八日, 潮大至觸浪, 觀潮之處也. 自驛前舍舟乘車, 而行可十餘里, 至浙江. 江流曲折傍山, 又有反濤之勢, 故謂之浙江. 江闊可八九里, 江長西南, 直抵福建路, 東北通海. 華信所築捍潮之塘, 凡六十餘里, 石築如新, 故又謂江爲錢塘江也. 緣塘岸步行, 則西望六和塔臨江畔. 至杭州城南門, 重城疊門, 門有三層樓, 入其城, 十餘里, 至武林驛留. 翌朝鎭守太監張慶使人來問曰, 鄭麟趾·申叔舟·成三問·金浣之·趙惠·李思哲·李邊·李堅, 俱係朝鮮人物, 是何官職? 溥答曰, 鄭麟趾·申叔舟·李思哲, 俱位至一品, 成三問, 位至三品. 餘四人則我以後進之士, 不知其人之職品. 有按察提調學校副使鄭大人, 與一大人偕至, 問本國科擧之制. 溥曰, 每於寅申巳亥年秋, 聚儒生精業者, 試以三場. 初場疑義論中二篇, 中場賦表記中二篇, 終場對策. 一道取若干人. 翌年春, 又聚入格者, 試以三場. 初場背講四書五經, 取通四書三經者, 中場賦表記中二篇, 終場對策一道, 聚三十三人. 又聚三十三人, 試以對策一道分次第, 謂之登文科, 第許放榜, 賜紅牌給花蓋, 遊街三日, 後又賜恩榮宴·榮親宴·榮墳宴, 許通出仕之路. 又問曰, 文章體格如何? 溥曰, 表倣宋·元播芳, 記論倣唐·宋, 義拈出五經文, 疑拈出四書文爲題, 竝遵華格, 對策倣文選對策. 又問曰, 你治何經? 溥曰, 四書五經, 雖未精硏, 粗嘗涉獵. 又問曰, 經書你可歷數其名? 溥曰, 庸·學·論·孟爲四書, 易·詩·書·春秋·禮記爲五經. 又問曰, 易字何義? 溥曰, 以易字形言之, 則合日月字也, 以易字義言之, 則有交易變易之義. 又問曰, 易之位數, 寓於何物? 溥曰, 河出圖洛出書, 聖人則之. 又問曰, 非圖書則不能作易乎? 溥曰, 天下萬物皆有數, 雖見賣兔者, 亦可以推測易中之位數也. 兩大人相顧目擊, 謂溥曰, 你實讀書士. 此地人固不識也. 鄭大人忘其名, 號東園子, 齋名卽復齋.

有王价者, 來問曰, "景泰年間, 我國給事中官張寧, 奉使你國, 做却金亭詩, 皇華集, 你曉得否?" 溥曰, "張給事到我國, 題漢江樓詩, 光搖青雀舫, 影落白鷗洲, 望遠天疑盡, 凌虛地欲浮之句, 尤稱籍." 其人喜形於色, 又云, "張給事致仕在家, 家在嘉興府之海鹽縣, 距此百里. 張公到此杭城, 聞朝鮮文士漂海來, 欲問朝鮮事, 留待累日, 前一日回去." 价, 乃給事甥也. 有陳梁者來言曰, "區區曾與張寧靖之大人, 往你國回還." 溥曰, "張公位至何官, 緣何不仕在家?" 陳曰, "張公官至都給事, 後任都御史, 因無子不仕, 四十二歲, 回家養病." 布政司大人徐圭, 按察司副使魏福, 同坐驛館, 引溥等謂曰, "送你還國, 你可放心好還, 差指揮楊旺護送赴京." 有姓名顧壁, 掌驛中事者, 誠心相待, 凡所聞見悉告無隱, 溥解衣與之.

浙江布政司, 東南至海, 南至福建界, 管十一府州, 統七十六縣. 內有杭州爲第一, 卽五代時吳越國, 宋高宗南渡遷都之地, 所謂臨安府也. 府治, 仁和, 錢塘兩縣之治及鎭守府·都司, 布政司, 鹽運司, 按察院, 鹽法察院, 中察院, 府學, 仁和, 錢塘學, 武林驛, 俱在城中. 城中又有吳山, 其景最好. 上有十廟, 伍子胥廟, 三茅觀, 四聖廟等也. 又有九井三潭, 吳山, 大井爲上, 郭婆, 上八眼, 下八眼, 中八眼, 西寺等井居次, 又以小溝浚西湖之井, 導入城中. 府之鎭, 乃武林山也. 西湖在城西二里, 南北長, 東西徑十里, 山川秀發, 歌管駢闐之地. 竹閣在廣化院, 白樂天所建. 樂天詩宵眠竹閣間者此也. 岳鄂王墓, 在棲霞嶺口. 冷泉亭, 在靈隱寺前飛來峯下, 古誌, 許由嘗飮於靈隱澗者此也. 表忠觀在龍山南, 有東坡所撰碑. 風篁嶺在放牧馬場西, 卽東坡訪辨才之處. 南屛山在興敎寺後. 崖壁剝落之餘, 唯存司馬溫公隷書家人卦及米元章書琴臺二字, 坡詩, 我識南屛金鯽魚者此也. 蘇公隄, 與興教寺相對, 東坡守杭時所築, 長十餘里, 中有六橋. 旌德觀在蘇公隄第一橋下. 袁韶奏請建祠, 取錢塘名人自許由至張九成及節婦五人等三十九人, 摘傳立祠. 豐樂樓在城西湧金門外西湖岸, 其北有環碧園. 玉蓮堂在湧金門城北, 門內又有湧金池. 玉壺園在錢塘門外, 東坡詠南漪堂杜鵑花卽此也. 門西有先得樓. 雲洞園在昭慶寺北, 花柳參差, 中有婦人墓. 石函橋在水磨頭, 白樂天湖石記云, 錢塘一名上湖, 北有石函者是也. 揔宜園在德生堂西, 摘東坡詩淡粧濃抹揔相宜二字, 御書堂扁. 斷橋在揔宜園西, 所謂斷橋斜日岸烏紗者此也. 西石頭在石函橋西, 秦始皇東巡浮海纜船之地. 孤山在西湖, 孤山路西山之東, 有林和靖隱廬古基及墓. 三賢祠在蘇公隄第三橋下, 乃白文公, 林和靖, 蘇文忠公祠. 已上古蹟, 皆顧壁所說. 杭卽東南一都會, 接屋成廊, 連衽成帷, 市積金銀, 人擁錦繡, 蠻檣海舶櫛立, 街衢酒帘歌樓, 咫尺相望, 四時有不謝之花, 八節有常春之景, 眞所謂別作天地也.

十三日, 發武林驛, 過層門十四·大橋, 十餘里. 至城北門, 門有三層重城, 外門又二層, 榜曰武林之門. 自門外, 可十餘里間, 市肆相接. 至德勝壩河, 邊畫舫綈纚, 不可勝數. 楊旺與其弟楊昇及松門衛千戶傅榮, 錢塘人陳萱北京人李節等, 合十七人. 溥濟橋, 橋有三虹門, 上有華光寺·江漲橋. 橋有四虹門, 橋上有江漲鋪. 至香積寺, 卽東坡所遊之地也. 自德勝壩至此, 浙江以南, 商舶俱會, 檣竿如簇. 夜過三橋, 皆設五虹門, 甚高大.

十四日, 泝謝村河而東. 其南岸石堤, 長三十餘里, 都布按三司所新築云. 過十二里洋, 鴻麗河, 河上有塘西鎭. 至崇德縣, 知縣趙希賢, 厚饋糧饌.

十五日, 泝上龍淵, 過三塔灣, 至西水驛. 驛前建石柱, 作屋廊於河中百餘步, 纜舟於廊下. 驛丞何榮以詩三絶見遺, 溥亦和之. 榮另將菜饌乾鷄八帶魚等物以贈曰, 我朝郎中祁順, 行人張謹, 曾使朝鮮, 著皇華集. 國人賡和, 徐居正居首列也. 其詩有曰, 明皇若問三韓事, 文物衣冠上國同. 今見足下, 誠千載一遇, 蒙不棄, 復承和詩. 謹奉薄禮, 少助舟中一膳, 希目入, 幸甚. 溥曰, 祁郎中文章淸德, 人所欽慕, 今爲何官, 張行人亦任何職? 榮曰, 郎中見貶, 爲貴州石阡府知府, 今已卒矣. 行人被罪, 今充錦衣衛之軍. 因問曰, 徐居正今爲寧馨官職? 溥曰, 爲議政府左贊成. 榮曰, 居正文章, 亦海東人物也. 至嘉興府, 府卽古携李城. 河抱城, 自東南而南而西而北. 其屋宇宏壯, 景物繁華, 亦與寧波府同. 城西, 有唐相陸贄故里, 旌門在河之畔.

十六日, 牽舟遡, 至鴛鴦湖. 湖岸石築堰, 可十餘里. 又過吳江湖, 石塘, 至九里石塘, 塘限太湖. 太湖, 卽禹貢震澤也. 或謂之五湖, 以其長五百里故名. 湖中有洞庭東西, 一名苞山. 一目千里, 崇巖疊島, 點綴於浩渺間. 湖之東北, 有靈岩山下瞰焉, 一名硯石山, 卽吳築館娃於硯石者此也. 山去姑蘇山十里, 山勢連續抱太湖. 湖北又有一山, 望之渺茫, 乃橫山也. 至太湖壩, 壩石築跨湖之南北, 可五十餘里, 卽垂虹橋. 虹門無慮四百餘穴, 窄窄相續. 循壩而北, 過龍王廟·太湖廟·祝聖門, 門前有大塔. 塔十四層, 層皆架屋, 望之若登天梯. 又至松陵驛, 壩通跨驛前里閈中, 直抵吳江縣. 其間又有石大橋虹門凡七十餘穴. 驛與縣皆在大湖之中, 屋舍壯麗, 下鋪礎砌, 上建石柱以營, 湖水縈廻, 檣帆束立於閭閻之中, 所謂四面漁家繞縣城者此也. 泝尹山湖而上, 西望絲子山. 其北有山, 卽姑蘇山也. 松江, 在尹山湖之東. 至寶帶橋, 橋又有虹門五十五穴, 正舟車往來之衝. 跨澹臺湖, 湖山饒景,望若橫帶, 卽鄒應博所重建也. 夜傍蘇州城東而南而西, 至姑蘇驛. 自寶帶橋至此驛, 兩岸市店相接, 商舶輳集, 眞所謂東南一都會也.

十七日, 留泊姑蘇驛前. 驛本姑蘇臺之址, 在城之胥門, 植木水中爲涀柱, 作石堤三面, 皇華樓據其前, 昭陽樓建于後. 是吳王闔閭起臺於姑蘇山, 夫差侈大之, 遺址猶存. 紹興間又築臺於此, 名姑蘇, 以存故事, 今又廢而爲驛. 又於城中築臺, 扁以姑蘇之名云. 太湖之水, 由石塘注運河, 由城東而西, 以達于驛. 因伍子胥所居, 又名胥湖. 湖廣可百餘步, 北抱市衢, 縈廻映射, 闌楯之間, 光景浮動, 而城西諸山, 天平一峯, 號爲郡鎭. 其郡山之勝, 曰靈岩·五塢·仰天·秦臺, 秩秩有序, 而驛適臨之, 眞景致也. 有按察御史二大人姓王若宋者來驛中, 待我禮賓館, 問你官何品? 溥對曰, 五品官. 又曰, 你能詩否? 溥曰, 我國士子皆以經學窮理爲業, 嘲弄風月爲賤, 故我亦不學詩詞. 又問曰, 箕子封朝鮮, 今有後否? 且有後否? 且有廟墓祀事不廢否? 溥對曰, 箕子之後, 箕準爲衛滿所逐, 奔馬韓以立都, 後爲百濟所滅, 今無嗣. 箕子廟在平壤, 國家每歲春秋, 降香祝牲幣以致祭. 又問曰, 你國有何長技, 能却隋唐之兵乎? 溥曰, 謀臣猛將, 用兵有道, 爲兵卒者率皆親上死長, 故以高句麗一偏小之國, 猶足以再却天下百萬之兵. 今則合新羅, 百濟·高句麗爲一國, 物衆地大, 財富兵強, 忠智之士, 車載斗量, 不可勝數. 二大人饋以食物, 溥作詩以謝. 乘月棹舟而北, 過閶門, 門外, 有通波亭臨湖, 舊名高麗亭, 宋元豐間所築, 以待高麗朝貢之使. 亭前接屋連檣, 舳艫如櫛, 棹至接官亭以泊. 亭之西望有大塔, 卽寒山禪寺, 所謂姑蘇城外寒山寺者也. 地名, 楓橋, 水名, 射瀆河云.

蘇州, 古稱吳會. 東瀕于海, 控三江帶五湖, 沃野千里, 士夫淵藪. 海陸珍寶, 若紗羅綾段, 金銀珠玉, 百工技藝, 富商大賈, 皆萃于此. 自古天下以江南爲佳麗地, 而江南之中, 以蘇·杭爲第一州, 此城尤最. 城本吳王闔閭使吳子壻城而都之, 城周與杭州同府治及吳縣長洲縣之治, 皆在城中. 樂橋在兩縣治間. 市坊星布, 江湖衆流, 通貫吐納乎其中, 人物奢侈, 樓臺聯絡. 又如閶門馬頭之間, 楚商閩舶, 輻輳湊雲集, 又湖山明媚, 景致萬狀. 但溥等乘夜傍城而過, 故白樂天所謂七堰·八門·六十坊·三百九十橋, 及今廢舊添新, 勝景奇迹, 俱不得記之詳也.

十八日, 自楓橋遇便風, 懸帆而北. 東有虎丘寺, 西有方山, 皆有塔, 望如柱天. 至滸墅鎭, 鎭前有鈔關, 南北往來船, 到此灣泊點檢, 然後乃行. 有太監姓羅者原在浙江管織染等事, 今亦過蘇而向北. 有御史三大人來餞于船上, 邀溥至前, 遇以禮, 以文字相與問答, 厚饋糧饌. 夜至錫山驛留泊.

十九日, 朝, 無錫縣知縣, 來遺饌物. 過無錫縣, 縣卽古句·吳太伯所都. 西北徑錫山之下, 至劍井. 井在東岸, 作屋以覆, 卽瑞氣升騰之地. 至常州府, 從東水關入城. 中行十餘里, 過毗陵驛, 出自西水關. 府卽延陵郡吳季子采邑. 湖山之美, 亭臺之設, 自古稱道.

二十日, 至丹陽縣. 縣枕河邊. 夜過萬景湖·新豐鎭. 大雨, 徹夜行, 至鎭江府新門.

卄一日, 自南水關, 泝河. 傍府城而南而西, 過京口驛, 至通津遞運所. 乘船, 留待潮候.

○ 鎭江府, 卽閏州城, 孫權徙丹徒, 築鐵瓮城, 謂之京城. 府治及丹徒縣之治在城中. 城東又有鐵瓮地, 而無其城. 北固山在西北, 戴公山在西南, 甘露寺·多景樓, 在城東北, 焦山·銀山, 俱建巨刹, 在城北. 金山在大江之中, 與銀山相對. 上有龍延寺, 府城東北隅臨江岸. 江卽楊子江, 廣二十餘里, 源出岷山, 會漢水, 經南京, 至此府朝宗于海. 東通吳會, 西接漢沔, 北達淮泗, 南距閩浙, 眞四方都會之地也.

卄二日, 至楊子江. 江邊五六里, 盪舟於陸者, 前後相望. 臣等懸帆至金山下, 江豚戱浪, 若戰馬群奔然. 至西津渡, 馬頭石堤, 建水竿於水中, 以爲長橋. 往來者皆纜舟於橋下, 緣橋登堤岸. 江淮勝槩樓, 當道崢嶸, 步由樓下, 過瓜洲鎭. 至是禮河, 復乘船而行. 夜至廣陵驛.

二十三日, 朝過楊州府. 楊州衛·江都縣治·兩淮運鹽司, 皆在城中, 府卽隋江都, 江左大鎭也. 十里珠簾, 二十四橋·三十六陂之景, 爲諸郡最, 所謂春風蕩城郭, 滿耳沸笙歌之地. 由舟而過, 不得觀望, 所可見者, 鎭淮樓而已. 樓卽城南門, 有三層. 沿河而東而北, 至邵伯驛. 自杭城所經衛所, 亦遞差百戶以護送之.

卄十四日, 沿邵伯湖新塘, 而過石築, 長可三十餘里. 又沿新開湖, 夜到盂城驛.

卄五日, 曉過高郵州, 州卽古邗州. 邗溝一名寒江, 回抱南北水路之要衝. 蓋夏禹時江淮未通, 故禹貢沿于江海, 達于淮泗. 至吳王夫差, 始開邗溝, 隋人廣之, 舟楫始通焉. 州枕大湖, 湖卽高郵湖也. 江湖之勝, 人物之繁, 亦江北一澤國. 又至西河塘, 塘在湖邊, 木柵長七十有餘里. 湖中有島, 島有七公廟, 望之微茫如仙觀焉. 沿界首湖, 湖邊亦有長堤.

卄六日, 過范光寶應二大湖, 寶應縣治, 白馬湖, 夜泊淮陰驛. 其間, 有長堤, 或石築或木柵, 綿連百餘里.

卄七日, 過淮陰驛, 對岸馬頭城門外, 有漂母祠. 其北又有胯下橋, 卽韓信寄食受辱之地. 自驛棹舟, 傍淮安府, 府卽舊東楚州, 實東南重鎭. 城東一里, 又築新城, 湖水襟帶于兩城之內外, 而城與人居, 皆在平島中. 大抵大江淮河四五百里間, 地多大浸, 如邵伯·高郵·界首·白馬湖等, 四面無際. 冒雨, 過淮河. 蓋自古河與淮入海處, 不同. 河下流兗受之, 淮下流徐受之. 自永樂間, 鑿河路注之淮, 合流入海, 河失故道云. 淮河實衆水所滙湊, 黃河與淮水合流爲西河, 濟·漯·汶水與洙泗水合流, 又會汴水, 又東會于沂水爲東河. 西河水色黃, 故謂之黃河. 東河水色青, 故謂之淸河. 二河合流于此, 摠謂之淮河. 河廣可十餘里, 深無底, 水流暴急. 過河泝東河而上, 過淸河縣.

廿八日, 撦舟, 泝淸河口·白洋河.

廿九日, 過桃源縣, 至古城驛.

三十日, 過宿遷縣, 夜至直河驛.

三月初一日, 過合沂淺, 沂水自東北流, 合于此河. 至下邳, 州城, 在驛北, 州卽古剡子國. 城東有剡子廟, 西有艾山, 卽魯公·齊侯相會之地. 又有石磬山, 距河岸六七里. 禹貢 泗濱浮磬, 註云, 下邳有石磬山, 或以爲古取磬之地, 未知是否. 自杭州以北, 則地盡平野, 間或有遠山. 洋(楊)子江以北, 一無丘陵, 至此始見此等山, 亦不高大, 如我國南山然. 知州及指揮來見, 遺以食物. 過邳州城, 渡一津, 至新安驛. 自遡東河以後, 河水廣闊, 兩岸高峻, 不能時時觀望.

初二日, 至呂梁小洪, 縴舟而上. 過房村驛, 至大洪. 洪在呂梁山之間, 兩傍, 水底亂石, 巉巖峭立, 有起而高聳者, 有伏而森列者. 河流盤折, 至此開岸, 豁然奔放, 怒氣噴風, 聲如萬雷. 過者心悸神怖, 間有覆舟之患. 東岸築石堤鑿齟齬, 以決水勢. 雖鼻居舠, 必用竹綯, 須十牛之力, 然後可挽而上. 自青山龍神祠前, 逆洪水過形勝樓, 至水首廟前, 洪之湍急處可八九里. 陳萱謂溥曰, "大禹疏鑿以後, 有秦叔寶者, 管修此洪云." 溥曰, "〈禹貢〉治梁及岐. 註云, 梁, 呂梁山也. 酈道元云, 呂梁之石崇竦, 河流激盪, 震動天地, 此洪無奈是乎?" 萱曰, "然. 但禹貢, 呂梁載在冀州, 此洪轄徐州, 爲可疑耳."

初三日, 雨. 曉過九女塚·子方山, 至雲龍山. 山上有石佛寺, 甚華麗. 其西有戲馬臺·拔劍泉. 又過廣運倉·彭城驛. 徐州府城在驛西北二三里. 徐州, 古大彭氏國, 項羽定都於此城, 東有護城堤. 又有黃樓舊基, 卽蘇軾守徐時所建. 至百步洪·泗·洙·濟·汶·沛水合流, 自東北汴·睢二水合流, 自西北至徐州城北. 泗淸汴濁, 會流南注于是洪, 洪之湍急處, 雖不及呂梁之遠, 其險峻尤甚, 亂石錯雜磊砢, 如虎頭鹿角, 人呼爲翻船石. 水勢奔突, 轉折壅遏, 激爲驚湍, 湧爲急溜, 轟震霆噴, 霰雹衝決倒瀉, 舟行甚難. 用人功大百餘, 徇兩岸牽路, 以竹索縛舟, 逆挽而上. 溥等上岸, 步行牽路, 鋪石堅整. 傳榮云, 在昔此路湫隘, 稍遇水漲, 無路可尋, 水退則土去石出, 艱於步履. 近年郭昇·尹庭用, 相繼修補, 用石板甃砌, 扣以鐵錠, 灌以石灰, 故若此堅固矣. 夜至汴, 泗交流之會留泊.

初四日, 至大浮橋. 橋之上下, 檣竿如束, 撥橋中二舟, 以通往來船. 至蕭縣之水倉前, 留泊.

初五日, 過九里山, 至洞山·夾溝驛. 至黃家閘, 閘上有眉山萬翼碑. 其碑撰略曰, 洪惟我朝太祖高皇帝, 龍飛淮甸, 混一寰宇, 迺建都南京, 以臨天下. 曁我太宗文皇帝, 紹基鴻業, 遷都北京. 于時方嶽諸鎭及四夷, 朝聘貢賦, 每歲咸會於畿內. 而滇蜀·荊楚·甌越·閩淛, 悉由楊子江, 泛東海, 沿流北入天津, 度潞河詣京師. 其江海之闊, 風波之險, 京儲轉輸爲難. 故我太宗文皇帝慮東南海運之艱, 乃召股肱大臣, 往徐·楊·淮·濟, 度地勢, 順水性, 東自瓜洲, 西自儀眞, 咸作壩以截之, 俾不泄於江. 仍因近世舊規, 鑿漕引水爲河, 而總會于楊. 由楊到淮, 由淮至徐, 由徐至濟. 自濟以南, 則水勢南下接黃河, 會淮入海. 自濟以北, 則水勢北流接衛河, 會白河, 亦入於海. 上復以地形南北, 高下不一, 分泄水勢, 無以貯蓄, 非經久計, 仍命有司置閘, 或五七里一閘, 或十數里一閘, 瀦水濟舟, 迨今淵源不竭. 自是方嶽蕃鎭, 與夫四夷朝聘會同及軍民貢賦轉輸, 商賈貿易, 皆由於斯, 而舟楫之利, 始通于天下, 以濟萬民, 無復江海風濤之厄. 我太宗是作, 實纘禹之功, 補天之不足, 開萬世大平之盛典也. 矧徐迺古彭城, 東方大郡, 襟淮帶濟, 爲南北兩京喉舌! 徐之北黃家村之東, 有山溪一派, 南流入閘, 水勢洶湧多洑流, 走沙壅塞淤淺, 舟楫經此, 恒爲阻隘, 民甚病焉. 天順戊寅春, 有司具疏聞于朝, 我英宗睿皇帝丕纘洪休, 益篤前烈, 迺召有司, 立閘以通之, 設官以理之. 自是舟楫往來, 無復前患云云. 閘官開閘, 令人奚牽船以過.

初六日, 過沽頭三閘·刁陽湖, 至沛縣. 東北有泡河, 越岸有高墩, 其前建旌門, 標以歌風臺之名. 縣之東, 有泗亭驛, 卽高祖少爲泗上亭長之處. 河之西岸有圯橋, 卽張良取履處.

初七日, 至兗州府界, 兗州, 卽舊魯國也. 過沙河驛·孟陽泊, 至魚臺縣. 縣前有觀魚臺, 卽魯隱公觀魚之處. 至穀亭閘, 登河岸以望, 則東望渺茫間, 有山不甚高峻. 傅榮指其山曰, 彼卽尼丘山, 下有孔里, 洙·泗·沂水. 又東北望, 若有高山連亘數百里, 如雲氣然, 榮指其山曰, 彼乃泰山也.

初八日, 至魯橋驛. 驛前有閘, 東道齊魯, 西連鉅野, 南引淮楚, 北抵京師, 四通之路. 閘西有墨硯池, 池水黑. 有太監姓劉者, 封王赴京, 其旌旗·甲胄·鍾鼓·管絃之盛, 震盪江河. 及是閘, 劉以彈丸亂射舟人, 其狂悖如此. 至五樓橋, 東魯諸水, 交流于此. 至新閘, 傳榮言閘, 卽都水監丞也先不華所建也. 會通河至此地, 沙土瀢沱, 水勢散渙, 不能負舟, 前後置牐. 自新店至師氏莊, 猶淺澁有難處, 每漕船過此, 進寸退尺, 必資車於陸而運. 自構亭以東, 與鄒嶧山對, 扁曰瞻鄒.

初九日, 至下新閘. 在越河口, 越河與會通河, 二水縱橫十字然. 閘之西北二十里許, 有獲麟堆, 卽西狩獲麟之處, 今嘉祥縣地也. 至濟寧州城, 東北有泗從曲阜, 洸從徂徠, 合魯城東, 來入漕河達淮, 以入于海. 踰淮爲南京, 西北有鉅湖, 東分入漕河, 北分臨清, 出衛河以達于海. 踰海爲北京, 相望三千餘里. 外水皆從濟寧中分, 城之東畔洸河, 西畔濟河, 二河縈抱, 合流于城南底. 兩河之中有土阜, 阜起自東北, 蜿蜒而來, 殆千有餘里. 阜之上有觀瀾亭, 卽孫蕃所建也.

初十日, 至南旺湖, 湖瀰漫無際, 但西望遠山而已. 其東有青草茂塞之衍, 卽禹貢大野旣瀦之澤, 今爲湮塞者. 湖中築石長堤, 名官堰. 長過百餘里. 過鉅野·嘉祥·汶上等縣界, 至分水龍王廟, 有大水自東北來. 人謂濟河之源. 至廟前分南北派, 南派卽所已經者, 北派卽所將往者泝流北上. 夜至開河驛.

十一日, 至東平州界. 東平, 卽禹貢東原底平者, 沙土瀢沱, 水性下濕之地.

十二日, 過壽長·東阿·陽穀三縣界, 至崇武驛·東昌府. 城在驛北河岸.

十三日, 過堂邑·博平·清平三縣界.

十四日, 至臨清縣之觀音寺前. 寺在兩河交流之嘴, 東西設四閘以貯水. 寺東作浮橋, 以通于縣城. 城在河岸乃兩京要衝, 商旅輻輳湊之地. 城內外數十里間, 樓臺之密, 市肆之盛, 貨財之富, 船泊之集, 雖不及蘇·杭, 亦甲于山東, 名於天下矣. 沿清泉河而北, 過漏浮闞, 至清源驛.

十五日, 大雷雨. 撑舟, 至下津廠前.

十六日, 沿衛河而北, 出夏津·清河兩縣之界. 徹夜行, 至甲馬營驛.

十七日, 過恩縣界·白馬河. 夕至故城縣前, 留泊. 經夜此地, 連遭凶歉. 前路人煙鮮少, 盜多肆行故也. 河中漂屍三箇, 皆盜殺之云.

十八日, 夜至德州城. 河抱城西而北, 城卽古平原郡也. 土廣人稠, 商旅所會.

十九日, 過吳橋縣界, 濟南府之良店驛, 過連窩驛.

二十日, 過景州界·東光·南皮·交河等縣界.

廿一日, 過滄州城, 臨河之東岸, 卽漢之渤海郡也. 泊長蘆. 溥問諸傅榮曰, 自過淮河以後, 若兵部·刑部·吏部等各司之官之船(舡), 絡繹不絶, 何也? 榮曰, 今天子聖明朝臣以舊日所爲, 或致小過者, 皆降貶之. 河路中帶錫牌而歸者, 皆見貶下鄕朝士也. 前日在紹興府, 問你所從來之總兵官黃宗, 亦貶罷歸. 溥曰, 朝臣貶秩者多, 何以不斥宦寺之徒, 使得意以行? 榮曰, 宦官見殺降貶者, 亦不可勝計. 今在河進京者, 皆先帝所差, 回則亦難保. 前日相見太監羅公·聶公, 皆因回遲, 貶作奉御之職. 溥曰, 當今天下再得堯舜之君, 擧元凱黜四凶, 朝廷肅淸, 四海妥帖, 不亦賀乎? 榮曰, 正是正是. 我皇帝遠之者, 小人與宦官也. 日親經筵, 與閣老學士講詩書論政事, 亹亹不已. 以今三月初九日, 躬幸國子監, 釋奠先聖, 崇儒重道之意亦至矣. 溥戱之曰, 天子亦拜於列國之臣乎? 榮曰, 孔子, 萬世之師, 豈以人臣之禮待之乎? 但天子當釋奠時, 贊禮官曰, 鞠躬拜. 天子欲拜, 傍又有一贊禮官曰, 孔子曾爲魯司寇, 贊禮官又唱曰, 平身, 禮當拜而實不拜,此尊先師尊天子之禮, 兩不悖也. 溥曰, 孔子之道, 大於天地, 明於日月, 信於四時, 達之天下萬代而無窮. 卿大夫士庶人, 學其道以修其身, 諸侯學其道以治其國, 天子學其道以平治天下, 則自天子以至於庶人, 皆當事以先聖先師之禮, 又何擧魯司寇之稱, 當拜而不拜乎? 若擧司寇以稱孔子, 則孔子是一小國陪臣, 又安可屈天子之尊以祀之乎? 榮嘿然. 夜間榮又來語溥曰, 方才京中來者言, 有一尙書與一學士對立, 不知所言, 校尉拿告于天子, 命下錦衣衛監, 問所言何事, 學士身居內閣, 至尊有大小事, 皆與議. 今與尙書相對言, 尤恐有私囑, 故問之.

廿二日, 至乾寧驛. 興濟縣之治, 在驛後, 驛前有巨家. 陳萱曰, 此新皇后張氏之私第也. 初新皇帝爲皇太子時, 欽天監奏后星照河之東南, 先帝命選河東南良家女子三百餘人, 皆聚京師. 先帝與皇太后更選, 張氏中選, 封爲正后. 后之祖, 知鳳陽府, 父無職, 舊爲國子監生, 今特拜爲都督云. 至蘆臺舊城, 城北接靑縣之治, 俱在河之西北岸. 縣前通眞·保定·滹沲三河所會, 故謂之三叉. 至河間府界, 府城在河之北七八里許.

二十三日, 過靜海縣·武淸縣界, 夜至楊靑驛.

卄十四日, 過直沽城. 河名, 卽沽水也. 至天津衛城, 衛河自南而北, 白河自北而南, 皆溥所道而沿泝者也. 二河合于城東, 入于海. 海在城之東十餘里, 卽舊時江淮以南漕運, 皆浮大海, 會于此, 以達京師. 今則疏鑿水道置閘, 閉縱舟楫之利, 通于天下. 城中有衛司及左右衛之司, 分治海運等事.

廿六日, 大風抄塵漲天. 自天津衛以北, 白沙平鋪, 一望無際, 曠野無草, 五穀不生, 人煙鮮少. 曹操征烏丸時, 遣其將, 自滹沱河入潞沙,潞沙, 卽此地也.

卄七日, 過漷縣. 至此, 沙堆高大, 如丘陵然. 又過火燒屯·大通關·渾河口, 至張家灣, 卽諸路貢賦朝貢商賈之舡之所集處也.

卄八日, 至潞河, 通州舊城. 通潞亭在城之東南, 東抱白河, 新城與舊城相接. 通州, 卽秦之上谷郡也, 今轄于順天府. 從崇文門, 步入皇城, 至會同館. 館在玉河之南, 故亦號爲玉河館. 翌日, 溥等詣兵部, 卽指庭中槐, 令賦絶句, 又以渡海爲題, 令作長律. 問答旣畢, 饋以餠茶.

四月初一日, 通事李翔來言曰, 汝國謝恩使, 十日間必到于此, 汝可留待同歸. 溥曰, 我奔初喪, 一日作客, 如過三秋, 請足下圖我速還. 翔點頭. 溥久留館中, 時琉球使臣正議大夫程鵬等二十五人, 以進貢來寓後館. 其從者陳善·蔡賽等, 盛辦餠饌來饋溥及從者. 後十餘日陳善等來告回國, 又以矮扇二把, 蹋席二葉贈之. 善曰, 我國王曾在二十年前, 差我父送貴國回還, 大爲人人見愛, 常想恩情, 我又得與大人相善, 得非幸乎? 有國子監生員楊汝霖等三人, 戴黑頭巾, 穿青衿團領, 來問曰, 你國學徒亦服此乎? 溥曰, 幼學雖在窮村僻巷者, 皆服之. 又曰, 你國亦有專經否? 曰, 我國科學, 取精通經書者, 故學徒精硏四書五經. 其專治一經者, 不得齒儒者之列. 過一層門, 二層二大門而入, 則又有二層大門, 乃午門也. 軍威嚴整, 燈燭煒煌, 坐待於中庭. 有頃, 擊鼓於午門之左訖, 撞鍾於午門之右訖, 三虹門洞開. 門各有二大象守之, 形甚奇偉. 昧爽, 朝官以次列班於門前, 李翔引臣齒於朝班, 又引程保等別作一隊, 序於國子監生員之後. 五拜三叩頭後, 出自端門, 又出承天之門. 門在大明門之內, 又東出長安左門, 復穿喪服, 還于館所.

京城, 卽元之大都城也. 永樂間, 增廣修築. 城門有九, 其南正陽, 正陽之右爲宣武, 左爲崇文. 其東東直·朝陽, 其西西直·阜成, 其北安定·德勝. 城之中又有皇城, 皇城之中, 有西苑·太液池·瓊華島·萬歲山·社稷壇·太廟. 皇城之長安左門南, 宗人府·吏部·戶部·禮部, 以次而南, 宗人府之後, 兵部·工部·鴻臚寺·欽天監·大醫院, 亦以次而南. 長安右門南, 五軍都督府, 中左右前, 亦以次而南, 後府在中府之後. 後府之南, 行人司·大常寺·通政使司·錦衣衛, 亦以次南, 旗手衛在通政之後. 刑部·都察院·大理寺, 皆於貫城坊, 以次而南. 又翰林院在玉河之西, 詹事府在玉河之東, 國子監在安定門之內, 光祿寺在東安門之內, 大僕寺在萬寶之坊. 又有五兵馬司·府軍四衛·羽林三衛·金吾四衛·虎賁左衛·燕山三衛·大興左衛·武驤二衛·騰驤二衛·永淸二衛·武功三衛·濟州衛·彭城衛·四夷會同之館及順天府, 大興·宛平兩縣之治, 元世祖·文天祥·玉皇等廟, 俱在城中. 天壽山在北一百里, 卽皇都鎭山. 山下有永安城, 城內有長陵·獻陵·景陵三衛, 今大行成化皇帝葬于此. 西山·金山·覺山·泉山·仰山·香山·盧師·平坡·韓家·雙泉·棋盤·翠鳳·潭柘·玉泉·五華諸山, 俱在城西北三十餘里間, 巑岏磅礴, 拱向皇都, 以固億萬年之基. 玉河源出玉泉山, 經皇城大內中, 出都城東南爲大通河. 至高麗莊, 與桑乾河俱入白河. 海子有二. 一在皇城西三四里, 諸山之水皆匯焉, 一在城南, 卽域養禽獸之所. 其他有樓若披雲閣, 若中心館, 若永平亭, 若匏瓜·玉泉·南野之類, 不可枚數.

北京, 卽虞之幽州之地, 周爲燕薊之分. 自後魏以來, 習成胡俗, 厥後遼爲南京, 金爲中都, 元亦爲大都, 夷狄之君, 相繼建都, 其民風土俗, 皆襲胡風. 今大明一洗舊染之汚, 使左衽之區, 爲衣冠之俗, 朝廷文物之盛, 有可觀焉. 然其閭閻之間, 尙道佛, 不尙儒, 業商賈不業農. 衣服短窄, 男女同制, 飮食腥穢, 尊卑同器, 餘風未殄, 是可恨者. 且其山童, 其川汚, 其地沙土楊起, 塵埃漲天, 五穀不豐. 其間人物之夥, 樓臺之盛市肆之富, 恐不及於蘇·杭. 其城中之所需, 皆自南京及蘇·杭而來.

卄四日, 自會同館發程, 左軍都督府差百戶張述祖, 護送. 過通州, 至潞河驛.

卄五日, 過白河·火燒屯·夏店驛, 至三河縣. 縣在七渡·鮑丘·臨洵三河之中故名. 縣北十五里, 有靈山·古城, 其西北有兔兒山·駝山.

卄六日, 渡臨洵河, 至公樂驛.

卄七日, 夜, 大雨. 至漁陽驛, 驛在薊州城南. 薊州, 卽秦·漢漁陽郡, 後取古薊門關以名. 盤龍山在西北, 崆峒山在東北. 夕遇本國謝恩使知中樞成健·書狀官尹璋, 始聞鄕國消息. 使臣遺以糧饌等物.

卄八日, 過永濟橋. 橋跨龍池河, 一名漁水, 流入白龍港. 諺傳此橋, 乃安祿山所築也.

卄九日, 過采亭橋, 橋跨藍水河. 至玉田縣. 燕山在西北, 二十餘里, 張述祖言距此東北三十里, 有無終山. 山下有無終國舊基及北平城遺址, 城卽李廣出獵遇石之處, 山上又有燕昭王之塚云. 路遇天使翰林學士董越·給事中王敞. 下馬天使呼至前問之顧謂溥曰, 你國人已知爾生到中國云. 至永濟驛.

三十日, 渡浭水. 一名還鄕河, 下流入梁河. 諺傳唐太宗征遼還時所名. 至豐潤縣城西北門, 有鴉鶻·靈應二山.

五月初一日, 過灤州界, 遷安縣界七家嶺驛. 驛東北, 望有都山, 高峻特秀.

初二日, 舟渡灤河, 河源自古北開平而來, 北方諸山之水, 合流爲一,下流爲定流河, 入于海. 又渡漆河, 河與肥如河合流, 繞永平府西南, 流入灤河. 故又名護城河, 夷齊廟在河岸. 永平府, 卽金之南京. 有諸山聯綿回抱, 亦一形勝之地. 城南有灤河驛, 開元寺在其南阜上, 有景致留一日.

初四日, 渡陽河, 至撫寧懸. 有兎耳鏵子大崇連峰諸山, 圍城之南北.

初五日, 渡渝河, 過揄關驛. 西北有海陽古城, 城北有列陀山, 高聳爲諸山之雄.

初六日, 至石河, 南有五花城, 薛仁貴所築也. 至遷安驛, 驛在山海衛城西門外, 東南有孤山, 臨海, 北有角山屹立, 山海關當其中, 負山帶海, 爲夷夏要險之地. 蒙恬所築長城, 跨角山之腹, 迤邐爲衛之東城, 以達于海.

初七日, 過山海關, 有兵部主事官一員, 率軍吏常川坐館, 譏察行人, 以出入之. 關外有望夫臺, 諺傳秦築城時孟姜女尋夫之處. 又過中前所, 至高嶺驛.

初八日, 至沙河驛.

初九日, 至東關驛.

初十日, 過曲尺河·大沙河·中右所, 至曹莊驛.

十一日, 過寧遠衛城, 西有鉄冒山, 北有立山虹螺山, 南有青粮山, 虹螺三疊獨秀起. 城東四里有聖塘溫泉.

十二日, 至杏山驛.

十三日, 至遼河驛.

十四日, 渡小大凌河, 過沙窩鋪, 至十三山驛, 以山有十三峰故名.

十五日, 至閭陽驛, 北有醫巫閭山. 嘗聞出榆關, 以東南濱海, 北限大山, 盡皆粗惡不毛, 主山峭拔摩空蒼翠, 乃醫巫閭, 正謂此也.

十六日，至廣寧衛，遇聖節使參判蔡壽·質正官金學起·書狀鄭而得，使臣遺以米藿。三日留廣寧驛。鎭守大監韋郎·都御史徐鑵[10]·都司大人胡忠·總兵官緱謙·參將崔勝同議，厚饋米肉及酒。又以生福靑圓領·白夏布擺·白三梭布杉·小衣各一件·大毡帽一頂·白鹿皮韡·毡韈各一雙遺溥，程保以下人，給白三梭布杉·小衣·毡帽·韡韈各一，因要回國以所受之物，啓知于國王前云.

二十日，至盤山驛. 北望有黑山岐山蛇山，皆醫巫閭之東支也.

卄一日，過高平驛，至沙嶺驛.

卄二日，至新關門，有長土城，北附長城而南關門正當其中，卽成化年間所築也. 至三叉河，河卽遼河也. 源自開原，東北經鐵嶺，至此與渾河泰子河合流爲一. 故名三叉. 盖遼地瀕海而高亢，支河皆逆流. 故泰子渾河皆自東而西. 又有境外支河，皆自北而南，曲折縈回，俱會于此. 作浮橋，橫截河流，又輓舟而渡，有一官人坐于河岸小廳，以譏察往來行人. 過牛家莊驛，至海州衛，亦巨鎭也. 東有西牟城山.

卄三日，過鞍山驛，至沙河鋪，鋪之東西有水，皆名沙河. 盖自通州以來，地多沙土，故水以沙河得名者多. 至遼陽驛，驛在遼東城西，留五日，百戶吾璽引程保等，詣三堂大人前，告以漂來首末，三堂卽都指揮使鄧玉，分守摠兵官韓斌，布政司副使吳玉，巡按監察御史陳琳也. 指揮饋以米豬黃酒.

遼東卽舊我高句麗之都，爲唐高宗所滅，割屬中原，五代時，爲渤海大氏所有，後又爲遼金胡元所倂. 城中有都司·察院·布政司·太僕分司·閱馬司，又有左右中前後衛. 自城西昇平橋，歷八門，至高麗市

---

10 저본에는 '鑵'가 '鑊'으로 되어 있으나 다른 본에 모두 '鑵'으로 되어 있어 교정했다.

間, 民居繁夥, 揆之江南, 可與嘉興府相頡頏矣. 但嘉興城外, 市闠相接, 遼東城外, 鷄鳴犬吠, 不得相聞, 海子路傍, 塚土纍纍耳. 城東又別築東寧衛城, 首山·天山·牧場·駱駝·太子·杏花諸山, 環拱于城之西南東, 其北則平曠無垠之野.

卄九日, 過大小石門嶺, 狼子山.

六月初一日, 日食. 逾顯得嶺·青石嶺, 渡甛水河, 西南望有黑山, 高險. 東南踰高嶺, 嶺巉岩盤曲. 渡太子河, 過連山關, 暮投白家莊.

初二日, 至分水嶺, 嶺以北, 谿壑諸水, 俱會于泰子河, 嶺以南之水, 俱會于八渡河, 嶺之得名, 以此. 過通遠堡. 至李勝屯.

初三日, 過斜哨大嶺·八渡河, 至鳳皇山東寧衛, 方才撥軍夫, 築城于此. 吳璽言, 此城乃爲貴國使臣往來, 防道梗而築也. 過開州城, 露宿於松鶻山之西, 松鶻山, 又名海青山.

初四日, 晨過湯山站, 至九連城. 城頹, 只有土築舊址, 又謂婆娑堡. 堡前有江, 卽楓浦也, 又舟渡吾夜江, 二江同源而分, 復合爲一, 通謂之狄江. 又渡鴨綠江·難子江, 二江亦分而又合. 夜三更, 馳入義州城.

溥總論曰, 自牛頭外洋, 過桃渚所, 至寧海縣, 共五百六十餘里間, 俱是沿海僻地, 無館驛, 到越溪巡檢司, 始有鋪. 到寧海縣, 始見白嶠驛. 自白嶠, 至杭州武林驛, 凡十二驛, 一千一百餘里.

又至鎭江府京口驛, 凡十一驛, 一千餘里. 又過江, 至楊州廣陵, 驛路分水陸, 水路則自楊州, 至通州潞河水馬驛, 凡四十一驛, 三千三百餘里, 陸路則自楊州至固節驛, 凡三十四驛, 二千五百餘里也.

水有紅船, 陸有鋪馬, 凡往來使命, 貢獻商賈, 皆由水路. 若或因旱乾, 閘河水淺, 不能通船, 或有火馳星報之事, 則由陸路.

蓋揚州府近南京, 只隔三驛. 且閩浙以南, 皆路經此府, 以達皇都. 故驛路甚大, 陸驛相距, 或六十里, 或七八十里. 水驛則, 自武林至吳山三十里, 自潞河至會同館四十里, 皆水路中之陸路, 故相距近, 其他則或六七十里八九十里, 或過百里, 相距甚遠.

鋪之相距, 或十里, 或二三十里. 自揚州後, 水邊又設淺, 或六七里, 或十餘里, 以記里. 臣所經自牛頭外洋, 至北京, 共六千餘里. 自北京至遼陽驛, 凡二十八驛, 驛相距或三四十里, 或五六十里, 共一千七百有餘里.

山海關以內, 十里置煙臺, 以備烽火, 過關後, 又間五里, 置小墩, 立標以記里. 自遼東過頭官甛水通遠堡斜里開州湯站, 至鴨綠江, 又三百有餘里. 山海關以東, 又築長墻, 置堡子, 以防野人, 驛遞皆有城, 與防禦所一般. 又不設府州縣, 置衛所, 雖若驛遞之官, 皆以軍職塡之.

溥又傳聞, 自三叉河, 又有一路, 過海州衛·西木城·綉岸城·鶩拿河屯·牢房林子屯·獨塔里屯·林江河屯·蒲蘆葫屯, 至鴨綠江, 僅二百餘里, 亦是中大路, 路左有舊城基, 廢爲安市里, 諺傳拒唐兵處.

大明洪武間, 又築長墻以禦胡, 頭接秦長城, 連東而來. 三叉河以西, 不可詳也. 以東則北過長靜·長寧·長安·長勝·長勇·長營·靜遠·上楡林·十方寺等堡, 又東過平洛泊堡, 至潘陽城.

又北過蒲河·懿路縣·凡河·鐵嶺衛·腰站等城, 至開原城. 又過東撫順所城, 南至東州·馬跟·單清河·鹹場·靉陽·十叉口等堡, 至鴨綠江, 凡數千餘里. 回抱定遼左二十五衛巡城, 亦有路云云, 然未可的知.

奉化縣以南, 竝海濱, 多高山峻嶺, 奇岩亂石, 溪澗縈繞, 花卉明媚.

淮海以南, 地多湖浸, 泥淖沮洳, 以北則地多墳起, 漕河跟岸, 高於平地, 決囓流移, 水陸變遷.

濟寧州之北, 有分水廟, 自廟以南, 水勢皆南下, 以北則皆北下. 武城縣以北, 地多泥沙, 若長蘆等處, 斥鹵多鹹, 卽禹貢海濱廣斥之地. 天津衛以北, 水勢又皆南下, 通至張家灣, 平沙無際, 隨風流轉.

至北京, 則天壽等諸山, 環拱于北, 其西支, 則通連太行·王屋諸山, 以達于河南之境, 其東支, 則東走, 過三河·薊州, 至玉田縣之北為燕山. 又東過豐潤縣, 至榛子鎮, 又分為二支, 其南支, 則東過灤州昌黎縣, 至碣石山, 直抵于海, 其北支, 則通連燕山之脈, 東過遷安·永平, 至撫寧之東, 直抵于山海關, 關外又蜿蜒而東, 至廣寧衛之西北, 為醫巫閭山.

自北京以至于此, 山皆童禿不毛, 其間大江以北, 太行以東, 燕山·醫巫閭以南, 數千里間, 四野平衍, 東通大海, 延入于廣寧之東海州衛之西遼東之北為大野, 即所謂鶴野也. 海州衛之東, 始有鞍山, 縈紆而南為千山.

自此以後, 群峰疊嶂, 如列戟圍屏, 東南抵于鴨綠江, 東入野人之境. 遼東之南, 有分水嶺, 自嶺以北, 則水勢皆北下, 以南則皆南下. 石門嶺以南, 山多林木茂密, 澗水澄碧.

自北京以至鴨綠江, 其間名為河者, 都是小川, 皆雨漲旱乾. 唯灤河·三叉河為大, 其次若白河·大小凌河·泰子·八渡等河也. 大江以南, 地多軟石, 陸則皆鑿石鋪路, 或橫截瀉淖, 跨上山脊, 如寧海奉化縣等處為多. 水則皆鍊石, 建虹門橋, 築堤, 捍江湖, 如吳江縣等處為多.

淮河以北, 一無石橋, 或有造舟為浮橋, 或有略設木橋者. 陸路則沙塵漲天, 自連山關以後, 鳥道如綫, 荒草四合, 蚊寅撲面, 行者甚苦. 自淮河以南, 地多水田沃饒, 稻粱為賤, 徐州以北, 無水田, 遼東以東, 天又晩燠早寒, 五穀不盛, 唯黍生之.

在昔江浙福建以南漕運, 皆會于大江, 浮于海, 達于潞河, 以至于北京. 迨胡元順帝時, 始鑿運河, 築堤置閘, 以通漕轉. 至我永樂間, 決黃河, 注于淮, 導衛河, 通于白河, 大加修築, 水瀉則置堰壩以防之, 水淤則置堤塘以捍之, 水淺則置閘以貯之, 水急則置洪以逆之, 水會則置嘴以分之.

壩之制, 限二水, 內外兩傍, 石築作堰, 堰之上植二石柱, 柱上橫木如門, 橫木鑿一大孔, 又植木柱, 當橫木之孔, 可以輪迴之, 柱間鑿亂孔, 又劈竹為綯, 纏舟結於木柱, 以短木爭植亂孔以戻之, 輓舟而上, 上壩逆而難, 下壩順而易.

閘之制, 兩岸築石堤, 中可容過一船, 又以廣板, 塞其流以貯水, 板之多少, 隨水淺深. 又設木橋於堤土, 以通人往來, 又植二枝於木橋兩傍, 如壩之制, 船至則撤其橋, 以索繫之柱, 句上廣板, 通其流, 然後擆舟以過, 舟過復塞之.

洪之制, 兩岸亦築石堰, 堰上治捧路, 亦用竹纜, 以逆挽之, 挽一船, 人槩則百餘人, 牛則十餘頭. 若壩若閘若洪, 皆有官員, 聚人槩牛隻以待船. 至堤塘與嘴, 皆石築, 亦或有木柵者.

浙江鎮守差楊旺, 送臣等于皇都. 限在四月初一日, 故楊旺率臣等, 督行晝夜, 順風則懸帆, 逆風則擆[11]舟, 水淺則撐舟, 水深則棹舟. 驛支口糧, 遆運所換船, 凡使命及貢獻往來皆然.

---

11 저본에는 '擆'가 나무 목(木) 변으로 되어 있으나 문맥을 통해 바로잡았다.

大抵百里之間, 尚且風殊俗異, 況乎天下風俗, 不可以一槩論之. 然其大槩, 以揚子一江分南北, 而觀其人煙盛衰, 則江以南諸府城縣衛之中, 繁華壯麗, 言不可悉. 至若鎮若巡檢司若千戶所若寨若驛若鋪若里若壩, 所在附近, 或三四里, 或七八里, 或十餘里, 多或至二十餘里間, 閭閻撲地, 市肆夾路, 樓臺相望, 舳艫接纜. 珠玉金銀寶貝之産, 稻粱鹽鐵魚蟹之富, 羔羊鵝鴨鷄豚驢牛之畜, 松篁藤棕龍眼茘枝橘柚之物, 甲于天下. 古人以江南為佳麗地者以此.

江以北若楊州淮安及淮河以北, 若徐州濟寧臨清, 繁華豐阜, 無異江南. 臨清為尤盛, 其他若官府所治之城, 則亦間有富盛繁夥者. 若鎮若寨若驛若鋪若里若集若嘴若廠若灣若塢若閘若壩若遷之間, 人煙不甚繁盛, 里閈蕭條.

通州以東, 人煙漸少, 過山海關, 行百里, 僅得一里社, 不過二三草屋, 唯羔羊雞猪, 驢駱牛馬之畜, 籠絡原野, 楊柳桑棗之樹, 茂翳交柯. 八渡河以南, 荒曠無人居.

其茅宅, 則江南蓋以瓦, 鋪以甎, 階砌皆用錬石, 亦或有建石柱者, 皆宏壯華麗, 江北, 草屋矮小者, 殆居其半.

其服飾, 則江南人, 皆穿寬大黑襦袴, 做以綾羅絹綃匹段者多, 或戴羊毛帽黑匹段帽馬尾帽, 或以巾帕裹頭, 或無角黑巾, 有角黑巾. 官人紗帽, 喪者白布巾. 或麤布巾, 或着鞾, 或着皮鞋鞝鞵芒鞵, 又有以巾子纏脚, 以代襪者. 婦女所服, 皆左衽. 首飾則寧波府以南, 圓而長而大其端, 中約華飾. 以北, 圓而銳, 如牛角然. 或戴觀音冠, 飾以金玉, 照耀人目. 雖白髮老媼, 皆垂耳環.

江北服飾, 大概與江南一般, 但江北好着短窄白衣, 貧匱懸鶉者, 十居三四. 婦女首飾, 亦圓而尖, 如鷄喙然. 自滄洲以北, 女服之衽, 或左或右, 至通州以後, 皆右衽, 山海關以東, 其人皆麄鄙, 衣冠襤褸. 海州遼東等處, 人半是中國, 半是我國, 半是女眞, 石門嶺以南, 至鴨綠江, 都是我國人移住者, 其冠裳語音及女首飾, 類與我國同.

人心風俗, 則江南和順, 或兄弟或堂兄弟再從兄弟, 有同居一屋. 自吳江縣以北, 間有父子異居者, 人皆非之, 無男女老少, 皆踞繩床交椅, 以事其事. 江北, 人心強悍, 至山東以北, 一家不相保, 鬪毆之聲, 磤鬧不絕, 或多有刧盜殺人. 山海關以東, 其人性行尤暴悍, 大有胡狄之風.

且江南人, 以讀書為業, 雖里閈童稚及津夫水夫, 皆識文字. 臣至其地, 寫以問之, 則凡山川古蹟土地沿革, 皆曉解詳告之. 江北則不學者多, 故問之, 則皆曰, 我不識字. 且江南人業水虞, 乘舴艋, 載笭箵, 以罬罩箚箄取魚者, 千百為群, 江北則唯濟寧府南旺湖等處外, 不見捕魚之具.

且江南婦女, 皆不出門庭, 或登朱樓, 捲珠簾以觀望耳, 無行路服役於外. 江北則若治田棹舟等事, 皆自服勞. 至如徐州臨清等地, 華粧自鬻, 要價資生以成風. 且江南人, 號為官員者, 或親執役, 爲卒徒者, 或踞胡床, 冠帶無章, 尊卑無位, 似若殊無禮節. 然在官衙則威儀整肅, 在軍中則號令嚴截, 正伍循次, 無敢喧囂, 一出令時, 聞一錚聲, 遠近雲集, 莫或有後. 江北亦然, 但山東以北, 凡出令, 非鞭扑, 不能整之. 且江南戎器, 則有鎗劍矛戟, 其甲冑楯等物, 皆大書勇字, 然無弓箭戰馬, 江北始有帶弓箭者, 通州以東及遼東等地, 人皆以弓馬爲業, 然箭竿以木爲之.

且江南好治容, 男女皆帶鏡奩梳篦刷牙等物, 江北亦然, 但不見帶之者. 江南市中使金銀, 江北用銅錢, 江南市兒, 以錫約臂, 江北以鉛穿鼻. 江南力農工商賈, 江北多有遊食之徒. 江南陸路行用轎, 江北或馬或驢. 江南無良馬, 江北馬大如龍.

江南人死, 巨家大族, 或立廟旌門者有之, 常人略用棺不埋, 委之水傍, 如紹興府城邊, 白骨成堆. 江北如揚州等地, 起墳塋, 或於江邊, 或田畔里閈之中. 江南喪者僧人, 或食肉, 不食葷, 江北則皆血食茹葷, 此江南江北之所以異也.

其所同者, 尙鬼神崇道佛, 言必搖手, 怒必蹙口唾沫, 飮食麤糲, 同卓同器, 輪筯以食, 蟣蝨必咀嚼. 砧杵皆用石, 運磨使驢牛, 市店建帘標, 行者擔而不負戴, 人皆以商賈爲業, 雖達官巨家, 或親袖稱錘, 分析錙銖之利, 官府常刑, 如竹片決杖攢指檜石之屬

其他若山川形勝, 臺榭古蹟, 有膾炙人口者, 雖秃盡毛穎, 不能悉記. 而臣之歷覽, 千載難又. 然在衰絰之中, 不敢觀望遊賞, 採取勝槩, 柢令陪吏四人, 逐日觀標榜, 問地方, 掛一漏萬, 記其大略耳.

해외문견록

제주목사 송정규, 바다 건너 경이로운 이야기를 기록하다

송정규 지음
김용태 김새미오 옮김

1판 1쇄 발행일 2015년 11월 23일

발행인 | 김학원
경영인 | 이상용
편집주간 | 위원석 황서현
편집장 | 강창훈
기획 | 문성환 박상경 임은선 최윤영 조은화 전두현 최인영 이혜인 정다이 이보람
디자인 | 김태형 유주현 임동렬 구현석 최우영 박인규
마케팅 | 이한주 김창규 이선희 이정인 이정원
저자·독자서비스 | 조다영 채한을(humanist@humanistbooks.com)
스캔·출력 | 이희수 com.
조판 | 홍영사
용지 | 화인페이퍼
인쇄 | 청아문화사
제본 | 정민문화사

발행처 | (주) 휴머니스트 출판그룹
출판등록 | 제313-2007-000007호(2007년 1월 5일)
주소 | (03991) 서울시 마포구 동교로23길 76(연남동)
전화 | 02-335-4422 팩스 | 02-334-3427
홈페이지 | www.humanistbooks.com

ⓒ 김용태 김새미오, 2015

ISBN 978-89-5862-965-8 03900

* 이 도서의 국립중앙도서관 출판시도서목록(CIP)은 e-CIP홈페이지(http://www.nl.go.kr/ecip)와 국가자료공동목록시스템(http://www.nl.go.kr/kolisnet)에서 이용하실 수 있습니다.(CIP제어번호:CIP2015030678)

만든 사람들

편집주간 | 황서현
기획 | 정다이(jdy2001@humanistbooks.com) 박상경 전두현
편집 | 김인수
디자인 | 임동렬

* 이 책은 저작권법에 따라 보호받는 저작물이므로 무단 전재와 무단 복제를 금합니다.
* 이 책의 전부 또는 일부를 이용하려면 반드시 저자와 (주)휴머니스트 출판그룹의 동의를 받아야 합니다.